ENTZAUBERTE WELT

BERNULF KANITSCHEIDER

ENTZAUBERTE WELT

ÜBER DEN SINN DES LEBENS IN UNS SELBST

EINE STREITSCHRIFT

S. Hirzel Verlag

Bibliografische Information Der Deutschen Nationalbibliothek
Die Deutsche Nationalbibliothek verzeichnet diese Publikation in der Deutschen Nationalbibliografie; detaillierte bibliographische Daten sind im Internet über http://dnb.d-nb.de abrufbar.

ISBN: 978-3-7776-1603-2

Birkenwaldstr. 44, 70191 Stuttgart
Printed in Germany
Einbandgestaltung: deblik, Berlin
Druck & Bindung: Kösel GmbH & Co. KG, Krugzell

www.hirzel.de

Inhalt

Caminante, son tus huellas el camino, y nada más; Caminante, no hay camino, se hace camino al andar.
Al andar se hace camino y al volver la vista atrás se ve la senda que nunca se ha de volver de pisar.
Caminante, no hay camino sino estelas en la mar.[1]
Antonio Machado

In einem Brief an Marie Bonaparte vom 13. August 1937 schreibt Sigmund Freud den bemerkenswerten Satz:

> *„Im Moment, da man nach Sinn und Wert des Lebens fragt, ist man krank, denn beides gibt es ja in objektiver Weise nicht; man hat nur eingestanden, daß man einen Vorrat von unbefriedigter Libido hat, und irgend etwas anderes muß damit vorgefallen sein, eine Art Gärung, die zur Trauer und Depression führt."*[2]

Für das naturwüchsige Selbstbewusstsein eines in der Fülle des Lebens stehenden Menschen, der sich mit der Welt auseinandersetzen muss, hat Freud sicher recht. Nichts stört die Bewältigung von Alltagsproblemen mehr als die intensive Wendung zur Frage nach dem tiefsten Grund und der letzten Bestimmung der Dinge. Aber war die Philosophie mit ihrer starken Selbstreflexion nicht immer schon ein bisschen morbid, gemessen am robusten Realismus des täglichen Lebensvollzuges? Dennoch könnte es vielleicht ratsam sein, sich die philosophische Krankheit der Sinnsuche wenigstens für eine kurze Weile zu leisten, um dann mit mehr Vertrauen und Gelassenheit zur nüchternen Alltagswelt zurückzukehren.

---

1 Wanderer, der Weg sind deine Spuren und nicht mehr. Wanderer, es gibt keinen Weg, der Weg entsteht dort, wo du gehst. Beim Gehen entsteht der Weg, und wendet man den Blick zurück, sieht man den Pfad, den man nie wieder betreten wird. Wanderer, es gibt keinen Weg, nur deines Schiffes Spuren auf dem Meer.

2 S. Freud: Brief an Marie Bonaparte vom 13. August 1937. Aus S. Freud: *Briefe 1873–1939*. Frankfurt/M.: Fischer, 1960, S. 429

I. Die Bedeutung von Sinn

Wir haben unseren Überlegungen einen Vers von Antonio Machado vorangestellt, weil er in trefflicher Form die Situation des Menschen in einem wunderschönen Bild wiedergibt. Das Schiff des Lebens hinterlässt für eine Weile mit seinem Kielwasser Spuren im Ozean. Eine Zeit lang sieht man den Schaum der Wellen, den unsere Barke nach sich zieht, aber bald vermischt sich das erregte Wasser wieder mit der unermesslichen Umgebung, und das Meer zeigt wieder seine ungestörte Oberfläche. Dies ist die Situation, in der sich jeder Einzelne und ebenso auch die Menschheit insgesamt befindet. Wenn wir in Gedanken ein wenig über die Zeitskala des individuellen Lebens hinaus denken, erkennen wir den kurzen Durchgangscharakter unseres Daseins ebenso wie auch die Neigung der Natur, alle Spuren, die wir kurzfristig hinterlassen haben, wieder auszulöschen. Unter dieser Ausgangslage gilt es über die Sinnproblematik zu reflektieren.

Im Alltag verwenden wir den Begriff des Sinnes in einer relativ verständlichen Weise. Speziell in unserem privaten Leben sprechen wir davon, dass unser Dasein einen Sinn besitzt, wenn dieses Inhalte, Zwecke, Ziele enthält, wofür es sich zu leben lohnt. Jeder denkt hier zuerst an jene Personen, denen er emotional verbunden ist, aber auch an die Beschäftigungen, die er mit Leidenschaft betreibt. Manche Menschen, besonders Wissenschaftler, finden Erfüllung auch im Berufsleben, in einigen Fällen so intensiv, dass das Private der Suche nach Erkenntnis völlig untergeordnet wird und es keinen Spielraum mehr für das Ausleben der Affekte gibt. Zumeist vollzieht sich jedoch Sinnerfüllung in dem zeitlichen Spielraum, den die Arbeitswelt übrig lässt. Menschen sind – zumindest im Selbstverständnis – zielsetzende Wesen; sie planen, schauen voraus, gestalten die Zukunft nach ihren inneren Motiven, geleitet durch Wünsche und Interessen, die sie in ihren emotiven Zentren vorfinden, wobei die Herkunft dieser Vorstellungen allerdings zumeist im Dunkeln bleibt.

Unter einem sinnerfüllten Leben versteht man dabei gewöhnlich eines, bei dem ein Mensch möglichst viele seiner inneren Freiheitsgrade, seiner Anlagen und Dispositionen in der Welt einsetzen konnte. Wenn man im lebensweltlichen Kontext von Sinnerfahrung spricht, meint man, dass Ideale, Pläne, Träume nicht ausschließlich Wunschvorstellungen geblieben sind. Zwar nimmt man in Kauf, dass einige Visionen Illusion bleiben, dass die Leidenschaften oft nicht ihren natürlichen Ort finden und dass manches Scheitern die Rücknahme von Zielen der planenden Vernunft erzwingt; man meint unter Sinnerfüllung jedoch, dass einiges von den Wunschvorstellungen nicht reine Selbsttäuschung geblieben ist. Die genuine Bedeutung von Sinn, in dieser lebensphilosophischen Verwendung, enthüllt sich dabei zumeist gegen Ende des Daseins. Im Alter blickt man zurück und schätzt den Verlauf, die Fülle und die Intensität des persönlichen Erlebens ab. Die Bilanz orientiert sich dabei an den Möglichkeiten der konkreten Umgebung. Es wird Sache der ethnischen und geographischen Umgebung sein, das Lebenspotential einzustufen und damit auch das Erreichte zu späteren Zeiten des Daseins zu evaluieren. In einer äußerst kargen Lebenswelt und unter sehr eingeschränkten sozialen Bedingungen wird das Maß der Einschätzung sich anpassen. Die Mehrzahl der Menschen ist sicher darauf eingestellt, sich hier in Bescheidenheit zu üben. Wenn wir wenigstens einen Teil unserer Ziele erreicht haben, werden die meisten überzeugt sein, dass sie wirklich erfolgreich gelebt haben.

Confieso que he vivido (ich bekenne, ich habe gelebt) nannte der chilenische Dichter Pablo Neruda die Erinnerungen seines Lebens[3], und die Fülle der Erfahrungen und Erlebnisse, die er berichtet, lässt ihn davon sprechen, dass er zufrieden war mit der Reichhaltigkeit von Geschehnissen und Begebenheiten seines Lebenslaufes. Es fragt sich, ob es das absolut gescheiterte Leben überhaupt gibt, in dem keines der Lebensziele erreicht wurde. Gewiss können wir uns mit einiger Phantasie oder nach entsprechenden Reise-Erfahrungen die sozioökonomischen Randbedingungen vergegenwärtigen, wie sie in den armen Ländern der Dritten Welt herrschen. Für eine Indiofrau am Altiplano Boliviens sind die Gestaltungsspielräume so eng, dass sie im Selbstverständnis vermutlich schon dann von einem gelungenen Leben sprechen wird, wenn sie ihre Kinder einigermaßen heil ins reproduktionsfähige Alter hinüberretten konnte. Für weitere Ide-

3 P. Neruda: *Confieso que he vivido. Memorias.* Barcelona 1989

ale der Selbstverwirklichung ist hier einfach kein Platz. So gesehen, haftet der Sinnproblematik der Charakter einer Luxuseinstellung an, die erst in einer ökonomisch einigermaßen saturierten Gesellschaft virulent wird. Aber selbst wenn wir vorerst noch im europäischen Kulturraum bleiben, um die Argumentation nicht zu sehr aufzufächern, wissen wir, dass nicht alle reflektierenden Menschen zu einer positiven Bilanzierung des Lebens gelangen konnten, selbst wenn sie im Leben Erfolg hatten und die Schattenseiten der Existenz erträglich waren.

Arthur Schopenhauer und Leo Tolstoi zeigten sich fixiert vom Lebensende. Sie vermochten sich nicht auf eine lebensimmanente Perspektive einzulassen, sie kamen gar nicht dazu, abzuschätzen, wie Glück und Unglück, Erfolg und Misserfolg, Liebe und Leid im Laufe ihres Lebens verteilt waren, weil sie ausschließlich die Negativität und die Endlichkeit im Blickfeld hatten. Für Schopenhauer ist die Welt etwas, das besser nicht wäre. In der Umkehrung einer Denkfigur von Leibniz sieht er die Welt als die schlechteste aller möglichen an.[4] Als Hauptgrund führt Schopenhauer an, dass alles Streben letztlich keine dauerhafte Befriedigung finden kann. Der rastlose Wille findet kein Ziel, keinen Ruhepunkt, jede temporäre Erfüllung ist der Anfang eines neuen Wunsches.

Hier kann der Kritiker bereits einwenden, dass ein statisches Verharren in einer permanenten Lebenssituation, soweit wir uns dies mit unserer ererbten Psyche überhaupt vorstellen können, eine Situation von höchster Langeweile wäre. Vermutlich ist überhaupt nur eine unerfüllte Wunschsituation, die auf einer Unzufriedenheit aufruht, in der Lage, durch eine temporäre Erfüllung Glück zu verbreiten. Deshalb müssen wir annehmen, dass die Idee der ewigen Seligkeit, wie sie die monotheistischen Religionen verbreiten, von der menschlichen Empfindungsfähigkeit her gedacht, eine psychologische Unmöglichkeit darstellt. Schopenhauers ethisches Postulat, angesichts der Faktizität des unsaturierbaren Willens zum Leben, ist das Mitleid mit der armen Kreatur, eine Gesinnung gegen andere, welche er dem Neid gegenüberstellt.

---

4 A. Schopenhauer: *Die Welt als Wille und Vorstellung* II, Kap. 46

„Der Neid nämlich baut die Mauer zwischen Du und Ich fester auf: dem Mitleid wird sie dünn und durchsichtig; ja bisweilen reißt es sie ganz ein, wo dann der Unterschied zwischen Ich und Nicht-Ich verschwindet."[5]

Leo Tolstoi war, beeinflusst von Schopenhauer, besessen von der Idee, die er wie eine notwendige Wahrheit behandelte, dass nichts wirklich bedeutungshaft sei, wenn es nicht ewigen Bestand hat oder doch zumindest zu etwas anderem führt, das dem Fluss der Vergänglichkeit nicht unterworfen ist.[6] Wenn man den Sinn dann an dieser Permanenz festmacht, kommt man zu einer Einschätzung der Bedeutungslosigkeit der Welt. Tatsächlich ist diese Verbindung von Sinn und Dauerhaftigkeit jedoch keine zwingend einsichtige These, sondern eine spezielle persönliche Option, die aus Tolstois zerrissener Persönlichkeit zu verstehen ist, welche man an einer Tagebucheintragung erkennen kann: „...ich glaube an nichts, an nichts, was in der Religion gelehrt wird, und gleichzeitig hasse ich nicht nur den Unglauben, sondern ich verachte ihn."[7] Aus dieser fast kontradiktorisch klingenden Gemütslage ist dann wohl auch die Verbindung von Sinn und Überzeitlichkeit zu verstehen.[8] Die Daseinssorge blendete den Denker so stark, dass er nicht mehr in der Lage war, den optionalen Charakter seiner Weltperspektive zu überblicken.

Man kann den Setzungscharakter von Tolstois Sinnverständnis dadurch einsehen, dass man ihm die antagonistische Option entgegenstellt, wonach es gerade die *Sterblichkeit* ist, die das Leben kost-

---

5 A. Schopenhauer: Zur Ethik. *Parerga und Paralipomena* II, § 110

6 Leo Tolstoi: *Meine Beichte 1882.* Religionskritische und gesellschaftskritische Schriften, 14 Bände, Bd. 1. Diederichs 1990

7 L. Tolstoi: *Meine Beichte.* Ebenda

8 In der Moderne hat sich der Filmemacher Woody Allen zu einem existentiellen Anhedonismus bekannt, einer neurotischen Schwermut, die er folgendermaßen beschreibt: „Meine Theorie ist, dass ich damals schon gespürt habe, dass ich sterblich bin, und eines Tages alles das Klo runterrauschen wird: ich, meine Eltern, unsere Wohnung, die Nachbarn – einfach alles. Als ich begriff, dass das wahre Bild allen menschlichen Lebens ein alles verschlingendes Toilettenrohr ist, verschwanden jede Niedlichkeit und alle Begeisterung aus mir. Stattdessen begann mein Körper Angst zu produzieren." (Manfred Klimek: *Eierkopf-Brille und nicht exakt den Körper von Bruce Willis: Woody Allen 69*) Kann man einem solchen Anhedonismus intellektuell begegnen? Vermutlich nur dann, wenn sich der Melancholiker auf die die kognitive Begegnung einlässt, einer Aufarbeitung seiner Einstellung zustimmt, um die existentielle Blockade zu durchbrechen.

bar, einmalig und wertvoll macht.[9] Wenn die Lebenszeit potentiell unendlich wäre, könnte man alles, was heute zu tun ansteht, getrost verschieben. Wenn es keinen letzten Tag gibt, ist jeder Tag so viel und so wenig wert wie jeder andere. Tolstoi hat sich vermutlich niemals das Szenarium einer unendlich langen persönlichen Existenz eines nur endlich viele mentale Zustände besitzenden Wesens ausgemalt, sonst hätte er wohl erkannt, dass der permanente Fortbestand eines solchen begrenzten Geistes eine Fülle von Unwägbarkeiten mit sich bringen würde. So lässt sich von einem terminierten Zeitbewusstsein her gar nicht ermessen, ob eine nicht endende Folge von psychischen Erlebnissen als Wunschsituation oder als Albtraum einzuschätzen ist. Eine zyklische Struktur von Erfahrungen, die sich ewig wiederholen, könnte genauso gut als Ausgeburt der trostlosen Langeweile gedeutet und empfunden werden. Die Unsicherheit in dieser Einschätzung einer nicht endenden Dauer der Existenz rührt daher, dass wir uns selbst von einer potentiellen Unendlichkeit keine auch nur annähernd zutreffende Vorstellung machen können. Deshalb ist der Gegenbegriff zur Vergänglichkeit der Existenz kaum mit Inhalt zu füllen, auch wenn die Menschen das Glück der unsterblichen Götter immer gepriesen haben.

Nun kann man den Pessimisten, der das Leben nach den Maßstäben der Ewigkeit beurteilt, nicht widerlegen.[10] Sicher ist es jedoch ein Fehlschluss zu behaupten, dass deshalb ein endliches Leben, nach gewöhnlichen Maßstäben beurteilt, niemals von Wert sein kann. In die Wertung und Gewichtung des Daseins geht also in jedem Fall eine Setzung ein, die auf einem subjektiven Ermessen gründet, das vermutlich in den emotiven Zentren des einzelnen Menschen verankert ist. Die Wahl der Perspektive, das Bezugssystem der Bilanzierung von Sinn, gründet im Personkern, den niemand sich frei wählen kann und der ihm von der Natur als Disposition mitgegeben wird. Auf der Erlebnisebene, ohne denkende Reflexion, erhält diese personale Verankerung den Charakter einer unausweichlichen Objektivität. Daraus könnte jemand den Schluss ziehen, dass rationale Erwägungen

---

9 A. Flew: *Tolstoi and the Meaning of Life*. Ethics 73 (1963), S. 110–118

10 P. Edwards: *Unglaube, Pessimismus und Sinn des Lebens*. In: N. Hoerster (Hrsg.): Glaube und Vernunft. München: dtv, 1979, S. 287

bei der Lenkung des Lebenszieles nicht viel vermögen. Nun, selbst wenn die Großrichtung der Wertsetzung wesentlich durch anlagebedingte Faktoren wie Temperament und emotionale Reaktionsmuster festgelegt ist, so kann doch der Weg zu den Wünschen und Interessen von der verstandesmäßigen Einsicht gelenkt werden, im Sinne der berühmten These von David Hume, wonach die Vernunft die Sklavin der Leidenschaften ist und nicht deren Führer.[11] Wenngleich also die Vernunft nicht die Ziele auszusuchen vermag, so kann sie doch zu deren Optimierung eingesetzt werden. Niemand kann sich sein Temperament, seine hohe Triebhaftigkeit oder sein eher asthenisches Naturell frei wählen. Aber wenn er danach trachtet, seine leidenschaftlichen Strebungen auszuleben, können ihm die Vernunft und damit auch die Philosophie bei der Durchsetzung sehr nützlich sein. Gerade Tolstoi, der, wie seine wohl autobiographisch zu verstehende *Kreutzersonate* zeigt, mit einem hohen Triebpotential ausgestattet war, hätte mit etwas mehr rationaler Verwaltung seines leidenschaftlichen Inneren diese Disposition zu höherer Vollendung führen können. Aber dazu hätte es eines zumindest schwachen Impetus in Richtung auf einen positiven Hedonismus bedurft, der ihm wohl nicht zur Verfügung stand.[12]

So viel sieht man also schon jetzt: Was ein Mensch als Sinn betrachtet und ob er nach langer Lebenspraxis zu einer positiven oder negativen Bilanzierung über seinen Lebensverlauf kommt, wird sicher vom individuellen Charakter bestimmt. Die inhaltliche Sinnbestimmung scheint kaum objektiv fassbar, weil die ihr zugrunde liegenden Werte in den stark variierenden Anlagen des Einzelnen gründen. Wir sind bei dieser Einschätzung von einer subjektivistischen Wertvorstellung ausgegangen. Falls jemand an dieser Stelle eine nicht-emotive, objektivistische Wertlehre ins Feld führen wollte, die auf einer intuitiven Erkenntnisquelle oder intellektuellen Anschauung aufbaut, muss er sich mit dem gesamten Kritikbestand gegen den intersub-

11 D. Hume: *Ein Traktat über die menschliche Natur*. Hamburg 1973, S. 326

12 Tolstois Gespaltenheit bezüglich des Triebelementes der menschlichen Natur geht auf seine moralischen Vorurteile zurück. Die Befriedigung der körperlichen Lustbedürfnisse, die Begierde nach erotischer Sinnenlust ist, wie er auch im Nachwort zu seiner Novelle betont, etwas grundsätzlich Verwerfliches. Mit einer solchen Einstellung steuerte sich Tolstoi in einen unausbleiblichen Wertekonflikt hinein.

jektiven Charakter von Wertevidenzen auseinandersetzen. Es ist nie geglückt, eine objektivistische materiale Wertethik intersubjektiv vermittelbar zu begründen. Darin müssten Werte einen substantivischen Charakter besitzen, und Menschen sollten dementsprechend in der Lage sein, mit speziellen Erkenntnisfähigkeiten ausgestattet, solche ontologisch eigenständigen Wesenheiten ausfindig zu machen. Alle Versuche, eine Wertontologie und eine dazugehörige Epistemologie zu konzipieren, sind jedoch bisher gescheitert. Wir machen im Folgenden keinen Gebrauch von kognitivistischen Wertkonzeptionen, sondern nehmen an, dass Wertüberzeugungen teils ererbte, teils geprägte Reaktionsmuster der emotiven Zentren des Gehirns bilden.

Führen wir uns nun exemplarisch einige Denker vor Augen, die von ihren Lebensperspektiven und Sinnkonzeptionen einen anderen Bericht gegeben haben als die drei erwähnten Pessimisten. Dies sind gar nicht so viele, wie man glauben möchte, denn die meisten Philosophen haben uns nur ihr System, selten aber ihre Lebensmaximen hinterlassen. Die früheste Äußerung zu einer lebenspraktischen Anweisung finden wir bei Demokritos von Abdera, der die andauernde Heiterkeit des Gemütes (Athambie[13]) lobt und dem Menschen den Ratschlag gibt, sich so viel als möglich zu freuen und sich so wenig als möglich zu betrüben.[14] Dieser Grundsatz erfolgt ohne jeden Rekurs auf Transzendenz, denn nach den Grundvoraussetzungen des universellen demokritischen Atomismus kann es keine unvergänglichen Gottheiten, kein Schattenreich und kein Elysion geben.

Gut unterrichtet sind wir über die Lebensorientierung des Gründers der kyrenaischen Schule des Hedonismus, *Aristippos*[15]. Er war ein Künstler der Lebenspraxis und bezeichnete den Lustgewinn als oberstes Lebensziel. Allerdings, so lehrte er, gibt sich der besonnene Weise der Sinnenlust nur in dem Maße hin, dass er nicht von ihr weggerissen wird und damit seine Haltung und seine Ausgeglichenheit verliert. Die Besonnenheit schützt vor Haltlosigkeit, aber auch vor

13 Athambie bezeichnet auch die unerschrockene Wohlgemutheit der Seelenruhe, die Furchtlosigkeit des ausgeglichenen Gemütes.

14 Demokritos: *Fragment 189* (Vgl. Überweg: *Geschichte der Philosophie* Bd. I. Basel: Schwabe, 1953, S. 109)

15 Diogenes Laërtius: *Leben und Meinungen berühmter Philosophen*. Hamburg: Meiner, 1998, II, 60–104

unnützen Skrupeln. Diese Einstellung ist besonders wichtig in Liebesdingen, und ein Beispiel aus seinem eigenen Leben ist uns überliefert: Aristippos' Lieblingshetäre[16] war die „Ältere Lais". Als man ihm berichtete, dass diese auch dem Diogenes gewogen war, meinte Aristipp ungerührt: „Ich habe die Lais, damit sie mir Freude bringt, nicht damit sie anderen keine bereitet."[17] Damit wollte er ausdrücken, dass Eifersucht und die Idee des sexuellen Privateigentums keine lustfördernden Ideen sind, vielmehr Duldsamkeit und Partizipation auch in Liebesdingen eher glücksförderlich sind.

Für Aristipp gibt es eine klare Sinngebung des Lebens, nämlich die individuelle, auf den Augenblick bezogene, körperliche Lustempfindung. Das Glück besteht darnach im Wahrnehmen der punktuellen Möglichkeiten, im gegenwärtigen Augenblick seinem Körper ein Optimum an sinnlicher Lust zu entlocken, wobei die Ursachen für dieses Empfinden moralisch nicht relevant sind. Die Wertschätzung der Freude des Augenblickes wird somit nicht dadurch betroffen, dass sie durch Handlungen zustande gekommen ist, die von der Gesellschaft, den Ordnungshütern und den Frommen abgelehnt werden. Aristipp weist besonders darauf hin, dass manche Menschen wegen induzierter, internalisierter Hemmungsmechanismen gar nicht in der Lage sind, die sinnliche Lust eines Momentes zu genießen.[18] Allerdings betont er auch die Besonnenheit, die für die Lebensoptimierung konstitutiv sei; kopflos sollte man sich nicht in jedes Vergnügen stürzen, wenn man die Autonomie und Verfügung über sein eigenes Leben nicht verlieren wolle.

So empfiehlt er, beim Umgang mit Freudenmädchen darauf zu achten, dass man nicht von der Leidenschaft besessen wird: „denn zu gebieten über die Lust und ihr nicht zu unterliegen, das ist wahrhaft preiswürdig, nicht sich ihr zu versagen".[19] Sinnstiftung durch Sinn-

---

16 Man muss hier in Rechnung stellen, dass das Hetärenwesen in der griechischen und römischen Antike eine gesellschaftlich und moralisch akzeptierte Institution war, die nicht den seltsamen Rotlicht-Anstrich hatte, wie er bis heute im christlich geprägten Abendland dieser Zunft anhaftet. (Vgl. dazu Carola Reinsberg: *Ehe, Hetärentum und Knabenliebe im antiken Griechenland.* München: C. H. Beck, 1993)

17 Diogenes Laërtius: II, 87

18 Ebenda II, 89

19 Ebenda II, 75

lichkeit ist demnach durch das Klugheitsgebot zu steuern, Herr der Situation zu bleiben.

Die Vernunft wird also in jedem Fall gebraucht, auch bei den Hedonisten, wenngleich nicht für die Zielsetzung, so doch für die Steuerung des Begehrens, und sei es nur, um Unlust und Schmerz, die Hindernisse auf dem Weg des lustvollen Lebens, zu umgehen. Der kyrenaische Ansatz der Lebensgestaltung hat in der Philosophiegeschichte wenig Anklang gefunden. Nur eine Minderheit von Philosophen optierte für eine individuelle lustorientierte Zielsetzung des Lebens. Die Mehrheit sah den primären Zweck des irdischen Daseins im intellektuellen und kognitiven Bereich.

Anaxagoras war wohl der Erste, der die Auffassung vertreten hat, dass die Bestimmung des Menschen von Natur aus in der Betrachtung des Himmelsgebäudes und der Ordnung im Weltall liegt.[20] *Aristoteles* spricht es danach immer wieder an, dass die wahre Lebenserfüllung in der theoretischen Erkenntnis des Weltalls besteht.[21] Das Wissen dient ihm als Sinnquelle. Sein Leben mit Erkenntnisgewinn über den Bau des Universums auszufüllen, vermittelt nicht nur Glücksgefühle, sondern ist selber eigenständiges Ziel. Wissen und Sinn verschmelzen hier. Diese kognitive Sinngebung kann genauso wenig wie die hedonistische Orientierung einen begründbaren Objektivitätsstatus für sich beanspruchen. Man kann beide Entscheidungen allerdings rational verteidigen. Beiden liegt eine kontingente anthropologische Komponente zugrunde, einmal die Denkfähigkeit des Menschen, ein anderes Mal die Sensibilität seines Lustzentrums. Zudem sind die beiden Empfindungsformen gar nicht so verschieden. Eine fundamentale Einsicht, ein geglückter neuer eleganter Beweis eines mathematischen Theorems kann durchaus dem Höhepunkt eines Liebeserlebnisses in der Intensität der Empfindung nahekommen. Zudem schließen sich die beiden Erfahrungsmomente nicht aus.

In der historischen Abfolge büßen beide Arten von Lebenserfahrungen, die kognitive Ideenschau und die sinnliche Freude, jedoch ihre Idealfunktion am Ende der hellenistischen Epoche ein. Den Sta-

---

20 Aristoteles: *Eudemische Ethik* Buch 1, 5

21 Aristoteles: *Nikomachische Ethik* 10.7, 1177a

tus als Selbstzweck und Ursprung der Lebensorientierung verlieren das Wissen und die Erkenntnis, als das Christentum den ewigen, nie entstandenen aristotelischen Kosmos durch die vor endlicher Zeit geschaffene Welt ersetzt. Auch wenn der Ordnungsgrad des Kosmos den Betrachter zur Idee des Schöpfers führen könnte, so darf aus christlicher Sicht die oberste Zielsetzung aller Tätigkeit im Leben doch nicht die Beschäftigung mit der Schöpfung sein, weil in diesem Falle die Gefahr nicht auszuschließen ist, dass über aller Welterkenntnis der Urheber allen Seins vergessen wird.

Aus der jüdisch-christlichen Perspektive kam es in der Folge zur Spannung zwischen jeglichen weltlichen Lebenszielen und der Betrachtung und Versenkung in das Wesen Gottes. Jedes irdische Ziel, selbst wenn es mit dem christlichen Wertekanon nicht kollidiert, führt den Menschen eine Zeit lang von dem höchsten Lebenssinn weg.

> *„Allgemein herrschte die Überzeugung, daß die der Welt zugewandten Wissenschaften in der Gefahr gottvergessener Welterklärung und selbstvergessener Weltverfallenheit stehen.“*[22]

Ein Beispiel, wie schwierig es für den mittelalterlichen Menschen war, sich der Natur im Sinne einer kognitiven und ästhetischen Näherung zuzuwenden, bietet die Besteigung des Mont Ventoux durch Petrarca im Jahre 1335. Diese Tat wird sehr gerne als Aufbruch zur Freude an der Bergwelt und zum genießerischen Wohlgefallen an der Schönheit der Natur gedeutet. Wie jedoch genauere Analysen seines Berichtes gezeigt haben[23], ist dies eine anachronistische Überinterpretation, denn Petrarca geht es um ein Gleichnis, mit dem er die Nichtigkeit der Welt und des Wohlgefallens an der Natur dokumentieren möchte. Es bleibt auch in diesem spätmittelalterlichen Bericht bei der augustinischen Verurteilung der „concupiscentia oculorum“, der lasterhaften Neugierde des Erkennens. Naturerkenntnis und Naturerleben als Zweck und Sinngebungsinstanz waren noch nicht wiederentdeckt.

---

22 F. J. Wetz: *Die Gleichgültigkeit der Welt.* Frankfurt/M. 1994, S. 107

23 Alfred K. Treml: *Warum der Berg ruft. Bergsteigen in evolutionsbiologischer Sicht.* Hamburg 2006, S. 30

Erst in der Renaissance bricht sich langsam wieder die Vorstellung Bahn, dass die menschlichen Lebensziele auch säkularer Natur sein können, dass nicht alles, was dem Menschen erstrebenswert erscheint, unmittelbar auf Gott bezogen werden muss. Individualität rückt wieder in das Zentrum der Sinngebung ein. Lorenzo Valla wagt es, in Anschluss an Epikur wieder die „voluptas", die lateinische Form der Hedoné, in den Mittelpunkt des Lebens zu stellen[24], und findet sogar ein verteidigendes Wort für das Hetairenwesen[25]. Garant der Sinnperspektive ist jetzt wie bei den Kyrenaikern die Natur. Da uns die Natur mit dem Luststreben ausgestattet hat, dürfen wir auch davon Gebrauch machen, ohne uns dafür zu schämen. Natur ist dann gleichermaßen bei Pietro Aretino als Sinngebungsinstanz voll im Einsatz. Für ihn liefern die Triebe und Leidenschaften die Brennpunkte der Lebensgestaltung. Zweifelsohne ist es erstweilig zielführend, die Sinngebung an der Physis des Menschen festzumachen. Selbst die Kyniker folgten schließlich dem Grundsatz, dass Natürliches nie verwerflich sein kann. Daran anschließend widersetzt sich Aretino den philosophischen Diffamierungen der Triebstruktur, er spricht sich sogar für die Kultivierung der Obszönität als Verstärker der Leidenschaften aus.[26]

Wie weit die Vorstellungen über das ultimate Lebensziel zwischen christlicher Tradition und den neuheidnischen Renaissance-Autoren auseinandergehen können, zeigt die Bemerkung Pascals: „Die einzige und wahre Tugend ist, sich wegen seiner Konkupiszenz zu hassen und ein wirklich der Liebe würdiges Wesen zu suchen, das Königtum Gottes in uns."[27] Man kann sich vorstellen, dass es nicht leicht ist, mit einer solchen Einstellung eine Sinngebung des Lebens zu aktivieren, die in irgendetwas endet, das nur von ferne der Zufriedenheit, der Wohlgemutheit oder der Gelassenheit gleicht. Aber auch wenn es seltsam erscheint, es ist nun einmal eine geistesgeschichtliche Realität, dass speziell in der augustinischen Tradition, in der auch Pascal

---

24 L. Valla: *De voluptate. De vero falsoque bono.* Basel 1540. Deutsch: *Vom wahren und falschen Guten.* Würzburg 2004

25 L. Valla: ebenda I, 43, 2

26 P. Aretino: *Die Gespräche des göttlichen Pietro Aretino.* Frankfurt/M.: Insel, 1999

27 B. Pascal: *Fragment 485*

steht, positive Befindlichkeiten wie Seelenruhe, Ausgeglichenheit, Gleichmut, Zuversicht keine erstrebenswerten Sinnkategorien waren. Auch die kantische Ethik macht keinen Gebrauch von irgendwelchen freudvollen mentalen Zuständen bei der Formulierung der geforderten Ziele. Kants philosophische Anthropologie stellt die Pflicht als oberstes Ideal in den Mittelpunkt, ohne dass hier von irgendeiner Beimischung von Neigung, Vergnügen oder Nützlichkeit für die Lebensgestaltung die Rede wäre. Die Pflichteinstellung soll dem Menschen so total eingepflanzt werden, dass er den darin verborgenen Rigorismus gar nicht mehr empfindet. Der Glücksbegriff wird dabei so transformiert – Hedonisten würden es als eine Degeneration dieses Begriffes bezeichnen –, dass Glück in der Übernahme des Pflichtprinzips als Maxime des eigenen Handelns besteht. Bösartig könnte man hier auch von einer pflichtenethischen Gehirnwäsche sprechen. Selbst Friedrich Schiller, sonst weitgehend kantisch orientiert, hat aus seinem Zweifel an dieser antiemotionalen Starrheit der Sinnmaxime das Distichon zu den Gewissensskrupeln formuliert:

> *„Gern dien' ich den Freunden, doch tu' ich es leider mit Neigung,*
> *und so wurmt es mich oft, daß ich nicht tugendhaft bin."*[28]

Nach Schiller haben viele Kritiker der kantischen Ethik Bedenken geäußert, ob man den Menschen wirklich zu einer rationalen Pflichterfüllungsmaschine umformen kann und soll, zu einem Automaten, der ohne im Hintergrund wirksame lustvolle Motive das Gebotene aus rein formaler Regeltreue ausführt. Im Gegenteil, so kann man fragen, ist es nicht gerade dieser starre deontische Rigorismus, der den Menschen, besonders wenn es um die Tugend der Tapferkeit ging, wesentlich Unglück gebracht hat?[29] Man kann sogar umgekehrt argumentieren: Der pazifistische Lustoptimierer ist vermutlich ein wesentlich

28 F. Schiller: *Die Philosophen* (1796). Ges. Werke, hrsg. von A. Kutscher. Berlin 1907, S. 136

29 Es sei an dieser Stelle an das schreckliche Wort Moltkes erinnert, dass „ohne den Krieg die Welt im Materialismus versumpfen würde" (zit. nach H. Albert: *In Kontroversen verstrickt.* Berlin 2007, S. 16). Damit wird dem Grauen der Schlachtfelder nicht nur Unvermeidlichkeit zugesprochen, sondern sogar eine Werte und Sinn generierende Funktion zugeordnet. Stärker kann man eine antihedonistische Sinngebung kaum formulieren.

weniger gefährlicher Zeitgenosse als der gehorsame tapfere Befehlsempfänger, weil er, bedacht auf seine Gesundheit, sich hüten wird, ein Verletzungsrisiko einzugehen. Die Bereitschaft zum heroischen Einsatz nimmt die Möglichkeit des eigenen körperlichen Schadens in Kauf, und genau diese Akzeptanz macht den Tapferen gefährlich.

Kaum ein Zeitgenosse Kants kann dermaßen als dessen Antagonist angesehen werden wie Julien Offray de La Mettrie. Dieser sieht das höchste Gut, das dem Leben sein Zentrum und seine Motive verleiht, in allem, was unser angeborenes Streben nach Wohlbefinden fördert, unterhält, nährt oder anregt.[30] In seinen beiden zentralen ethischen Schriften, *Discours sur le bonheur* und *L'art de jouir*[31] geht er von einer Beobachtung aus, auf die seiner Zeit schon Aristippos hingewiesen hatte[32]: Manche Menschen sind aufgrund hemmender anlagebedingter oder frühkindlich inkulturierter Vorurteile nicht in der Lage, eine positive freudvolle Sinnperspektive ins Auge zu fassen. Sie haben in sich einen kaum reflektierten Zensor implantiert, der das Erreichen eines authentischen Glückserlebens blockiert. Sie sind nicht in der Lage, „die Kunst der Wollust" in ihr Verhaltensrepertoire aufzunehmen und in die Tat umzusetzen. Durch eine solche irrationale Sperre gehen viele Individuen ihrer Sinnpotentialität verlustig, weshalb man durchaus von einer Kunstfertigkeit sprechen kann, diese Restriktionen des Erlebens zu entsperren.[33]

La Mettrie hat überdies bereits den Gedanken ins Auge gefasst, dass der Fehlschlag der Sinnsuche an der vermuteten Externalität des Zieles liegen könnte, die viele Autoren verzweifeln lässt. Das Streben nach einem sich von irgendwo her aufdrängenden Telos trägt aus seiner Sicht den Grund des Scheiterns in sich selbst. So meint er in seiner programmatischen Maschinenschrift[34], welche die philosophische Grundlage für die heutige künstliche Intelligenz bildet: „Wer

30 J. O. de La Mettrie: *Über das Glück oder das höchste Gut* („Anti-Seneca"), hrsg. von B. A. Laska. Nürnberg: LSR-Verlag, 1985, S. 21

31 J. O. de La Mettrie: *Die Kunst, Wollust zu empfinden*. Nürnberg: LSR-Verlag, 1987

32 Diogenes Laërtius: II, 89

33 Vgl. dazu Bernd A. Laska: *La Mettrie und die Kunst, Wo(h)llust zu empfinden*. http://www.lsr-projekt.de/lmsex.html

34 J. O. de La Mettrie: *Die Maschine Mensch*. Hamburg 1990

weiß übrigens, ob der Sinn der Existenz des Menschen nicht in seiner Existenz selber liegt? Vielleicht ist er aufs Geratewohl auf einen Punkt der Erdoberfläche geworfen worden, ohne daß man wissen kann, wie und warum; sondern nur, daß er leben und sterben muß, jenen Pilzen ähnlich, die von einem Tag zum andern erscheinen, oder jenen Blumen, die die Gräber begrenzen und das Gemäuer bedecken."[35] Damit wäre es vergeblich, immer weiter nach äußeren Indikatoren für die Sinnhaftigkeit des Daseins Ausschau zu halten. Man sollte den inneren Ablauf der Ereignisse selbst als das Telos des Lebens betrachten. Dieser Gedanke kommt unserem Vorschlag, den wir später skizzieren werden, nahe.

Alle bis jetzt erwähnten Denker, die Optimisten wie die Pessimisten, sehen die erstrebenswerten Lebensinhalte in grundsätzlich verschiedenen Zielen, die wir mit den folgenden Begriffen umreißen können: das Erkennen, das Mitleiden und das Lieben. Alle sind Bindungen an bestimmte Ideale eingegangen, denen Wertungen zugrunde liegen. Diese Werte haben ihrem Leben einen individuellen Sinn verliehen, und es ist zu vermuten, dass solche Gewichtungen von Handlungstypen, die der Einzelne für erstrebenswert erachtet, erst einmal von den speziellen Prädispositionen der Gefühlszentren des Gehirns abhängen, ohne dass diese allerdings eine unzugängliche zwingende Starrheit besäßen. Die Menschen suchen sich anfänglich ihre Lebensschwerpunkte und ihr Wertsystem sicher nicht rein kulturell determiniert aus, sondern wählen nach anlagebedingten Neigungen eine Orientierung aus dem kulturell verfügbaren und sozial akzeptierbaren Angebot. Erst im Laufe der sozialen und kognitiven Kontakte können dann intellektuelle Steuerungen der primären Sinnintentionen vorgenommen werden. Manchmal ist das anlagebedingte Temperament allerdings derart sperrig, dass die soziale Wechselwirkung auf unüberwindliche Widerstände trifft.

Wie eine charakterliche Anlage auf die gesellschaftlich tolerierten Grenzen stoßen kann, zeigt der Fall des Marquis de Sade. Selten ist ein Schriftsteller und Autor von phantastischen Szenarien stärker missverstanden worden. Man hat die erotischen Gewaltphantasien in

35 J. O. de La Mettrie: *L'homme machine. Die Maschine Mensch.* Hamburg 1990, S. 86

seinen Romanen als ernst gemeintes Sozialmodell gedeutet, anstatt sie dort zu belassen, wo sie hingehören, nämlich in die ethisch neutrale Virtualität.[36] Seine imaginären Sexualverbrechen, die er niemals auch nur andeutungsweise in die Tat umsetzen wollte, bildeten ein Vehikel, die Unabhängigkeit seines Denkens zu demonstrieren. Er war der Prototyp eines egomanischen Exzentrikers. Daneben steht die Tatsache, dass er bei der Veröffentlichung seiner erotomanischen Sinnvorstellungen des Lebens auf großes Unverständnis stoßen musste, weil im 18. Jahrhundert, selbst für einen Freigeist und Individualisten, nicht der Spielraum für die Vorstellung einer sexualitätszentrierten Lebensform gegeben war. Die Unabänderlichkeit und seine weder durch kulturelle Einflüsse noch durch jahrelange Kerkerhaft zu beugende Lebenseinstellung charakterisiert der Marquis in einem Brief an seine Frau vom November 1783:

> *„... ich bin herrschsüchtig, jähzornig, heißblütig, extrem in allem, von einer beispiellosen Zügellosigkeit der Phantasie und der Lebensführung, Atheist bis zum Fanatismus, mit einem Wort, so bin ich, und noch einmal, tötet mich oder nehmt mich wie ich bin, denn ändern werdet ihr mich nicht."*[37]

Hier manifestiert sich eine starke Bedingtheit von Lebenssinn durch Naturell und Charakter, mit geringer rationaler Steuerbarkeit durch intellektuelle Einsicht, aber auch kaum Plastizität gegenüber sozialen Normen. Die Überzeugung des darin zum Ausdruck kommenden gleichsam selbst bezeugten biologischen Determinismus des Marquis de Sade geht auf seinen philosophischen Lehrmeister La Mettrie zurück, der sich seinerseits auf ein berühmtes Wort von Montaigne beruft:

> *„Alle meine Handlungen stimmen mit dem überein, was ich bin und wie ich bin; es gibt nichts, das ich besser machen könnte. Wenn ich noch einmal leben würde, dann so, wie ich gelebt habe."*[38]

36 Simone de Beauvoir: *Soll man de Sade verbrennen?* München 1954, S. 45

37 D. A. F. Marquis de Sade: *Briefe*, hrsg. von G. Lely. Hamburg 1965, S. 121

38 J. O. de La Mettrie: *Über das Glück*. a. a. O. S. 13

Man kann es Starrheit nennen, aber vermutlich haben de Sade und Montaigne nur das explizit formuliert, was schlichtere Geister einfach praktizieren. Sade hat für seine Konsequenz mit jahrelanger Kerkerhaft bezahlen müssen. Es waren nicht seine wenigen tatsächlich praktizierten harmlosen flagellantischen Eskapaden, sondern sein gegenüber der bürgerlichen Welt subversives Lebensideal, das ihn in der Freiheit untragbar erscheinen ließ. Dabei ist sein philosophisches Werk, anders als seine extremen erotischen Romane, durchaus auch von Vorschlägen durchsetzt, die zumindest des Nachdenkens wert sind und teilweise auch später in der Rechtsprechung umgesetzt worden sind.[39] So war er grundsätzlich gegen die Todesstrafe eingestellt und hat als amtierender Richter auch Milde walten lassen. Andererseits reagiert Sade folgerichtig auf die objektive Situation des Menschen: „Die Natur ist", so Sade, „auf entsetzliche Weise gleichgültig. Sie ist dafür verantwortlich, daß das unglückliche Individuum namens Mensch ohne seine Einwilligung in dieses triste Universum geworfen wurde. Sie läßt ihn leben und wird ihn wieder verschlingen. Warum sollte man", fragt der Marquis de Sade, „die beschränkte Lebensfrist noch zusätzlich durch Moral und daraus folgende Gewissensnot erschweren? Man muß sich frei machen von trügerischen Hoffnungen und törichten Ängsten. Warum sollte man nicht ein paar Rosen auf die Dornen des Lebens streuen, indem man den Bereich seiner Neigungen und Liebhabereien erweitert und alles der Lust aufopfert?"[40] Damit ist die Wendung zur autonomen Orientierung und zum Ernstnehmen des personalen Sinns bereits vollzogen. Selbst wenn man der besonderen Gewichtung des Erotischen als Lebensinhalt nicht folgen will, muss man das Element der Individualität, die der Marquis betont, anerkennen. Der Einzelne muss die Rosen des Lebens wählen, die ihm die Dornen des Lebens einigermaßen erträglich machen, diese Arbeit kann ihm niemand abnehmen.

Um einen scharfen Kontrast in den denkbaren Lebensidealen sich vor Augen zu führen, sei auf einen modernen Humanisten hingewie-

39 S. de Beauvoir: *Soll man Sade verbrennen?* a. a. O. S. 64 (Vgl. auch Hugues Jallon: *D. A. F. Marquis de Sade. Eine Einführung*. Düsseldorf: Parerga, 1999, S. 37)

40 R. Safranski: *Das Böse oder das Drama der Freiheit*. München: Carl Hanser Verlag, 1997

sen, der in deutlich andere Richtung denkt und – anders als de Sade – in seiner völlig konträren Sinnstiftung hohe Anerkennung erfahren hat, nämlich Albert Schweitzer. Dieser stellt das Erleben der Ungerechtigkeiten der Welt und das Gefühl der Ehrfurcht vor dem Leben, das ihn zu seinem opferbereiten Lebenswerk motiviert hat, in den Mittelpunkt der Sinngebung.[41]

Nach seiner Ethik werden die Menschen aufgefordert, sich als Brüder und Schwestern anzuerkennen, und die egoistische Solidarität, die normalerweise nur auf Verwandte und Nahestehende angewandt wird, soll nach und nach auf alle Mitglieder der Art ausgedehnt werden. Manche Kritiker haben seine humanitären Ideen als weltfremd und unbiologisch gekennzeichnet, weil sie die Verwandtschaftsverhältnisse nicht berücksichtigen und die daraus folgenden genetisch abgestuften Interessen; sein Vorbild hat dennoch eine deutliche, humanistisch prägende Wirkung nicht verfehlt. Der Einsatz vieler Helfer für die Notsituation in den Ländern der Dritten Welt hat sein Vorbild in Albert Schweitzers Einsatz in Lambarene gefunden. Sinn kann also im sozialen Engagement, in der Bindung an das Gefühl des inneren Verpflichtetseins zum persönlichen Einsatz bestehen, wonach uns Leiden, Krankheit und Armut der Mitmenschen nicht gleichgültig sein dürfen. Aber auch diese Verbundenheit und Empathie mit Unheil und Unglück, für das der Einzelne nicht verantwortlich ist, muss als Option gewertet werden, die sich nicht zwingend fundieren lässt. Man kann sehr gut seine Lebenserfüllung im Sozialbereich finden, aber kaum eine Argumentation aufbauen, wonach der Lebenssinn notwendigerweise in der Unterstützung Hilfsbedürftiger bestehen muss. Jedenfalls, und das sollte der Gegensatz zeigen, ist es kaum möglich, eine bestimmte Zielsetzung in einem objektiven Sinn als explizit verpflichtend oder irregeleitet zu erweisen.

Die Nennung geistesgeschichtlich einflussreicher Persönlichkeiten darf uns nicht zur Annahme verführen, dass der Sinnbegriff in irgendeiner Weise an die Erfüllung einer hohen kulturellen Aufgabe oder die Hinterlassenschaft eines historisch bedeutsamen Werkes gebunden ist. Auch derjenige, dem es nicht gegeben ist, eine gesell-

41 A. Schweitzer: *Verfall und Wiederaufbau der Kultur*. München 1941, S. 60

schaftlich akzeptierte oder gar hochgeschätzte Funktion auszuüben, kann seine Sinnerfüllung in dem ihm zugänglichen Wirkungsbereich finden. Im normalen Fall, der schlichten, durch den monotonen Arbeitsrhythmus geprägten Alltagsexistenz, ist es nur erforderlich, dass ein oder mehrere Lebensziele bewusst aufgefasst werden und dass sich der Betreffende mit Engagement und Nachhaltigkeit für die Erreichung derselben einsetzt. Eine Mutter, die vier Kinder zu funktionsfähigen Mitgliedern der Gemeinschaft gemacht hat, wird mit ähnlicher Befriedigung auf „ihr Werk" blicken wie ein Dichter auf sein literarisches Schaffen. Natürlich gilt für beide Gruppen von menschlichen Aktivitäten die eingangs mit dem Bild von Machado ausgedrückte Situation, dass alle Spuren, die wir eine Zeit lang in Form von Nachkommen oder Werken hinterlassen haben, sich in der Langzeit-Perspektive verlieren. Aus eschatologischer Sicht gilt für das Schicksal aller menschlichen Bemühungen Nietzsches Bild: „Es gab Ewigkeiten in denen er nicht war [und] wenn es wieder mit ihm vorbei ist, wird sich nichts begeben haben."[42] Damit ist dem teleologischen Anthropozentrismus, der Vorstellung, dass die Natur in irgendeiner Weise auf den Menschen ausgerichtet ist, eine deutliche Absage erteilt.

Jedoch, und dies wird das Leitmotiv der kommenden Betrachtungen sein, ist dies eben nicht der einzige Blickwinkel, unter dem man die Lage des Menschen sehen kann. Trotz der temporären Durchgangssituation seiner Existenz „besitzt der Mensch doch die Freiheit, in der kurzen Spanne seiner Lebensjahre kritisch zu denken, Erkenntnis zu gewinnen und schöpferische Phantasie zu entwickeln. Ihm allein in der Welt, die er kennt, kommt diese Freiheit zu; und darin liegt seine Überlegenheit gegenüber den unwiderstehlichen Mächten, die sein äußeres Leben bestimmen."[43] Wichtig ist dabei, dass er sich auch wirklich darauf einlässt, diese irdische Perspektive einzunehmen, ohne sich immer wieder von der kosmischen Sichtweise entmutigen zu lassen. Darin scheint der essentielle Ruck zu bestehen, den sich Menschen geben müssen; hier muss ein jeder an sich

42 Fr. Nietzsche: *Über Wahrheit und Lüge im außermoralischen Sinne.* In: Kritische Gesamtausgabe I. München 1988, S. 875

43 B. Russell: *Was der freie Mensch verehrt.* In: N. Hoerster (Hrsg.): Religionskritik. Arbeitstexte für den Unterricht. Stuttgart: Reclam, 1984, S. 140

arbeiten, um nicht immer wieder durch den Blickwinkel der Ewigkeit verstört zu werden.

In all den bisher angeführten Entwürfen wurde nirgends von einem Sinnbegriff Gebrauch gemacht, der sich auf die zwei zentralen metaphysischen Grundannahmen der abendländischen Tradition stützt, nämlich dass das menschliche Leben Teil eines göttlich geordneten kosmischen Planes ist und dass den Menschen nach dem Tode ein höheres, ewiges Leben erwartet. Die angesprochenen Perspektiven stützen sich auf eine säkulare lebensweltliche Verwendung von Sinn, die logisch unabhängig von einer möglichen transzendenten Dimension von jedem Menschen beliebiger metaphysischer Orientierung verstanden werden kann. Ein Agnostiker kann genauso wie ein überzeugter Theist sein Daseinsintervall nach Russells Ratschlag gestalten, um dann auf sein erfülltes Leben zurückzublicken. Dies ist wichtig zu betonen angesichts der in religiösen Kreisen dominanten Vorstellung, dass der Sinnbegriff letztlich seine Bedeutung ausschließlich in der Begegnung des Menschen mit einer unbedingten Transzendenz, einem außerweltlichen Wesen entfalten kann. Eine solche Bindung der Sinnhaftigkeit an eine supernaturale Realität hat die fatale Konsequenz, dass im Falle skeptischer Zweifel an dieser metaphysischen Dimension zugleich auch die Sinnkategorie betroffen ist. Wir werden uns gegen Ende der Überlegungen ausführlicher damit befassen, welche inhaltliche Ausfüllung man dem Sinnbegriff geben kann, wenn man sich ausnahmslos auf die innerweltliche, naturalistische Dimension der Realität beschränkt.

Erst einmal, das sollten diese Beispiele zeigen, besteht kein Zweifel, dass wir den Sinnbegriff auf der Ebene des menschlichen Handelns anwenden dürfen, ohne wesentliche Konfusionen zu erzeugen. Wir verstehen auch im Alltag ohne philosophische Explikationen, was gemeint ist. Wir verwechseln diesen Sinnbegriff auch nicht mit der Bedeutungshaftigkeit eines sprachlichen Ausdruckes. Semantische Bedeutungen, also der Sinn von Wörtern, von Sätzen und von Kontexten, sind deutlich abgehoben, sowohl von der irdischen Bedeutung der Sinnhaftigkeit des planetaren Lebens eines Individuums als auch von der im Folgenden zu diskutierenden kosmischen Sinnbeladenheit des Universums, wonach dieses, wie etwa aus der Sicht Teilhard de Chardins, einem geplanten Endziel entgegenstrebt. Sprachlicher Sinn hat seine Funktion bei derartigen Überlegungen nur insofern, als wir herausfinden wollen, ob manche Rede von Sinn einfach auf gedanklicher Verwirrung beruht oder ob dahinter ein kohärenter vermittelbarer Gedankengang zu finden ist. Die analytische Philosophie hat sich ja gerade bemüht, durch logische und linguistische Untersuchungen zu eruieren, ob nicht hinter tiefsinnig klingenden metaphysischen Problemen eine sprachliche Konfusion verborgen ist. Der Verdacht, dass es sich bei manchen Formulierungen um klangvolle, leere Verbalismen handelt, ist besonders dort angebracht, wo hochgesteckte emotionale Erwartungen im Spiel sind.

Sinnfragen haben oftmals die sprachliche Form der Neugierde nach dem Zweck: Zu welchem Ende leben wir; leben wir, um zu arbeiten, oder arbeiten wir, um zu leben? Die Frage „wozu?" hat erst einmal teleologischen Charakter. Bis Kant und Hume die Idee einer objektiven Naturteleologie als anthropomorphe Projektion entlarvten, glaubte man, dass die komplexe Ordnung der Welt durch eine innere Zielstrebigkeit oder eine von außen der Materie auferlegte Zweckmäßigkeit gestaltet worden sei. Später zeigt sich, besonders durch die Darwin'sche Evolutionstheorie und anschließend durch die allgemeineren Selbstorganisationstheorien, dass man Strukturentstehung und das Wachstum kohärenter Gebilde durchaus unteleologisch begreifen kann und dass in der Naturerklärung kein Platz für zielgerichtete Agentien ist.

Nun könnte jemand der Meinung sein, dass die Existenz eines Sinnes an Naturteleologie geknüpft ist. Es kann jedoch keine Rede davon sein, dass Lebenserfüllung oder Scheitern von Lebensplänen an eine innere Zielstrebigkeit der Natur, an ein materiales Telos gebunden sind. Auch wenn die Natur und der Mensch als Teil derselben rein der kausalen Gesetzmäßigkeit unterworfen sind, können sich doch Wünsche erfüllen und Pläne gelingen. Die Sinnhaftigkeit oder Sinnlosigkeit des Lebens ist sicher nicht von der Tatsache betroffen, dass die teleologische Sprechweise des Alltags von unseren Zielen im Prinzip von der wissenschaftlichen Psychologie in die Sprache eines Kausalzusammenhanges übertragbar ist. Die emotionalen Zustände und auch die Umsetzungen der Wünsche in Handlungen werden dabei auf physiologische Abläufe reduziert. Die naturwissenschaftliche Psychologie beschreibt Wünsche und Intentionen als neuronale Zustände, deren Veränderung Kausalgesetzen folgt. Dennoch empfindet das zwecksetzende Individuum die Ziele als autonome Entitäten, die sein Handeln lenken und führen. Der in der Lebenswelt handelnde Mensch muss alles dies jedoch nicht wissen, wenn er seine Ziele anstrebt. Für die mentalen Prozesse ist es charakteristisch, dass sie selbst nicht kausal transparent sind. Die ganze neuronale Maschinerie, die im Hintergrund der psychischen Vorgänge arbeitet, bleibt für den Handelnden im Dunkeln. Für die Alltagsverwendung von Sinn bedeutet dies kein Hindernis. Der Begriff Sinn kann guten Gewissens in der Alltagsrealität gebraucht werden, auch wenn seine teleologische Phänomenologie streng genommen eine Illusion darstellt, weil all diesen Erlebnisphänomenen kausale Prozesse zugrunde liegen.

Fürs Erste ist jedenfalls festzuhalten, dass keine ontologisch verstandene materiale Teleologie notwendig ist, um die Frage: „Wozu leben wir?“ in Angriff zu nehmen. Ebenso gilt, dass auch beim Fehlen eines globalen teleologischen Planes des Universums, dem entsprechend eine übermenschliche Intelligenz den gesamten Ablauf des Kosmos gestaltet, es lokale lebensimmanente Zielvorstellungen geben kann, die vernünftigerweise als Sinn angesprochen werden können. Wenn wir der Kürze halber einmal von *lokalem* und *globalem* Sinn sprechen, wenn wir das terrestrische Ziel des Individuums bzw. den kosmischen Plan eines transzendenten Wesens meinen, so können wir das eben Gesagte auch dahingehend ausdrücken, dass diese beiden Arten der Sinnhaftigkeit nicht notwendig logisch verbunden sind. Auch ein Mensch, der sich Zeit seines Lebens irdischen Zielen, wie dem Fortschritt der Wissenschaft, dem Einsatz in der medizinischen Praxis oder der Durchführung einer Sozialreform gewidmet hat, hat ein lokal-terrestrisches Ziel verfolgt, das seinen Sinn behält, auch wenn es die globale teleologische Einbettung aller dieser Aktivitäten nicht gibt. Ob nun aber in der Natur objektive Zweckhaftigkeit aufweisbar ist, muss erst einmal nach dem Stand des heutigen Wissens untersucht werden.

II. Sinn und Telos

Die Frage, die uns also im Folgenden interessiert, besteht darin, ob es auf der Ebene der nichtmentalen Realität ein objektives Analogon zum persönlichen Sinn der menschlichen Existenz gibt, wie wir ihn eben expliziert haben. Man tut gut daran, diese Frage für die verschiedenen Realitätsbereiche aufzuspalten, denn es ist ja durchaus möglich, dass Sinn sich in der Welt der mittleren Größenordnungen offenbart, auch wenn er weder auf der untersten materiellen noch auf der kosmischen Ebene zu finden ist. Er könnte beim Übergang von der atomaren zur mesokosmischen Beschreibungsebene der komplexen Systeme auftauchen, um sich dann wieder in den kosmischen Weiten zu verlieren. Immerhin kennt man in der Theorie der komplexen Systeme nicht nur das Phänomen der *Emergenz*, sondern auch der *Submergenz*, dem Verschwinden oder „Untertauchen“ von Systemeigenschaften.

Kontrovers war schon immer die Frage, ob hinter dem Ablauf der *Geschichte* ein tieferer Sinn steckt, ob ein Weltgeist die Geschicke der Menschen nach einem Plan lenkt oder ob irgendein anderer verborgener Parameter die politischen und sozialen Veränderungen führt. Karl Popper hat mehrfach darauf hingewiesen[44], dass diese Art von zielgerichteter Entwicklung aus logischen Gründen unmöglich ist. Die soziale, politische und ökonomische Geschichte hängt entscheidend von den zukünftigen wissenschaftlichen Entdeckungen ab. Diese können aber grundsätzlich nicht vorweggenommen werden, wie man leicht einsieht, denn sonst handelte es sich eben nicht um zukünftiges, sondern um heutiges Wissen. Allenfalls könnte man von bestimmten Tendenzen oder vermutlichen Mustern der zukünftigen Problemlösungen sprechen, aber niemals von einer konkreten Einzelproblemlösung. Zudem spielen bei der Kreativität zweifellos stochastische Faktoren eine entscheidende Rolle. Irgendein Quantensprung in der Neurochemie eines begabten Menschen kann den Ausschlag geben; dementsprechend wird es gänzlich unmöglich bleiben, zukünftige schöpferische Einfälle, die die Weichen der ge-

44 K. R. Popper: *Selbstbefreiung durch das Wissen*. In: L. Reinisch: Der Sinn der Geschichte, 3. Aufl. München 1967

sellschaftlichen Entwicklung steuern, zu antizipieren. Poppers Argument erscheint manchen vielleicht nicht so zwingend, weil es ja dann nur dem Menschen selber verwehrt wäre, den Sinn der Geschichte zu entdecken, während dieser auf der spirituellen Ebene eines die Zeiten überschauenden Weltgeistes durchaus existieren könnte. Dieser Ausweg ist jedoch verbaut, wenn man irreduzible aleatorische Prozesse in Rechnung stellt.

Gerade das Zufallselement bildet ein unüberschreitbares Hindernis, das selbst die Voraussage von Tendenzen zukünftigen Problemlösens auch für einen außerweltlichen Geist unmöglich macht, zumindest, wenn man den Zufall im unreduzierbaren ontologischen Sinne versteht.[45] Wenn hinter den individuellen Einfällen der Forscher echte Zufalls-Prozesse in den neurochemischen Vorgängen des Gehirns stecken, lassen sich auch Propensitäten nicht abschätzen, wann in einem Wissenschaftler der zündende Funke für die Lösung eines offenen Problems entsteht. Niemand hätte gewagt vorherzusagen, dass es Andrew Wiles 1995 gelingen würde, Fermats letzte Vermutung von 1637 zu beweisen. Auch ein Laplace'scher Dämon oder ein Hegel'scher Weltgeist könnte nicht verborgene Parameter zur Prognose einsetzen, wenn diese Variablen aufgrund empirisch bewährter Gesetze nicht existieren.

Heute ist es, in jedem Fall in der Mikrowelt, ein Faktum, dass die dort vorhandenen Zufälligkeiten nicht auf menschliches Nichtwissen zurückgeführt werden können. Auch der mechanistische Dämon könnte beim radioaktiven Zerfall kein Einzelereignis vorhersagen. In Hinblick auf diesen Indeterminismus, der sich auch auf den Entdeckungsprozess überträgt, ist es logisch undurchführbar, den Lauf der Geschichte vorherzusagen. Selbst wenn nun jemand einwendet, dass für Geschichtsabläufe ja nur die klassische makroskopische deterministische Kausalität gilt, muss man berücksichtigen, dass auch in der politischen Geschichte zumeist nur das schwache Prinzip der Kausalität gilt, welches zulässt, dass winzige Ursachen enorme Wir-

45 Aus Untersuchungen über das Quantenchaos geht die Existenz einer *irreduziblen* probabilistischen Beschreibung hervor, die nicht auf das Verhalten einzelner Trajektorien oder einzelner Wellenfunktionen zurückgeführt werden kann. (Vgl. dazu Ilya Prigogine und Isabelle Stengers: *Das Paradox der Zeit. Zeit, Chaos und Quanten.* München: Piper, 1993, S. 24)

kungen haben können. Gerade jene Situation, die wir von der Physik der Atmosphäre so gut kennen und die es schwierig macht, Langzeit-Wetterprognosen zu erstellen, liegt auch in der politischen und der Kultur- und Geistesgeschichte vor. Auch von daher ist also Poppers antihistoristische These gut gestützt.

Historische Prozesse setzen sich aus zahllosen individuellen, absichtsvollen Handlungen zusammen. Der Geschichtsverlauf selbst besitzt aber weder Ziel noch Richtung. Es kann vorkommen, dass kleine Schwankungen in den Entscheidungen einzelner Führungspersönlichkeiten unübersehbar große Folgen für die weitere historische Entwicklung mit sich bringen, und das macht den Ablauf der Geschichte völlig unberechenbar. Dies gilt nicht nur für absolutistische oder totalitäre Regime, wo ein Führer oder eine kleine Gruppe von maßgebenden Personen die Geschicke lenkt, sondern es gilt auch für eine parlamentarische Demokratie. Auch dort kann eine knappe Abstimmungssituation durch eine grundsätzlich nicht vorhersehbare Verhinderung eines Abgeordneten in eine völlig andere Richtung gedrängt werden. Kein im Verborgenen agierender Weltgeist könnte die letztlich auf winzige Quantenschwankungen in der Entscheidungsfindung einer einzelnen maßgebenden Person zurückgehenden makroskopischen Unbestimmtheiten vorausberechnen. Niemand weiß, welche mikroskopischen Schwankungsvorgänge auf der neuronalen Mikroebene von berühmten Persönlichkeiten bereits Weltgeschichte gemacht haben. So wie die Dinge liegen, gibt es nicht nur keinen positiven Hinweis auf ein steuerndes Wesen, das den Sinn der Geschichte lenkt, sondern dieses Wesen ist vermutlich sogar erkenntnistheoretisch unmöglich. Die Sensibilität des stofflichen Trägers unserer Gedanken, jenes neuronale Netzwerk, das unser Gehirn bildet, und die Gültigkeit des Prinzips der schwachen Kausalität, wonach die meisten komplexen Systeme aufgrund ihrer hochgradig nichtlinearen Dynamik ein instabiles Kausalverhalten besitzen, schließen ein Ziel der Geschichte aus.

Abgesehen von diesem Zufallsargument hat niemand jemals einen theoretischen oder empirischen Hinweis auf so einen universalen Geist gefunden Da es somit keinen guten Grund *für* die Existenz eines Weltgeistes gibt, kann man dieses Fehlen einer positiven Begründung als besten Grund *gegen* die Annahme seines Vorhandenseins ansehen. Dies ist die übliche methodische Form, mit der Existenz verborgener Entitäten umzugehen. Wenn gar nichts *für* das Vorhandensein eines theoretischen Objektes spricht, behandelt man es als Fiktion.

Angesichts unseres heutigen Wissens über den Aufbau des Gehirns wird es mehr und mehr unglaubwürdig, an eine ideelle Lenkung der Geschichte zu denken, denn es wird immer klarer, dass alles geistige Vermögen einen materiellen Träger braucht.[46] Reine Geister werden aus dieser Sicht zu Gespenstern. Aber man muss immer daran denken, wie schwer den Menschen die Akzeptanz dieser modernen Einsicht fällt. Noch John Locke, der immerhin als nüchterner englischer Empirist nicht im Verdacht eines schwärmerischen Idealisten steht, hielt es für völlig evident und einer weiteren Begründung gar nicht fähig, dass aus einem Stück Materie niemals ein geistiges Leben entstehen könnte. „Denn es ist ebenso unmöglich zu begreifen, dass die bloße, nicht denkende Materie ein denkendes, verständiges Wesen jemals hervorbringen sollte, wie dass das Nichts aus sich heraus die Materie erzeugen sollte."[47] Es muss als Kuriosum der Wissenschaftsgeschichte angesehen werden, dass Lockes zum Vergleich herangezogene Absurdität inzwischen ebenfalls zur Denkmöglichkeit geworden ist, denn aus dem quantenmechanischen Vakuum kann über die Verstärkung von Schwankungsvorgängen tatsächlich Materie entstehen. Das Vorhandensein der Materie und der Ursprung ihrer Bewegung sind tatsächlich erklärbar.

Nun könnte sich jemand an dieser Stelle erinnern, dass ja in der klassischen, liberalistischen *Ökonomie* immer von der „unsichtbaren Hand" die Rede ist, welche scheinbar im Verborgenen die ökonomischen Zustandsänderungen lenkt. Vielleicht ist ja dort ein Ort zu finden, wo sich materiale Zielsetzung manifestiert. Hier haben wir ein Beispiel vor uns, wie man sehr leicht durch eine plakative Metapher verführt wird, in eine falsche Richtung zu denken. Die unsichtbare

---

46 Vgl. etwa Christof Koch: *Die Zukunft der Hirnforschung. Das Bewußtsein steht vor seiner Enthüllung.* In: Ch. Geyer (Hrsg.): Hirnforschung und Willensfreiheit. Frankfurt/M. 2004, S. 229–234

47 J. Locke: *Untersuchung über den menschlichen Verstand* (1690), IV, X, 10, Bd. II. Hamburg: Meiner Phil. Bibl. Bd. 76, S. 295

Hand, wie sie Adam Smith in seinem grundlegenden Werk über den Wohlstand der Nationen eingeführt hat[48], gehört nicht in die Kategorie der teleologischen Agentien; im Gegenteil, sie ist die Abkürzung für eine Kooperationsform, die spontane Ordnung erzeugt, ohne dass diese von irgendeinem natürlichen oder übernatürlichen Wesen intendiert wurde. Die Ordnungsentstehung im ökonomischen Bereich erfolgt gerade nicht nach dem Muster absichtlicher Organisation, sondern ist das nichtintendierte, emergente oder superveniente Resultat der inneren Disposition einer gesellschaftlichen Großgruppe. Es gehört zum Wesen der neoklassischen Ökonomie, dass die komplexe Marktstruktur sich von selbst bildet, entwickelt und ihren Wirkungsgrad aus sich heraus behält. Die Verwendung der Smith'schen Metapher wird vollkommen klar, wenn er im vierten Buch seines grundlegenden Werkes davon spricht, dass jeder Einzelne bei seiner Kaufentscheidung von einer unsichtbaren Hand geführt wird, um ein Ziel zu erreichen, das gar nicht in seiner Absicht gelegen hat. Indem er seine eigenen Interessen verfolgt, dient er der Gesellschaft wesentlich wirksamer, als wenn er versuchte, diese gezielt zu verbessern. Das Paradoxe der Marktsituation besteht also darin, dass die vielen Einzelintentionen der individuellen Menschen sich zu einem Netzwerk fügen, das, für sich betrachtet, *ungerichtet* ist und kein globales Ziel aufweist. Die unsichtbare Hand ist nicht die Hand des Hegel'schen Weltgeistes, sondern eine Umschreibung des Prinzips, dass der authentische Egoist in Ruhe seinen Neigungen nachgehen kann, aber dennoch durch den verborgenen Algorithmus des Marktes zur Kooperation geführt wird. Die unsichtbare Hand ist somit eine intrinsische algorithmische Struktur des Marktgeschehens, genauso wie die Ellipsenform den Keplerbewegungen inhärent ist. Zudem ist wohlbekannt, dass Adam Smith voll im klassischen Paradigma der Newton'schen Mechanik argumentiert hat. Die menschliche Natur spielt bei ihm in Bezug auf das Marktgeschehen die gleiche Rolle wie die Gravitationskraft in der Himmelsmechanik. Der Mechanismus von Angebot und Nachfrage ist ein selbstregulierendes Gleichgewichtssystem. Zentral für die liberale Ökonomie ist somit der Gedanke der *Selbstregulierung*, der aber

48 A. Smith: *The Wealth of Nations*. Einführung von W. Wett. Wien, London 1975, S. 400

vollkommen nach kausalen Prinzipien funktioniert. Weder die Analyse der geschichtlichen noch der ökonomischen Prozesse enthüllt also irgendeine objektivierbare Entität, die wir vernünftigerweise mit dem Terminus Sinn belegen könnten.[49]

Hinsichtlich der physikalischen Realität führt uns die Frage nach dem Sinn zur traditionsbeladenen Auseinandersetzung um die Teleologie in der Natur. Selbst der Begründer des mechanistischen Weltbildes, Isaac Newton (1642–1727), war von der Unvermeidlichkeit teleologischer Elemente in der Natur überzeugt. Nicht alle Züge der Erfahrungswelt können nach Newton kausal mechanistisch erklärt werden. Die Natur enthält so viele auffallend unwahrscheinliche Besonderheiten, dass sich ihm die Vorstellung aufdrängte, die hohe Symmetrie der Lebewesen und die Gleichförmigkeit ihrer Formen gehe auf einen planenden Geist zurück:

> *„Kann es denn Zufall sein, dass alle Vögel, Säugetiere und Menschen ihre rechte und linke Seite gleichgeformt haben... und dass sie genau zwei Augen und nicht mehr haben auf jeder Seite des Gesichtes und zwei Ohren auf jeder Seite des Kopfes...? Woher kommt diese Gleichförmigkeit in all ihren äußeren Formen? Dies kann doch auf nichts anderes als auf den Ratschluss und die Planung eines Urhebers zurückgehen.“*[50]

Diese Argumentationsform, bestimmte akzidentelle, a priori hoch unwahrscheinliche Züge der Natur als geplante Muster anzusehen, ist im 18. Jahrhundert dann zu einem umfassenden System der anthropozentrischen Teleologie ausgearbeitet worden. Für den Theologen William Paley (1743–1805) zeigen sich überall in der Natur die Spuren des zweckgerichteten Handelns Gottes. Seine Deutung der komplexen Züge der Natur hat er in dem sogenannten Uhrengleichnis niedergelegt.

> *„In crossing a heath, suppose I pitched my foot against a stone, and were asked how the stone came to be there; I might pos-*

49 B. Kanitscheider: *Philosophische Reflexionen über Chaos und Ordnung.* In: H.-O. Peitgen et al.: C. H. A. O. S. Bausteine der Ordnung. Berlin: Springer, 1994, S. 6–33

50 Newton: *The reasonableness and certainty of the Christian religion.* London 1700, Book z/i8

sibly answer, that, for anything I know to the contrary, it had lain there for ever... But suppose I had found a watch upon the ground, and it should be inquired how the watch happened to be in that place; I should hardly think of the answer which I had before given, that for anything I know, the watch might have always been there.“[51]

Wenn wir es also mit einer überraschend hohen strukturalen und funktionalen Ordnung eines Systems zu tun haben, ist es nach Paley erlaubt, auf einen Konstrukteur dieser Ordnung zu schließen. Bereits vor Paley fand David Hume den Schwachpunkt in derartigen Begründungen, aus dem Vorhandensein von Ordnung auf eine auf den Menschen ausgerichtete Zweckverfassung der Natur zu schließen. Es handelt sich bei Paleys Uhrenargument um einen simplen *Analogieschluss.* Wir kennen geordnete Systeme, die tatsächlich von intelligenten Lebewesen konstruiert wurden. Unsere Handwerker stellen sie mit großem Geschick täglich her, und wir können ihnen dabei zusehen, wie ein Stück Holz nach dem anderen, das für sich völlig funktionslos war, zu einem Gegenstand wird, der einen ganz klaren Zweck erfüllt. Dabei ist es klar, dass es die vom Handwerker intendierte und vom Käufer gewünschte Ordnung ist, die in dem hölzernen Gegenstand implementiert wird. Aber daraus folgt nicht, dass jede Ordnung, die wir irgendwo vorfinden, auf diese handwerkliche Weise zustande gekommen ist. Es ist deshalb nicht erlaubt, diesen geplanten Konstruktionsvorgang auf alle komplexen Formen zu übertragen und vor allem nicht auf solche, bei denen von einem Konstrukteur weit und breit nichts zu sehen ist. Analogieschlüsse sind logisch gesehen Paralogismen, d.h. fehlerhafte Folgerungen. Sie können unter Umständen eine heuristische Funktion besitzen, indem sie Anlass für neue Hypothesen liefern, aber systematisch gesehen sind Analogien keine logischen Rechtfertigungen. Zudem sind Analogieübertragungen immer mehrdeutig. Die subjektive Auswahl eines Gleichnisses kann jederzeit durch ein anderes ersetzt werden. Warum sollen wir nicht den Ursprung und die Aufrechterhaltung der

---

51 W. Paley: *Natural Theology* (1802). In: R. Lyman (Hrsg.): The Works of William Paley. London 1925, S. 8

komplexen Ordnung mit dem Wachstum und der Vermehrung von Tieren und Pflanzen vergleichen, die doch offensichtlich ohne externe Unterstützung, ohne zielgerichtete Hilfe überleben?[52] Wer steuert das Wachstum und Überleben eines Gämsrudels im Hochgebirge, das der Unwirtlichkeit und Kargheit dieser kalten Zone ausgesetzt ist?

Hume hat noch auf eine weitere Unzulänglichkeit der teleologischen Deutung von Ordnung hingewiesen, dass nämlich in der Natur auch viel *Unordnung* vorhanden ist bzw. Ordnung nach einiger Zeit wieder zerfällt. Wenn man diesen destruktiven Teil der Natur auch teleologisch deuten wollte, so müsste man auf einen außerweltlichen Ordnungsvernichter schließen. Ein transzendenter Zerstörer von Ordnung passt aber gar nicht zum christlich-theologischen Hintergrund des Argumentes. Hier offenbart sich eine deutliche Inkohärenz des teleologischen Weltbildes: Entweder man deutet beide Prozesse, Strukturaufbau und Strukturzerfall, teleologisch, dann ließen sich diese allenfalls als Resultat gegenläufig agierender supernaturaler Mächte deuten, oder man verzichtet darauf und konstatiert nur, dass es diese antagonistischen natürlichen Tendenzen gibt. Hume hat überdies darauf hingewiesen, dass die Struktur der Welt noch mit einer Fülle von anderen metaphysischen Hypothesen gedeutet werden könnte: „Diese Welt ist … sehr fehlerhaft und unvollkommen, wenn man einen höheren Maßstab anlegt; sie war bloß der erste rohe Versuch einer kindlichen Gottheit, die ihn nachher aufgab, beschämt über ihr kümmerliches Machwerk; oder sie ist das Werk einer abhängigen, untergeordneten Gottheit und Gegenstand des Spottes höherer; oder sie ist das Erzeugnis des kindischen Greisenalters einer überlebten Gottheit und ist seit deren Tode durch den ersten Anstoß und die lebendige Kraft, die sie von ihm empfing, aufs Geratewohl weitergelaufen."[53] Die Beliebigkeit in der Hypothesenbildung gründet in der Mehrdeutigkeit des Analogie-Argumentes, das je nach Phantasie eingesetzt werden kann.

Hume hat überdies aufgezeigt, dass die teleologische Deutung hochfunktionaler Komplexität eine von anthropozentrischer Partei-

52 J. J. C. Smart: *Our Place in the Universe*, Kap. 4. Oxford: Blackwell, 1989, S. 79

53 D. Hume: *Dialoge über natürliche Religion*. Hamburg: Meiner, 1968, S. 51

lichkeit getragene Naturkonzeption darstellt, die von der traditionellen, aber schon zu seinen Zeiten überholten geozentrischen Perspektive herrührt. „... Was für ein besonderes Vorrecht hat diese kleine Bewegung des Gehirns, die wir Denken nennen, dass wir sie in dieser Weise zum Modell des ganzen Universums machen?“[54] Die Parteilichkeit des Menschen zugunsten seiner eigenen geistigen Orientierung bei der Bildung theoretischer Modelle der Natur ist nach Hume zwar psychologisch verständlich, aber nichtsdestoweniger reine Selbsttäuschung. Wie kommen wir dazu anzunehmen, dass die Naturobjekte ihre hohe Ordnung auf die gleiche Weise erhalten haben, wie wir unsere geistigen und materiellen Produkte herstellen? Viel plausibler ist es, dass die Art der Ordnungserzeugung von Menschen, Lebewesen, die auf diesem Gesteinsplaneten entstanden sind, atypisch für die übrigen komplexen Systeme des Universums ist und dass nicht einfach generalisiert werden darf. Die jüngsten Ergebnisse der Astrophysik haben Humes Vermutung durchaus bestätigt; die terrestrischen Intelligenzformen haben so speziellen Charakter, dass es völlig ungerechtfertigt wäre, von ihnen aus Übertragungen auf die Natur im Ganzen vorzunehmen. Heute muss es geradezu als abwegig betrachtet werden, aus den spezifischen Zügen menschlichen Denkens allgemeine Naturprinzipien zu abstrahieren. Man geht vielmehr umgekehrt vor und versucht, das irdische intelligente Leben als Produkt der speziellen Evolutionsgeschichte dieses Planeten zu verstehen.

Die Unplausibilität der anthropozentrischen Übertragungsstrategie verstärkt sich, wenn es tatsächlich unendlich viele Galaxien, Sonnensysteme und Planeten gibt. Warum sollten ausgerechnet die mentalen Funktionen der Biosysteme unseres rein zufällig ausgewählten Planeten irgendeine Modellrolle für das gesamte Universum besitzen? Zudem handelt man sich mit der anthropomorphen Teleologie ein unlösbares Regressproblem ein, denn wenn wir die Ordnungsentstehung auf ein außerweltliches, geistbegabtes Wesen zurückführen, stellt sich wieder die Frage nach der Ursache von dessen Planungsideen. Wenn wir Gott die Aufstellung der Naturgesetze zuschreiben, muss er eine bestimmte Komplexität besitzen, die Ihm diese Tätigkeit

54 D. Hume: a. a. O. S. 26

erlaubt. Für diese innere Struktur Gottes kann man wieder die erklärungsheischende Frage stellen, woher Gott denn diese Komplexität bezogen hat. Wenn wir uns aber scheuen, diesem erhabenen Wesen diese Frage zu stellen, weil wir vermutlich keine Antwort bekommen, können wir die Frage auch genauso gut innerweltlich auf sich beruhen lassen.

Wie Ordnung entsteht, wusste auch Hume nicht, als er seine Kritik an der Teleologie verfasste. Dazu mussten erst Lamarck und Darwin die wissenschaftliche Bühne betreten. Aber Humes Analyse trug wesentlich dazu bei, dass im 19. Jahrhundert die teleologischen Deutungen der Natur unglaubwürdig wurden. Bis heute zehren die Teleologieskeptiker von seinen Argumenten.[55] Hume konnte es aber doch nicht lassen, einige Vermutungen über den Ursprung von Komplexität anzustellen. Wenn man von einem Universum mit einer *endlichen* Zahl von Atomen ausgeht und sich einen kombinatorischen Umordnungsprozess vorstellt, der immer neue Agglomerationen von Materie hervorbringt und dem überdies unendlich viel Zeit zur Verfügung steht, so dass alle Kombinationen auch wirklich vorkommen, dann wird es im Inneren von einigen dieser Konstellationen so aussehen, als habe sie eine denkende Intelligenz zusammengefügt. Aus mechanischen Gründen zerfallen diese Anordnungen wieder mit der Zeit, doch auf der Zeitskala der Lebewesen dieser Materiekomplexe, die klein ist gegenüber der Lebensdauer des gesamten Aggregates, erscheint diese Ordnung stabil gebaut.[56]

Diesen Gedanken hat im 19. Jahrhundert dann Ludwig Boltzmann aus der Perspektive der statistischen Mechanik aufgegriffen. Anstatt, wie es gewöhnlich getan wird, das Universum in einem Zustand niedriger Entropie beginnen und dann dem Wärmetode zustreben zu lassen, wobei sich die Ordnung langsam auflöst, kann man auch mit der Hypothese arbeiten, dass das Universum immer schon im Gleichgewicht war, aber Schwankungsvorgänge in großen Raumdimensionen Teile des Kosmos immer wieder in einen Ungleichgewichtszustand heben, innerhalb dessen dann hohe Ordnungszustän-

55 J. J. C. Smart: *Our Place in the Universe*. New York: Blackwell, 1989, S. 166

56 D. Hume: *Dialoge über die natürliche Religion*. a. a. O. Teil 8

de der Materie möglich sind.[57] Dementsprechend besitzen auch nur diese durch Schwankung entstandenen Untersysteme einen Zeitpfeil, wohingegen das Universum im Ganzen keine Zukunft und Vergangenheit hat und als großräumig zeitlos anzusehen ist.[58] Diese zweite Annahme hat den Vorteil, dass man das Universum nicht mit einem rätselhaften, unwahrscheinlichen niedrig entropischen Zustand beginnen lassen muss, sondern mit dem für ein unendlich altes Universum natürlichen, da zu erwartenden thermodynamischen Gleichgewicht. Boltzmanns zweite kosmologische Hypothese kann als statistische Unterfütterung von Humes kombinatorischer Idee angesehen werden. Für beide Ideen ist charakteristisch, dass die Randbedingungen für Ordnungsentstehung sich von selbst aus den materiellen Prozessen ergeben.

Die Lösung für das Problem der Entstehung von Ordnung hat im Bereich des Lebendigen, wie alle heute wissen, Darwins Theorie der natürlichen Selektion geliefert, aber es ist erstaunlich, wie viele Ahnungen von einem Prozess der spontanen Ordnungsentstehung schon kursierten. So hat Immanuel Kant 1790 bereits das evolutionäre Szenarium entworfen, wonach die Ähnlichkeit der Arten durch die „Erzeugung von einer gemeinschaftlichen Urmutter, durch die stufenartige Annäherung einer Tiergattung zur anderen" erklärt werden könnte, und zwar durch Prinzipien, die von denen der Kristallerzeugung nicht wesentlich verschieden sind.[59] Man bemerke, dass Kant nicht nur die einzelnen Tierarten kausal miteinander verknüpft, sondern die Prinzipien der Artenentstehung mit denen des Strukturwachstums der anorganischen Materie in eins setzt. Damit hat er sich einem Selbstorganisationskonzept verpflichtet, das die spontane Entstehung von Ordnung über alle Schichten der Realität ausdehnt.

Aber der eigentliche Abschied von der sinnträchtigen Teleologie der Natur wurde erst möglich, als man zeigen konnte, dass es kausale Alternativen für die Erklärung des scheinbar so exzellenten

---

57 L. Boltzmann: *Zu Herrn Zermelos Abhandlung: „Über die mechanische Erklärung irreversibler Vorgänge"*. Wiedemannsche Annalen 60 (1897), S. 392–398

58 Für eine Diskussion der Boltzmann'schen Hypothese vgl. B. Kanitscheider: *Philosophie und moderne Physik*. Darmstadt 1979, S. 70 ff.

59 I. Kant: *Kritik der Urteilskraft* § 80

Passungscharakters verschiedener Teile der Natur gibt. Mit der von kausalen Kräften getriebenen Entwicklung wurde das zeitlose Bild der Natur zerstört, denn Darwins Idee von der natürlichen Selektion (Zuchtwahl) ist der genuine Antagonist zu den statischen, letztlich platonischen Wesensformen der lebendigen Systeme. Es sind die neu entdeckte Zeitabhängigkeit und der kausale Prozess, die die Transformation des Naturbildes bewirkten.

Besonders Thomas Huxley wies im 19. Jahrhundert darauf hin, dass Paleys Deutung der sorgfältig abgestimmten Teile einer Uhr in dem Moment untergraben wird, wo man kausale Vorläufer von Uhren findet, und zwar solche, bei denen man sieht, dass die perfekte Uhr das Resultat einer systematischen Veränderung einer nur mangelhaft funktionierenden Uhr ist.[60] Wir können heute sagen, dass dem Uhrmachergleichnis der klassischen Teleologie durch die Selbstorganisationstheorien im „blinden Uhrmacher" die Gegenmetapher erwuchs.

Die Entwicklungsidee hat Daniel Dennett sehr treffend mit einer *Universalsäure* verglichen, die sich durch alles unaufhaltsam durchfrisst. Nichts kann der Verzeitlichung und der Unterwerfung unter die Naturkausalität widerstehen.[61] In der alten neuplatonischen scala naturae wirkt Darwins Konzept der spontanen Ordnungsentstehung nach oben, in Richtung der geistigen Funktionen der Organismen, und genauso nach unten, in Richtung auf deren molekularen Aufbau. Mit einiger Zeitverzögerung wurde auch in den angrenzenden Disziplinen der Biologie wie der Chemie und Physik auf der einen Seite und der Psychologie auf der anderen Seite klar, dass alle Systeme der Geschichtlichkeit unterworfen sind und eben nicht von Anfang an das Universum in der gegenwärtigen Form bevölkert haben. Ganz zuletzt wurde die Entwicklungsidee auch auf das Universum selber übertragen, als nämlich in der Kosmologie sich die nichtstatischen Modelle als die korrekte Beschreibung der Welt im Großen herausstellten.

---

60 Th. H. Huxley: *Reden und Aufsätze naturwissenschaftlichen, pädagogischen und philosophischen Inhalts*. Berlin 1977, S. 286

61 Daniel C. Dennett: *Darwins Gefährliches Erbe. Die Evolution und der Sinn des Lebens*. Hamburg 1997, S. 83

Richard Dawkins hat der gefundenen Uhr in der Heide von William Paley das Beispiel der Kieselsteine entgegengesetzt. Nehmen wir an, wir gehen am Meeresstrand entlang und beobachten, dass die Kieselsteine alles andere als zufällig verteilt sind. Die kleinsten Steine sind in einem Streifen parallel der Küstenlinie angeordnet und die größeren in anderen Abschnitten. Offensichtlich sind die Kieselsteine auf irgendeine Weise ausgewählt, der Größe nach geordnet, also selegiert worden. In der prähistorischen Zeit könnte sich ein Stamm, der in der Nähe des Ufers wohnt, über diesen hohen Ordnungsgrad der Kieselsteine wundern und einen Mythos entwickeln, indem er die streifenförmige Anordnung einem großen Geist zuschreibt, der mit sorgfältiger Überlegung diese Ordnung gestiftet hat. Dennoch wurde die Selektion der Kieselsteine durch blinde Kräfte der Physik, in diesem Falle durch die Wirkung der Wellen, hervorgerufen. Meereswellen haben keine Absichten und kein Bewusstsein, sie können nicht mehr, als die Steine vor sich her zu stoßen. Nun ist es aber so, dass die großen und die kleinen Steine auf verschiedene Weise auf die Stöße der Wellen reagieren, weil sie eben eine unterschiedliche träge Masse besitzen, und das Ergebnis davon ist, dass sie sich in verschiedenen Abständen vom Rand des Wassers anordnen. Ohne dass irgendein Ordner es gewollt hat, ist aus einer ungeordneten Zufallsanordnung am Rand des Meeres eine höhere Ordnung entstanden.[62]

Der blinde Uhrmacher ist also nur ein aus historischen Gründen gewähltes Bild, das ausdrücken soll, wie ohne bewusste Intention durch das ungerichtete Zusammenwirken von Kräften Ordnung entstehen kann, so wie es Kant antizipiert hatte. Inzwischen hat sich, speziell in der Astrophysik, eine Fülle von empirischen Beispielen angesammelt, wie sich Galaxien, Sonnensysteme, Planetenoberflächen gesetzesartig selber ihre geordneten Strukturen aufbauen. Die Idee der Fremdorganisation durch ein nicht selber zur Welt gehöriges Wesen hat vielfach zur Verwirrung und zur Desorientierung im Umgang mit der Natur geführt.

Um dies zu belegen, muss man sich nur erinnern, dass die Interpretation bestimmter natürlicher Strukturen – etwa geographischer

62 R. Dawkins: *The Blind Watchmaker*. Harlow: Longman, 1987, S. 43

Oberflächenformationen – als von Gott geplante Konfigurationen auch das Handeln des Menschen beeinflusst hat. Zwei historische Beispiele mögen das illustrieren: Bald nach der Entdeckung der Schmalstelle Amerikas, in Zentralamerika, versuchte man eine Verbindung zwischen dem Atlantik und dem Pazifischen Ozean herzustellen, um den langwierigen Weg um Kap Hoorn herum zu verkürzen. Philipp II. von Spanien befahl jedoch bei Androhung der Todesstrafe die begonnenen Grabungen einzustellen, „porque el hombre no debe separar lo que Dios unió".[63] Dieselbe Einstellung brachte eine Gruppe von Theologen zum Ausdruck, denen Philipp IV. von Spanien die Aufgabe gestellt hatte, das Projekt der Konstruktion eines Kanals zwischen dem Fluss Manzanares und dem Tajo zu prüfen. Die Theologen lehnten die Durchführung dieses Planes mit folgender Begründung ab: „Si Dios hubiese querido que los ríos fuesen navegables, El mismo los hubiera hecho así."[64]

Man handelt also in einer planmäßig konstruierten Welt anders als in einer Welt, die auf rein kausal-mechanistischem Wege ihre zufällige Gestalt gefunden hat. Die Verbindung zwischen den Kontinenten, die Schiffbarkeit von Flüssen ist somit nichts, was im Kontext eines teleologischen Weltbildes zu ändern im Belieben der Menschen steht. Weil die Formen der Länder von Anbeginn an geplant worden sind, muss der Mensch sie in der vorliegenden Form akzeptieren, wenn er nicht gegen den Willen des Planers verstoßen will. Jede Änderung stellt darnach eine indirekte Kritik an der ursprünglichen Landkonfiguration dar, und aufgrund der Vollkommenheitsvoraussetzung der ursprünglichen Planung *kann* hier gar nichts verbessert werden.

Man muss sich klar sein, dass diese Einstellung, auf alle Formen der Natur ausgedehnt, die völlige Handlungsunfähigkeit der Menschen zur Folge hätte. Wenn an der vorgefundenen, bis ins Detail durchgeplanten Schöpfung keine Veränderung durchgeführt werden darf, da sie bereits das Optimum darstellt, ist jede Verbesserung, sei

---

63 Was Gott vereint hat, soll der Mensch nicht trennen. E. Galeano: *Memoria del fuego III, El siglo del viento*. Madrid: Siglo veintiuno, 1990, S. 9

64 Wenn Gott gewollt hätte, dass die beiden Flüsse schiffbar wären, hätte er es schon so eingerichtet. E. Galeano: *Las venas abiertas de America Latina*. Madrid 1992, S. 41. Deutsch: *Die offenen Adern Lateinamerikas: Die Geschichte eines Kontinents*. Wuppertal: Hammer, 1992

es im Bereich der Krankheiten, sei es auf dem sozialen oder dem Umweltsektor, verboten. Nähme man die theistische Teleologie, im Sinne eines Ausdruckes des göttlichen Willens, völlig ernst, würde somit der *Fatalismus* auf dem Fuß folgen. Es ist allerdings anzumerken, dass selbst innerhalb des christlichen Kulturbereiches die Prädestination unterschiedlich stark interpretiert wurde. Die Abgrenzung, welche Teile der geplanten Schöpfung der Mensch nach eigenem Ermessen verändern darf, schwankt bis heute. Auch Theologen opponieren heute sicher nicht mehr gegen den Panama-Kanal. Die Grenze ist jüngst im Rahmen der möglichen Eingriffe in das genetische Material des Menschen neu problematisiert worden. Wenn man die Erbsubstanz aller Lebewesen als Ausdruck einer transzendenten Willenserklärung ansieht und nicht als zufällig gewachsene, durch natürliche Selektion zustande gekommene Information, wird man Hemmungen verspüren, das Erbmaterial zu verändern, unter Umständen auch dort, wo es pathogene Elemente enthält, die dem Phänotypus zu sichtbarem Schaden gereichen.

Solche unvermeidbaren, von der Natur selber hervorgebrachten Übel bedürfen dann der besonders intensiven theologischen Argumentation, um sie mit der unendlichen Liebe und Güte des Planers der Welt in Einklang zu bringen. Selbstredend gibt es auch von einem säkularen Standpunkt bedenkenswerte Einwände gegen eine ungebremste Manipulation und Veränderung des genetischen Materials. Vor einiger Zeit wurde die ethische Diskussion durch den utopischen Zukunftsroman *Jurassic Park* in den Medien intensiviert.[65] Hier kann man wirklich Zweifel anbringen, ob man es als sinnvoll ansehen soll, Lebewesen wieder zu beleben, die seit 65 Millionen Jahren ausgestorben sind und durch diesen Eingriff in einen Naturablauf als erratische Fremdkörper in einer Welt herumlaufen würden, die längst ihren weiteren Lauf genommen hat. Im erhöhten Maße muss es als problematisch angesehen werden, genetisches Material des Neandertal-Menschen wieder zu aktivieren, da die soziale und moralische Einordnung dieses historischen Menschen in die gegenwärtige Lebenswelt kaum zu bewältigen wäre. Als Frühform des *Homo sapiens*

65 M. Crichton: *Jurassic Park*. New York: Alfred A. Knopf, 1990 (Originalausgabe). Deutsch: *Dino Park*. München: Knaur, 1991

hätte er eine Position zwischen Tier und heutigem Menschen, die den Umgang mit ihm unklar gestalten würde. Man achte bei den letzten Beispielen auf die Argumentationsform: Der Eingriff in den natürlichen Ablauf der Geschichte wird von den Konsequenzen her problematisiert, nicht von irgendwelchen unbekannten außerweltlichen Planungen.

Der philosophische Komplex des scheinbar geplanten Aspektes gewisser Züge der Realität ist genau genommen eine Thematik des 19. Jahrhunderts. Er stand damals im Mittelpunkt des Kulturkampfes, der auf der Seite der Naturalisten von Ernst Haeckel geführt wurde, welcher heftige Auseinandersetzungen mit den etablierten kantischen Philosophen zu bestehen hatte. Haeckel, dem im Zuge der Wiederbelebung des Streites um das Planungselement in der Natur eine wachsende Bedeutung zukommt, hatte diesen Vorstellungskreis bereits deutlich als Ausgeburt des „Anthropismus" gekennzeichnet, worunter er den anthropozentrischen, den anthropomorphen und anthropolatrischen Irrtum verstand.[66] Der Gedanke, dass der Mensch „der vorbedachte Mittelpunkt und Endzweck alles Erdenlebens sei" fügt sich nach Haeckel gut zur Idee, dass „Weltschöpfung nach Art eines sinnreichen Technikers" zu denken sei, und lässt sich in der Folge mit der Verehrung der gottähnlichen Seelentätigkeit verknüpfen. Diese drei Arten der „Vermenschlichung" von Natur, dies hat Haeckel sicher richtig gesehen, bilden bis heute den Kern aller weltanschaulichen Auseinandersetzungen um die Stellung des Menschen in der Natur.

In besonderem Maße hat die teleologische Idee einer determinierenden Vorherbestimmung im islamischen Kulturbereich die Handlungsspielräume der Menschen verengt. Dort ist man überzeugt, nur Allah kenne die Zukunft, er gestalte in einem gesonderten Schöpfungsakt jeden Moment des Weltprozesses nach seinem eigenen, unvorhersehbaren Willen. Deshalb übersteigt nach islamischer Auffassung die Zukunftsplanung jegliche menschliche Kompetenz. Dies hat zur Folge, dass z. B. Versicherungen kaum soziale Akzeptanz besitzen. Sich gegen das zukünftige, von Allah geschickte Unglück zu versi-

66 E. Haeckel: *Die Welträthsel. Gemeinverständliche Studien über Monistische Philosophie.* Stuttgart: Kröner, 1903, S. 11

chern, stellt genau genommen eine unerlaubte menschliche Kompensation dar.[67] Auch dort lässt sich die Frage natürlich schwer abweisen, warum es dem schwachen Menschen überhaupt möglich sein kann, irgendwelche göttlichen Intentionen zu durchkreuzen.

Selbst im christlich-abendländischen Bereich wurde gelegentlich derart argumentiert. Bertrand Russell erzählt die Geschichte von der Erfindung des Blitzableiters durch Benjamin Franklin[68]: Die Geistlichkeit Englands und Amerikas mit der Unterstützung König Georgs III. empörten sich über den gottlosen Versuch, dem Willen des Allmächtigen entgegenzuarbeiten, denn, so argumentierten sie, der Blitz ist eine gottgesandte Strafe für den Unglauben oder eine andere schwere Sünde. Es war somit Benjamin Franklin nicht erlaubt, den göttlichen Willen zu durchkreuzen. Als die Bürger von Boston begannen, dennoch die Häuser mit Blitzableitern abzusichern, wurde Boston von einer schweren Erdbebenkatastrophe heimgesucht. Dies war nach der damaligen Interpretation der Geistlichkeit der Weg Gottes, seine strafende Hand durchzusetzen, auch gegen das blasphemische Tun der Physiker.

Heute sieht man auch in theologischen Kreisen von derartigen Interpretationen des Naturgeschehens mehr und mehr ab, weil man wohl begriffen hat, dass man sich hier in ein unlösbares Abgrenzungsproblem hineinmanövriert. Schon immer waren sich die Vertreter der theistischen Religionen unsicher, welcher Teil des Weltgeschehens, vor allem der Katastrophen innerhalb der Natur, als direkter intendierter Wille Gottes zu interpretieren sei. Diese Unsicherheit ist nicht verwunderlich, nach welchen Kriterien sollte man dies auch entscheiden? Eine Naturkatastrophe trägt ja kein Etikett, das irgendeine Intention enthüllen könnte. Die Willkürlichkeit der Zuweisung, bestimmte für den Menschen höchst schädliche Vorkommnisse wie Seuchen und Krankheiten als gottgewollte Planung zu interpretieren, lässt sich an der jüngsten Debatte um Aids verdeutlichen, wo die Einschätzungen der Kirchenvertreter zwischen gegensätzlichen

67 R. Wendorff: *Zeitbewußtsein in den Entwicklungsländern.* In: ders. (Hrsg.): Im Netz der Zeit. Stuttgart: Hirzel, 1989, S. 105

68 B. Russell: *Zur Genealogie des Unsinns.* In: Unpopuläre Betrachtungen, 3. Aufl. Zürich: Europa Verlag, 1973, S. 81

Positionen schwanken[69], ob diese erworbene Immunschwäche eine rein zufällige natürliche Ursache besitzt oder ob dahinter eine göttliche Absicht zu vermuten ist. Man braucht nicht zu betonen, dass eine rationale Entscheidung dieser Alternative aufgrund des Fehlens jeglicher empirischen Merkmale einer zielgerichteten Absicht bei Naturvorgängen völlig unmöglich ist. So viel lässt sich jedoch an den vorstehenden Beispielen einsehen, dass die teleologische Deutung von Phänomenen nicht wertneutral ist und zu unterschiedlichen Handlungsanweisungen führt. Weit entfernt davon, irrelevanter metaphysischer Ballast zu sein, wirkt sich eine zweckgerichtete Weltordnung, obwohl kognitiv unfassbar, auf der Handlungsebene dramatisch aus. Wenn man sicher ist, dass eine Plage wie die erworbene Immunschwäche eine gezielte Strafe des höchsten Wesens für unbotmäßiges Sexualverhalten ist, kann es eigentlich gar nicht erlaubt sein, sich dagegen zu schützen. Andererseits ist es äußerst schwierig zu verstehen, wie es für ein schwaches endliches Vernunftwesen überhaupt möglich ist, eine zielgerichtete Intention eines mächtigen transzendenten Wesens mit Hilfe eines ephemeren Gummikondoms erfolgreich zu durchkreuzen.

Natürlich fehlt es nicht an Versuchen, die Teleologie trotz aller Kritik in irgendeiner Weise durch die Hintertür wieder einzuführen. Robert Spaemann möchte die mentale Kategorie des zielgerichteten „Aus-Sein-auf“, die wir bei größeren Säugetieren und speziell dem Menschen feststellen, als eine unerklärbare Form der „Innerlichkeit“ aus dem selbstorganisatorischen Emergenzprozess der Natur ausnehmen. „Die Kategorie der Teleologie kann aus einer ateleologischen Realität nicht hergeleitet werden.“[70] Damit redet er einem antinaturalistischen Dualismus der Entstehung des Mentalen das Wort, eine Position, die in der gesamten Analytischen Philosophie des Geistes heute nicht mehr vertreten wird. Bei der Frage der Herkunft einer solchen mentalen Einstellung wie des bewussten „Auf-etwas-aus-Seins“ muss Spaemann dann folgerichtig auf eine transzendente Er-

69 U. Schüklenk und D. Mertz: *Christliche Kirchen und AIDS*. In: E. Dahl (Hrsg.): Die Lehre des Unheils. Hamburg: Carlsen, 1993, S. 262–279

70 R. Spaemann: Deszendenz und Intelligent Design. In: S. O. Horn und S. Wiedenhofer (Hrsg.): *Schöpfung und Evolution*. Augsburg 2007, S. 60

klärung zurückgreifen, wonach die göttliche Weisheit wollte, dass das geschaffene Wesen „seinen natürlichen Ursprung entdeckt und dem Schöpfer für das Leben, also für sein Dasein dankt".[71] Nun ist es nicht schwierig, diese Beweisführung als „Metabasis eis allo genos" zu enthüllen. Der Rückgriff auf ein der Natur fremdes Gebiet bei der Erklärung des mentalen Phänomens der Zielgerichtetheit besteht in Spaemanns Voraussetzung, dass „Innerlichkeit", also bewusstes Erleben, eine irreduzible, vom biologischen Substrat her unverstehbare Kategorie sei, eine dogmatische Vorgabe, die durch die Existenz von ausgearbeiteten Bewusstseinstheorien, in denen der Schlüsselbegriff des Selbstmodells die zentrale Rolle einnimmt, widerlegt wird.[72]

Der Fehler bei dieser Denkfigur kommt durch die Verführung zustande, den privilegierten Zugang, den jeder zu seinem eigenen Innenleben besitzt, für eine Begründung eines Antiphysikalismus zu halten. In der Tat besitzen wir alle einen ausgezeichneten Weg zu unseren mentalen wie auch zu unseren somatischen Funktionen. Dennoch bedeutet dies nicht, dass der Arbeitsmodus der entsprechenden Organe in irgendeiner Weise die biochemische Ebene in Richtung auf eine autonome Spiritualität überschreitet. Das Phänomen der Innerlichkeit und die Fähigkeit der Introspektion besagen nichts über das kausale Zustandekommen dieser mentalen Funktion. Unser Gehirn ist nun einmal für die Aitiologie der eigenen mentalen Zustände völlig intransparent. Wir erleben nicht, was sich hinter unserer Stirn abspielt, wenn wir bestimmte mentale Zustände besitzen. Somit geht auch dieser Versuch, ein Refugium für Zielgerichtetheit in der Natur zu retten, ins Leere.

71 R. Spaemann: a. a. O. S. 62

72 H. Flohr: *Die physiologischen Grundlagen des Bewusstseins*. In: Enzyklopädie der Psychologie, Bd. 6, hrsg. von T. Elbert und N. Birnbaumer. Göttingen 2002, S. 35–86

III. Hans Küngs Reise durch den Kosmos

An dem Verhältnis von Naturwissenschaft und Theologie hat sich in neuerer Zeit einiges verändert. Noch im Jahre 1951 stellte Papst Pius XII. befriedigt fest, dass aufgrund der empirischen Bestätigung des kosmologischen Weltmodells mit endlicher Vergangenheit die Wissenschaft nun beglaubigt habe, dass die Welt durch göttliche Intervention entstanden sei.[73] Erst darnach wurden die Vertreter der Religion und Theologie vorsichtiger, die Existenz einer Anfangssingularität im Standardmodell als Schöpfungsereignis zu deuten. In den letzten Jahren hat es kaum mehr ein Theologe gewagt, sich auf eine inhaltliche Debatte und Interpretation naturwissenschaftlicher Ergebnisse einzulassen. Zu vielfältig und detailliert sind die Resultate, und die Gefahr, aus einem sachlichen Missverständnis eine metaphysisch aufregende Konsequenz zu ziehen, drohte an jeder Ecke. Die analytischen Philosophen, die mit der Deutung und begrifflichen Durchdringung der Theorien und experimentellen Resultate der Physik und Biologie befasst sind, sind heute ausnahmslos fachwissenschaftlich ausgebildet bzw. es handelt sich um Fachwissenschaftler, die – zumeist in späteren Jahren – zur Erkenntnistheorie des eigenen Faches gelangt sind. Entsprechend finden sie dann Gehör, weil man annehmen kann, dass die mathematische Schulung sich auch auf das Denkvermögen in metatheoretischen Fragen überträgt. Viele klassische Metaphysiker haben ein gebrochenes oder gar kein Verhältnis zur analytischen Philosophie und damit auch zu den Instrumenten der logisch-semantischen und linguistischen Analyse. Sie sind gewöhnlich der Meinung, dass das naturwüchsige Denken ausreicht, um allen Fallstricken der Sprache der Wissenschaft gewachsen zu sein. Auch in dem folgenden Fall war diese Annahme wohl etwas zu optimistisch.

Hans Küng versucht in seinem Buch *Der Anfang aller Dinge*[74] Fragen zu entdecken, die den Anspruch erheben, wohlformulierte, intersubjektiv verständliche Probleme zu sein, die nicht von der Ein-

73 Pius XII.: *Modern Science and the Existence of God*. The Catholic Mind 49 (1952), S. 182–192

74 H. Küng: *Der Anfang aller Dinge. Naturwissenschaft und Religion*. München: Piper, 2005

zelwissenschaft, wohl aber von der Theologie beantwortet werden können. Eine von ihnen sei „die Frage nach *Grund und Sinn des Ganzen der Wirklichkeit*".[75] Er möchte nach dem „zusammenhaltenden Sinn-Grund aller Dinge unserer Erscheinungswelt" fahnden (S. 58).

Wer die Existenz eines solchen begrifflichen Gebildes postuliert, hat selbstredend die Explikationslast dafür, dass dieses sprachliche Konstrukt auf eine logisch kohärente Idee weist. Küng gibt sich viel Mühe, weitere Charakterisierungen für diesen Sinngrund anzubieten. Wir hören, dass es sich um den „Urgrund von allem" handelt, von einer „umgreifenden allerersten-allerletzten Wirklichkeit", die nicht „konstatierbar", nicht „analysierbar" und nicht „manipulierbar" sei. (S. 69). Aus dieser umfassenden Wirklichkeit, zu der die Wissenschaft keinen Zugang hat, sollen die ersten und letzten Sinngebungen, die ultimaten Maßstäbe, Werte und Normen entspringen. Die theistische Metaphysik, dies sieht man an den obigen Begriffsbestimmungen wieder einmal ganz deutlich, oszilliert methodisch zwischen den Alternativen, zu konkret oder zu konfus zu sein. Ein logisch konkreter, gut fassbarer Gottesbegriff ist in Bezug auf seine Kohärenz leicht angreifbar. Bei einem Wesen dagegen, das nicht nur nicht feststellbar ist, sondern auch logisch nicht greifbar und kausal völlig unbeeinflussbar, liegt der Fall anders. Hier hat ein Skeptiker aufgrund der molluskenartigen Semantik kaum einen Ansatzpunkt zur Kritik, mit Ausnahme des Hinweises, dass gerade dieses amorphe Bedeutungsspektrum, das dem intendierten Wesen gegeben wurde, darauf hinweist, dass dessen Befürworter entweder nicht klar denken kann oder absichtlich etwas verschleiern will.

Dies wird noch einmal deutlich, wenn Küng den Begriff des *Geheimnisses* für sein Ziel, die metaphysische Sinnbasis alles Seienden zu bestimmen, instrumentalisiert (S. 95). Was kann unter einem „Urgeheimnis" verstanden werden? Auch wenn manchem Leser bei diesem Begriff der kalte Schauer über den Rücken rinnt, der nüchterne Betrachter wird wissen wollen, was mit der Vorsilbe „Ur" kognitiv gemeint ist, die Küng mit einer wahren Inflation in den Begriffen „Urgrund", „Urhalt", „Urziel" einsetzt, wohl um etwas ungeheuer

75 H. Küng: ebenda S. 56

Gewichtiges anzusprechen, das aber dennoch dadurch nicht klarer wird. Weder die Semantik noch die Epistemologie dieses „Urwesens" lässt sich rational in Worte fassen, was ihn dann dazu veranlasst, die „Argumente" für eine metaempirische Wirklichkeit als „Hinführung" und „Einladung" zu bezeichnen. Aber was ist denn nun eine „Einladung" für eine erkenntnistheoretische Kategorie? Was soll die Berufung auf „Freiheit" in diesem metaphysischen Zusammenhang? (S. 95) Ein guter Grund, den jeder einsehen kann, involviert immer den Charakter eines Zustimmungszwanges; wenn man einen Satz nach gegebener Argumentation genauso gut für wahr wie für falsch halten kann, dann hat die Freiheit eben keinen guten Grund geliefert. Die Berufung auf Freiheit ist im kognitiven Kontext völlig fehl am Platz und verwirrt das deskriptive Problem und die Wahrheitsfrage.

Küng umkreist den „Sinngrund der Wirklichkeit" wie ein Schlangenbeschwörer. Die Naturwissenschaftler entdecken die Gesetzesstruktur der Wirklichkeit in immer genaueren Näherungen. Dies wird wohl von niemandem heute in Frage gestellt. Die Natur, der geordnete Kosmos mit seiner erkennbaren Struktur ist eine Tatsache. Nun versucht aber Küng, mit Suggestivfragen hinter das „Geheimnis im strengen Sinne" zu gelangen. Dieses Mysterium läuft immer wieder auf das von Leibniz inaugurierte metaphysische Problem hinaus, warum überhaupt etwas existiert und nicht vielmehr nichts. Dabei macht Leibniz die Voraussetzung, dass diese Frage nur für das kontingente Universum gestellt werden kann, weil ja Gott den Grund seiner Existenz in sich selber trägt, somit ein metaphysisch notwendiges Wesen darstellt. Anscheinend setzt Küng diese „causa sui" als These voraus, wenn er meint, dass auf diese Weise die Frage nach der Kontingenz alles Seienden beantwortet werden kann. Andernfalls würde er ja in einen nicht abbrechenden Begründungsregress gelangen, da man sofort wieder die Frage nach dem Grund der Existenz dieses die Welt tragenden und stützenden Wesens fragen könnte. Die Leibniz-Frage lässt sich heute in aller Klarheit als ein nicht kohärent formulierbares Scheinproblem entlarven[76], was man am einfachsten einsieht, wenn

76 A. Grünbaum: *The Poverty of Theistic Cosmology*. Leibniz Lecture I. The British Journal for the Philosophy of Science 55/4 (2003), S. 561–613. Vgl. auch B. Kanitscheider: *Die Materie und ihre Schatten*. Aschaffenburg 2007, S. 120

man das mögliche Antwortspektrum auf diese erklärungsheischende Frage durchmustert. Jede Erklärung setzt, nach dem heute universell verwendeten Begriff, zwei Informationselemente voraus: eine gesetzesartige Regularität und eine Gruppe von Anfangs- und Randbedingungen. Daraus wird dann in Form eines logischen Schlusses das Explanandum abgeleitet, und diese Ableitung ist die Antwort auf die Warum-Frage. Aus einer leeren Menge von Voraussetzungen lässt sich somit keine erklärungsheischende Warum-Frage beantworten, auch wenn der Wunsch als Vater des Gedankens noch so stark ist. Die Frage nach dem Grund der Existenz von allem und jedem, die also absolut nichts Nomologisches oder Tatsächliches voraussetzen kann, führt somit ins kognitive Nichts.

Von welcher Art soll aber nun der Zugang zu der ultimaten Sinnquelle, dem Urgeheimnis, gedacht werden? Küng setzt hier ein kurioses epistemologisches Zwitterwesen an, das weder in theoretischen Gedankenoperationen noch in irrational einfühlenden Stimmungen besteht, denn die Annäherung an dieses Mysterium soll aufgrund „einer vertrauenden, rational verantwortbaren Grundentscheidung und Grundeinstellung erfolgen“ (S. 98). Das Beispiel des Schwimmens, mit dem er diese Empfehlung stützen will, macht diesen Vorgang nicht klarer, denn wir vertrauen uns dem Wasser aufgrund wohlbekannten physikalischen Wissens über die relativen Dichten des menschlichen Körpers und des Wassers an.

Das Vertrauen ist gerechtfertigt, da wir die geringe Differenz der Dichten beider Körper mit Hilfe einiger kinetischer Energie der Schwimmbewegungen ausgleichen können. Vom Urmysterium wissen wir jedoch rein gar nichts, und dieses wird auch nicht klarer, wenn man es durch neue Wortungetüme wie dem „Wirklich-Sein des Wirklichen im Ganzen“ expliziert, durch welche die Identität (?), Werthaftigkeit und Sinnhaftigkeit alles Existierenden belegt werden soll. Küng operiert nun mit immer neuen Erkenntniskategorien wie „hinführende Anleitung“, „klärende Ausleuchtung“, die man vielleicht als *semirational* bezeichnen könnte, und die irgendwo im logischen Niemandsland angesiedelt sind, weil ihre Struktur relativ zu den gängigen Informationsübertragungen unklärbar erscheint. Hier wirkt sich Küngs Unvertrautheit mit wissenschaftstheoretischen

Kategorien aus. Sein neues Begriffsarsenal, das er für die Erhärtung seiner Sinnthese einführt, müsste erst in Bezug zum bekannten metatheoretischen Instrumentarium expliziert und präzisiert werden.

Küngs Hinführung zum „Grundvertrauen in die Wirklichkeit" ist somit ein Stück theologische Poesie, das nur jene ansprechen kann, die schon von ihrer ursprünglichen Einstellung und Erziehung her die emotiven Assoziationen für die Deutung seines Vokabulars mitbringen. Mit dem erkenntnistheoretischen Standardmodell im Futteral, das er übrigens als ideologischen (sic!) Rationalismus abqualifiziert, muss seine „radikale Rationalität" unverständlich bleiben. Überhaupt muss die Strategie, den Rationalitätsbegriff aufzuspalten, um für die eigene Sache sich die passende „Vernünftigkeit" herauszusuchen, als üble ad hoc erfundene Immunisierungsstrategie angesehen werden. Wie soll denn die Argumentationslogik in den beiden Bereichen der Rationalität aussehen, gelten da wirklich verschiedene syntaktische, semantische und methodologische Regeln? Wenn man eine andersartige Begründungs- oder Argumentationsstruktur vorschlagen möchte, muss man zuerst das formale Regelsystem dieser Alternative klären, sonst bleibt es bei der Einführung reiner Worthülsen. Sobald man diesen intellektuellen Schleichweg durchschaut hat, muss man es deshalb auch als unbegründete Anmaßung ansehen, wenn anschließend davon die Rede ist, dass nun der archimedische Punkt der Sinnproblematik gefunden sei, im Gegensatz zur gesamten Standardmethodologie, nach der es weder einen unbezweifelbaren Ausgangspunkt noch irgendeine Form der Letztbegründung geben kann.

Nur für Anhänger der „radikalen Rationalität" wird verständlich sein, was Küng über das Verhältnis von Transzendenz und Immanenz herausgefunden hat. Hier beschreibt er die Wirkungsweise Gottes so sicher, dass man erst einmal versucht ist zu fragen, ob er gerade aus einer Konferenz der Unsterblichen zurückgekommen ist.[77] Aber

77 Nicht nur mir, auch dem Mathematiker Ulrich Felgner drängte sich beim Lesen dieses Teiles des Küng'schen Buches Ciceros Vermutung über die allzu beredten Gotteskundler auf: „tamquam modo ex deorum concilio … descendisset" (Cicero: *De natura deorum* I, 8; U. Felgner: *Eine Einheitliche Theorie für alles?* Vortrag im Symposium Naturwissenschaft und Religion)

wenn man einmal außer Acht lässt, *wie* Küng zu diesem Wissen gekommen ist, versucht man zu verstehen, *was* es heißen könnte, dass Gott als der „Unendliche im Endlichen und als das Absolute im Relativen" wirkt (S. 176).

Abgesehen davon: Da außerhalb des quantitativ Unendlichen der mathematischen Zahlenwelt niemand je eine klare Idee von Unendlichkeit vorgestellt hat, bleibt es völlig undurchschaubar, was denn das Absolute im Weltprozess sein soll. Es wird auch nicht klarer, wenn man die folgende Explikation zu Rate zieht, wonach Gottes Geist „als die dynamische wirklichste Wirklichkeit *von innen* im ambivalenten Entwicklungsprozess der Welt, den er ermöglicht, durchwaltet und vollendet" (S. 176).

Wie kann man in irgendeiner kognitiv relevanten Weise unterscheiden, ob der Weltprozess *nur* nach den immanenten, niemals entstandenen Gesetzen abläuft oder ob er sich nach den gleichen Gesetzen vollzieht, jetzt aber noch darin der Geist Gottes waltet?

Küng kommt überdies dem Pantheismus sehr nahe, wenn er statuiert, dass Gott „selbst Ursprung, Mitte und Ziel des Weltprozesses ist". Dann kann er allerdings wieder nicht *Sinn-Grund* des Weltgeschehens sein. Er versucht die pantheistische Deutung auch abzuwehren mit einer paradoxen Formel, wonach Gott *in* der Welt und die Welt *in* Gott ist, aber auch mit dieser logisch unerfüllbaren (mit Ausnahme der Identität) rätselhaften Konstruktion, die vermutlich auch nur wieder im „vertrauenden Glauben verstanden werden kann", kommt man dem theologischen Sinngeheimnis nicht näher. Vermutlich ist das ganze Unternehmen, der religiösen Sinnstiftung verstandesmäßig auf die Spur zu kommen, zirkulär. Weder mit der schlichten Rationalität des Alltagsverstandes noch mit deren verfeinerter Form der wissenschaftlichen Rationalität kommt man dem Mysterium der religiös induzierten Etablierung von Sinn näher; man muss schon vorher für die besondere Emotionalität dieses Denkstiles und Vorstellungsraumes eingenommen sein.

Dann findet man auch nichts Abartiges mehr an den seltsamen Wort- und Satzkombinationen. Mit dem nüchtern distanzierten, auch noch so wohlwollenden Verstehen ist es dabei nicht getan. Die fideistische Komponente (Prorsus credibile est, quia ineptum est[78]) kommt auch, wenngleich nach vielen Umwegen, wieder durch, auch wenn der theologische Kontext von der Verwendung des Wortes Rationalität überfließt.

So kann man wohl zu keinem anderen Schluss kommen, als dass die Sinnkonstitution, wie sie auch die modernste und liberalste Theologie versucht, nicht mit den üblichen methodologischen Regeln der allgemein akzeptierten Wissenschaft in Einklang steht. Wenn man die methodischen Anforderungen, wie die vorstehende Untersuchung gezeigt hat, entsprechend aufweicht und mit diffuseren Bedeutungs- und Akzeptanzkriterien arbeitet, kann man vermutlich unaufmerksame und analytisch ungeschulte Mitmenschen überfahren. Aber wache und wissenschaftstheoretisch Gebildete werden sich nicht durch solch theologische Propaganda blenden lassen. Auch wenn der Wunsch nach einer sinnstiftenden Instanz noch so stark ist, bringt es keinen kognitiven und keinen emotionalen Nutzen, die im übrigen Leben praktizierten intellektuellen Verfahren zu opfern. Es muss als Einstellung der intellektuellen Redlichkeit angesehen werden, besonders in Bereichen, wo die Wünsche nach bestimmten Ergebnissen besonders stark sind, übervorsichtig zu sein, um nicht das als Ergebnis des Denkens auszugeben, was man sich leidenschaftlich gerne als wahr vorgestellt hat.

---

78 Kurz gesagt, es ist glaubwürdig, weil es töricht ist. Der vielzitierte Satz „Credo quia absurdum est" geht nicht dem Wortlaut, aber dem Sinn nach auf Tertullian (160–220) zurück, der die Menschwerdung Christi so schwer verständlich fand, dass er sich für deren Akzeptanz dieses Prinzip ausdachte.

IV. Komplementarität als Versöhnungsstrategie von Glauben und Wissen

Macht, Einfluss und Reputation der Naturwissenschaft sind heute so groß geworden, dass es sich niemand, der intellektuell ernst genommen werden will, leisten kann, auf offenen Konfrontationskurs mit den Theorien und Resultaten der Physik, Chemie und Biologie zu gehen. Dies versuchen nur esoterische Strömungen und religiöse Fundamentalisten, aber diese werden, in Europa zumindest, in der akademischen Welt nicht als diskursfähig betrachtet. Die Vertreter der Großkirchen bemühen sich um Harmonie mit der Wissenschaft, schon allein um ihre Theologie, die sich selbst immer auf der rationalen Ebene gesehen hat, nicht in eine Außenseiterstellung an der Universität zu manövrieren. Immerhin gibt es ja Theologische Fakultäten, die als wissenschaftliche Institutionen gelten und daher offiziell der wissenschaftlichen Rationalität verpflichtet sind. Schon Hans Küng, dessen Ansatz wir im letzten Abschnitt eingehend besprochen haben, bemühte sich, die zerstörerische Wirkung der Religionskritiker Feuerbach, Marx und Freud mit einem integrativen Zugeständnis abzufedern, indem er ihnen eine Teilwahrheit zugestand, sich aber vorbehielt, dass die Kernaussagen der Metaphysik dennoch einen damit kompatiblen Wirklichkeitsbezug besitzen. So soll der Religion *partiell* Projektionscharakter, Betäubungsfunktion und Illusionsstatus zuerkannt werden, wie die drei genannten Denker behauptet haben, ihre Inhalte aber darüber hinaus noch authentische Referenz auf eine autonome Wirklichkeit besitzen. Das war natürlich nicht das Ziel dieser Autoren. Wenn Freud die Aussagen der Religion als illusionär bezeichnet, meint er, dass sie sich *durchwegs* auf nichts Außermentales beziehen und nicht nur *gelegentlich* Täuschungen erzeugen. Wenn Marx die Religion als Opium fürs Volk bezeichnet, meint er selbstredend, dass die Inhalte und Entitäten dieser Lehren den gleichen Status wie die Phantasmen des Drogenrausches haben; und wenn Feuerbach die religiösen Inhalte als Projektionen enthüllt, meint er nicht, dass wir nur ab und zu unsere Wünsche an die Wolken des Himmels projizieren. Küngs Umdeutung der Auffassungen der Transzendenzkritiker geht aber in die Richtung auf ein Sowohlals-auch-Kompatibilitätsmodell von spirituellem Jenseitsdenken und materieller Diesseitseinstellung. Gegensätze sollen nicht ausgehalten, argumentative Unverträglichkeiten nicht ausgetragen und logische Widersprüche durch semantische Umdeutungen vermieden werden.

Ein vom Weisheitspathos getragenes Versöhnungsdenken verschafft vor allem älteren Philosophen und Theologen den Anstrich einer überlegenen Intellektualität, die sich über die ideologischen Grabenkriege und Kulturkämpfe der grundsätzlich orientierten Denker zu erheben trachtet. Der Ursprung aller dieser Vereinbarkeitsansätze liegt in der auf Niels Bohr zurückgehenden Komplementaritätsphilosophie, mit der gegensätzliche, aber unverzichtbare Aspekte einer Beschreibung kompatibel gemacht werden sollen. Man sollte sich aber immer wieder ins Gedächtnis rufen, dass Bohrs Begrifflichkeit in bestimmten physikalischen Tatsachen verankert ist. Komplementarität in der Physik hat ihren Grund in der winzigen Größe des Wirkungsquantums, denn dieses erzwingt im Mikrobereich eine neue Erkenntnissituation: „Nach dem Wesen der Quantentheorie müssen wir uns also damit begnügen, die Raum-Zeit-Darstellung und die Forderung der Kausalität, deren Vereinigung für die klassischen Theorien kennzeichnend ist, als komplementäre, aber einander ausschließende Züge bei der Beschreibung des Inhalts der Erfahrung aufzufassen…“[79] Diese Strategie funktioniert bis zu einem gewissen Grade in der Quantenmechanik, führt aber zu einer völligen Verwaschung und Verschmierung von logischen Gegensätzen in der außerphysikalischen Erkenntnis. Denn dort gibt es einfach kein Analogon zum Wirkungsquantum, welches ja der Grund für die Einführung des komplementären Erkenntnismodus in der Mikrophysik war. Der Wunsch nach Harmonie und einer Homogenisierung des Weltbildes ist zwar verständlich, weil man mit einer inkohärenten Menge an Lebensgrundsätzen schwerlich friedlich leben kann. Es fragt sich aber, ob man diesen Einklang der Prinzipien durch intellektuelle Opfer erkaufen sollte.

Jürgen Habermas hat einen Abschnitt seiner jüngsten Veröffentlichung der Spannung zwischen Naturalismus und Religion gewid-

79 N. Bohr: *Das Quantenpostulat und die neuere Entwicklung der Atomphysik.* Die Naturwissenschaften 16, 15 (1928), S. 245

met.[80] Zu seinem Lösungsansatz kommt er auf einem weiten Umweg über Kants Religionsphilosophie. Hier expliziert Habermas, weitgehend zustimmend, Kants Postulat der Überlegenheit der Vernunft in allen Angelegenheiten der Auslegung religiöser Texte, wie dieser es in seinem *Streit der Fakultäten* niedergelegt hat. Kants Forderung, als Stütze für die Erreichung moralischer Ziele und als Aussicht auf Hoffnung doch wieder jene – in seiner theoretischen Philosophie als unerreichbar erkannte – Instanz einzuführen, analysiert Habermas in ihren historischen Verzweigungen. Seine eigene Vorstellung läuft nun auf eine Trennung und Abschottung der Berührungsflächen zwischen dem szientifischen Denkstil und der religionseigenen Apologetik hinaus, wobei wir ja oben gesehen haben, wie weit die methodischen Vorstellungen auseinanderklaffen können. „Die methodische Trennung der beiden Diskursuniversen ist mit der Offenheit der Philosophie gegenüber möglichen kognitiven Gehalten der Religion vereinbar." (S. 255) Dies klingt nach Toleranz und humanistischer Gesinnung, ist jedoch de facto der Vorschlag eines sacrificium intellectus, einer Kapitulation bezüglich der Reichweite der Methode der logischen Analyse. Es ist nicht einzusehen, dass sich der Philosoph, weil wir uns im „nachmetaphysischen Zeitalter" befinden, auf den Agnostizismus verpflichten lassen soll. Es ist gerade der „opake Kern der religiösen Erfahrung", der immer als Bollwerk gegen die szientifische Vernunft aufgebaut wurde und der das Unheil in den weltanschaulichen Auseinandersetzungen über die Menschen gebracht hat. Gerade weil sich die Vertreter der Religion auf angeblich intangible Wahrheitsgarantien zurückzogen, konnten sie, von hohem Wahrheitsethos getragen[81],

80 J. Habermas: *Zwischen Naturalismus und Religion. Philosophische Aufsätze.* 8. Die Grenze zwischen Glauben und Wissen. Frankfurt/M. 2005, S. 216

81 Vgl. dazu K. Rahner: *Was ist Häresie? Schriften zur Theologie.* Bd. 5. Einsiedeln: Benzinger, 1962, S. 527–576 Karl Rahner betont, dass es speziell im christlichen Verständnis um die an einem historischen Ort verkündete Wahrheit Gottes geht, die dieser „als seine freie, vom Menschen her nicht erreichbare Selbsterschließung seines Wesens und seines Willens an die Menschen ergehen läßt" (a. a. O. S. 528), und welche absoluten Gehorsam fordert. Jemand, der diese Verkündigung nicht nachvollziehen kann oder will, gilt nicht als einer, der eine andere Meinung hat, sondern als ein Mensch, der schuldhaft Gottes Wahrheit verfehlt (a. a. O. S. 532). Bezüglich der Offenbarungs-Wahrheiten kommt es also nicht darauf an, dass man sie nach seinem eigenen epistemischen Ermessen anerkennt, sondern aufgrund der Heilsbedeutung der christlichen Grund-Wahrheiten sind Erkenntnis und Entscheidung, also Akzeptanz, untrennbar verbunden.

alle Grausamkeiten der Glaubensausbreitung rechtfertigen. Deshalb besteht höchste Dringlichkeit, dass sich die Philosophie nicht auf die Habermas'sche Kastration der Vernunft einlässt, sondern ihr kritisches Potential uneingeschränkt entfaltet.[82]

Warum soll der Philosoph sich seiner schärfsten Waffe, nämlich der logischen Analyse, gerade dort begeben, wo sie am nötigsten ist? Religionskritik im Sinne formaler Kritik an den religiösen Aussagen, ihren Widersprüchlichkeiten, semantischen Vieldeutigkeiten, methodologischen Unzulänglichkeiten, an den kuriosen Verdrehungen des Rationalitätsbegriffes, soll nach diesem Vorschlag von Habermas nicht mehr zulässig sein. Damit wäre der rationalen Philosophie ein wichtiges Instrument genommen, für selbstdenkende Menschen *Ideologiekritik* zu betreiben, und die Religionsvertreter wären die Einzigen, die ihre authentische Version von Schriftauslegung präsentieren dürfen, obgleich der Wahrheitsanspruch dieser Schriften letztlich für alle Menschen als verbindlich angesehen wird. Einem philosophischen Privatmann würde man damit das intellektuelle Recht absprechen, sich über die zahllosen Inhumanitäten der Bibel zu entsetzen, es müsste in jedem Fall der Kommentar der autorisierten Apologeten abgewartet werden. Die religiösen Sinnentwürfe könnten nicht mehr mit philosophischen Lebensformen verglichen und gewertet werden. Der Vergleich einer säkularen, epikureischen Lebensgestaltung mit einer christlichen transzendenzorientierten wäre nach einem solchen komplementären, perspektivischen Relativismus gar nicht mehr möglich. Wenn jemand, der nur logisch, aber nicht theologisch-apologetisch geschult ist, in der heiligen Dreifaltigkeit einen inneren Widerspruch entdeckt, weil diese z.B. das Leibniz-Kriterium der Identität nicht erfüllt, dann wäre es nach Habermas' Diskurstrennung unstatthaft, diesen logischen Defekt zu veröffentlichen. Wenn jemand darauf hinweist, dass die Praxis der negativen Theologie, von Gott nur zu sagen, was er nicht ist, zu einer vollständigen Sprachlosigkeit führt, müsste

82 Vgl. dazu auch H. Albert, der in die gleiche Richtung argumentiert: *Der religiöse Glaube und die Religionskritik der Aufklärung. Beschränkungen des Vernunftgebrauches im Lichte kritischer Philosophie.* Zeitschrift für allgemeine Wissenschaftstheorie 37 (2006), S. 355–371

er diese Einsicht für sich behalten.[83] Man kann sich vorstellen, dass den Theologen dieser Vorschlag sehr gelegen kommen würde: Jeder denkt nur in seinem Bereich, und keiner macht den anderen irgendwelche Vorwürfe über intellektuelle Unzulänglichkeiten.

Völlig vergessen wird dabei, dass es ja gerade die *Kritik* ist, die den Motor für den Erkenntnisfortschritt bildet. Auch wenn die Theologie sich nicht gerade als die Wissenschaft versteht, die ein kumulatives Wissensideal befürwortet, so müsste es ihr doch ein Anliegen sein, Fehlerelimination zu betreiben, unabhängig davon, wer die Unstimmigkeiten findet. Einfach liegt der Fall, wenn Konkordanz zwischen Wissenschaft und Religion besteht. Wenn es sich also um gegenseitige Übernahmen von Gehalten aus dem wissenschaftlichen oder aus dem religiösen Bereich handelt, wird es zu keinen Schwierigkeiten kommen. Dies leuchtet ein, aber es bleibt das Problem des unlösbaren Konfliktes, wenn religiöse Mysterien bzw. die Sätze, in denen diese gefasst werden, nicht mit der säkularen Logik übereinstimmen. Muss dann der Diskurs abgebrochen werden oder darf man noch sagen, dass z. B. die Alleigenschaften Gottes allesamt untereinander inkompatibel sind[84]?

Des Weiteren zeigt sich die Notwendigkeit der Weiterführung des Diskurses, wenn von der Theologie her dem kritischen Rationalismus der Ideologievorwurf gemacht und außerdem behauptet wird, dass auch dieser auf eine irrationale Vorentscheidung zurückgreifen müsse[85]. Hans Albert hat in einer detaillierten Analyse gezeigt, dass Küngs Verfahren, die Existenz Gottes auf das Grundvertrauen in die

---

83 Schon in der klassischen Logik gilt das Prinzip: Utraque praemissa neget nil inde sequitur, d.h. mit zwei negierenden Prämissen ist kein Schluss auf die Beine zu stellen. Angewendet auf das Gottesproblem bedeutet dies, dass auch noch so viele negative Aussagen über das höchste Wesen keine ontologische Konstituierung erreichen können. Dem Gläubigen wird somit, wenn er der negativen Theologie folgen will, abverlangt, an eine Entität zu glauben, von der man keine einzige referentielle Aussage machen kann.

84 Ein Beispiel hierfür gibt R. Dawkins; danach verträgt sich die Allwissenheit Gottes z. B. über einen seiner geplanten zukünftigen Eingriffe in den naturgesetzlichen Ablauf der Vorgänge logisch nicht mit seiner Allmacht, die alle Ereignisse betrifft, also auch die mögliche Verschiebung eines früher geplanten Wunders. (R. Dawkins: *Der Gotteswahn*. Frankfurt/M.: Ullstein, S. 78)

85 Hans Küng: *Christ sein*. München 1974, S. 77

Wirklichkeit aufzubauen, logisch defekt ist[86]: „Er [Küng] konstruiert mit Hilfe eines Gottesbegriffes, der die von ihm gewünschten Eigenschaften enthält, eine Konditionalaussage, die er als ‚Hypothese' charakterisiert, die aber de facto analytischen Charakter hat und daher völlig gehaltlos ist. Bei der Frage Gottes geht es nun darum, ob der Gott auch existiert, den er vorher per definitionem mit Eigenschaften ausgestattet hat, die seinen Wünschen entsprechen. Da zu diesen Eigenschaften auch die gehört, die Wirklichkeit als Ganze ‚begründen' zu können, kann er sich nun damit begnügen, eine solche Wesenheit zu postulieren."[87] Warum soll man eine solche zirkuläre Begründungsfigur nicht aufzeigen dürfen? Immerhin gehört es zur intellektuellen Redlichkeit, Fehler, die man in publizierter Literatur findet, aufzuweisen.

Man könnte im Unterlassungsfalle sogar von verweigerter kognitiver Hilfeleistung sprechen, wenn man wissentlich Leser auf Irrtümern sitzen lässt. Ein methodologischer Irrtum spielt in den ideologischen Auseinandersetzungen eine wichtige Rolle, und auch Hans Küng macht davon ausgiebigen Gebrauch: Es ist die immer wieder beschworene Situation des *Argumentationspatts* zwischen Transzendenz-Befürwortern und Transzendenz-Skeptikern, die viele Beurteiler in die Irre führt. Nach einer solchen Argumentationssymmetrie könnte man beim Fehlen positiver Stützungen für eine Existenzaussage über außerweltliche Wesen so gut für die Wahrheit wie für die Falschheit der Aussage optieren. In der Tat gilt aber in allen Bereichen der Wissenschaft die methodologische Regel, dass bejahende Existenzaussagen („Es gibt Schneemenschen") als falsch gelten, solange man kein stützendes Indiz für sie gefunden hat, und verneinende Existenzaussagen („Es gibt keine Schneemenschen") als wahr gelten, ehe man nicht einen Hinweis auf deren Vorhandensein entdeckt hat. Diese Argumentationsasymmetrie besagt also, dass positive Aussagen auf ihre Bestätigung warten müssen und negative Aussagen so lange für wahr gehalten werden, bis sich das Gegenteil zeigt. Ließe man diese me-

---

86 Hans Albert: *Hans Küngs Rettung des christlichen Glaubens. Ein Mißbrauch der Vernunft im Dienste menschlicher Wünsche.* Aufklärung und Kritik 2006, Heft 1, S. 7–39

87 H. Albert: *Hans Küngs Rettung des christlichen Glaubens.* a. a. O.

thodologische Asymmetrie außer Acht, müsste man alle nicht gerade widersprüchlichen Entitäten beliebiger Sorte für existierend halten und erst, wenn sich Zweifel an einem Genre von Dingen offenbart, diese aus dem Verkehr ziehen. Dies würde eine abartig riesige Ontologie generieren, bei der nur ab und zu einige abstruse Objektklassen eliminiert würden. So muss es dabei bleiben, dass es den Befürwortern der theistischen Vermutung obliegt, gute Gründe für ihre These beizubringen.

Schon in der Frühzeit der Aufklärung hat sich unter den Skeptikern die Grundsatzfrage ergeben, ob der ontologische Hiatus, der zwischen den erkennenden Menschen und dem intendierten höchsten Wesen herrscht, intellektuell überhaupt überbrückbar ist. Eine der frühesten Abhandlungen zur Kritik des Theismus war der *Traité des trois imposteurs*, der Traktat über die drei Betrüger, der den drei Religionsgründern der monotheistischen Religionen, Moses, Jesus und Mohammed, den Vorwurf macht, dass keiner von ihnen den behaupteten supernaturalistischen Konnex, nämlich der Inspiration durch ein außerweltliches Wesen, je überzeugend darlegen konnte. Darum, und nicht, weil er meint, dass sie lügen würden, nennt der anonyme Autor die drei Religionsstifter Betrüger. „Zu dem Ansehen, in dem sie stehen, gelangten sie, weil sie so dreist waren, sich zu rühmen, ihre Botschaften für das Volk unmittelbar von Gott erhalten zu haben – eine unsinnige und lächerliche Erfindung, geben sie doch selbst zu, dass Gott nur im Traum zu ihnen spricht.“[88] Der anonyme Autor hat den Finger auf die schwächste Stelle aller historischen Buchreligionen gelegt: Der tatsächliche übernatürliche Ursprung der heiligen Schriften konnte nie aus ihnen selber begründet werden, sondern liegt diesen als vorgängige dogmatische Metathese zugrunde. Der gleiche Autor, von dem man annimmt, dass er von Spinoza beeinflusst ist, weist auch darauf hin, dass die angeblich von Gott inspirierten Propheten uns einerseits „das Bild eines sinnlich wahrnehmbaren, materiellen und allen menschlichen Affekten unterworfenen Wesens vermitteln“, andererseits behaupten, „dass Gott nichts mit der Materie gemeinsam hat und ein Wesen ist, das wir nicht begreifen können. Wie lässt sich

88 Anonymus: *Traité des trois imposteurs. Traktat über die drei Betrüger.* Hamburg: Meiner, 1992, § 5

das miteinander in Einklang bringen?"[89] Der unbekannte Verfasser hat zweifellos recht: Wenn ein Wesen gegenüber den menschlichen Erkenntnisfunktionen absolut transzendent und kategorial unvergleichlich verschieden ist, kann auch keine Information von diesem Wesen in unser irdisches materielles Gehirn eindringen. Seltsamerweise wird dieses skeptische Argument bezüglich des kausalen Weges der Informationsübertragung bei der Inspiration der kanonischen Schriften von den Theologen kaum ernst genommen, obwohl es doch den Kern der Wechselwirkung von materieller und transzendenter Welt betrifft.

In Fortsetzung dieser informationstheoretischen Kritik hat dann der Abbé Jean Meslier in seinem Testament, wohl wesentlich beeinflusst durch Montaigne, nochmals darauf hingewiesen, dass die Götter der drei monotheistischen Religionen immer nur durch Menschen gesprochen haben, oft heimlich und versteckt, in der Nacht und im Traum.[90] „Es ist überhaupt nicht einsehbar, dass Götter, die unendlich gut und unendlich weise sind, sich eines so verdächtigen und unlauteren Weges bedienen sollten, um den Menschen ihren Willen kundzutun."[91] Wenn Skeptiker auf die undurchschaubare und semantisch inhomogene Begrifflichkeit der Theologie hinweisen, wird ihnen als Verteidigungsstrategie sehr oft die Begrenztheit der Vernunft bezüglich der transzendenten Gegenständlichkeit entgegengehalten. Darauf hat u. a. Dietrich von Holbach hingewiesen, der dieses unlautere Verfahren klar herausarbeitet: „Die Theologen selbst haben die unübersteiglichen Schwierigkeiten gefühlt, die ihre Gottheit der Vernunft darbothen. Sie wußten sich nicht anders zu helfen, als daß sie allen Gebrauch der Vernunft überhaupt untersagten, die Köpfe vom Nachdenken abführten, und die ohne dieß schon verworrenen und widersprechenden Begriffe, welche sie von der Gottheit aufstellten, immer nur noch mehr und mehr verwickelten; hierdurch hüllten sie ihren Gott besser in Wolken ein, machten ihn für andere unzugangbar, und blieben in dem ausschließlichen Besitze, nach ih-

89 Anonymus: a. a. O. § 6

90 G. Mensching: *Das Testament des Abbé Meslier*. Frankfurt/M. 1976, S. 96

91 G. Mensching: a. a. O. S. 97

rem Gutdünken die Wege und Äußerungen des räthselhaften Wesen zu erklären, für das sie die Anbetung der Völker heischten."[92] Eine solche Verdummungsmethodik, die von Holbach hier völlig korrekt herausstellt, sei sie nun bewusst angewendet oder durch frühe Internalisierung zur unbewussten Regelstrategie erhoben, verdient es expliziert zu werden, um intellektuellen Schaden von naiven Religionskonsumenten abzuwehren.

Alle diese Kritik muss zumindest gehört werden, wenngleich sie, falls sie über das Ziel hinausschießen sollte, mit entsprechender Gegenkritik rechnen muss. Dieser Punkt sollte noch einmal herausgehoben werden: Kritik kann auch fehlerhaft sein und irrtümlich wahre Sätze treffen. Im Rahmen eines universellen Fallibilismus, bei dem kein Satz als letztbegründet gilt, ist eine fehlgeleitete Kritik kein Unheil. Da auch der kritisierende Satz selbst wieder als vorläufige Behauptung geführt wird, kann auf diese Weise kein Schaden entstehen, und jederzeit kann der ursprünglichen Aussage wieder Geltung verschafft werden. Jedenfalls gibt es keinen vernünftigen Grund, warum man solche Auseinandersetzungen aus überzogenen Harmonisierungsbestrebungen blockieren sollte. Ja mehr noch: Man kann Religionskritik als methodologisches Übungsmaterial betrachten, an dem sich die Trennschärfe des begrifflichen Instrumentariums testen lässt. Wenn die Wissenschaftstheorie ihre Aufgabe erfüllt, muss sie in der Lage sein, kognitive Spreu vom Weizen zu trennen. Zudem gehört die weltanschauliche Grundsatzanalyse auch zum intellektuellen Leben; es lässt sich sogar ein gewisses sportliches Vergnügen darin finden, die metaphysischen Auseinandersetzungen weiterzuführen und diese in Bezug auf die besondere Erkenntnissituation der Einzelwissenschaft zu aktualisieren. Der Kulturkampf im 19. Jahrhundert zwischen den Monisten und den Ultramontanen hat das begriffliche Diskriminationsvermögen und auch die verbale Kreativität der Beteiligten enorm gefördert, wie die lebhafte Auseinandersetzung zwischen Ernst Haeckel und Friedrich Paulsen bezeugt.[93] Je nach dem

92 D. v. Holbach: *System der Natur*. Frankfurt/M.: Suhrkamp, 1978, Drittes Hauptstück. Vgl. auch: http://www-gdz.sub.uni-goettingen.de/cgi-bin/digbib.cgi.PPNS14901128, S. 68

93 E. Haeckel: Nachwort zur Schrift über die „Welträthsel". A. a. O. S. 153

Wissen der Zeit über die Natur gestaltet sich die Grenzzone von Wissenschaft und Metaphysik unterschiedlich und muss immer wieder, angepasst an die jeweilige wissenschaftsgeschichtliche Situation, aktualisiert werden.

Zu den Konfliktbereichen, die seit Jahrhunderten den Scharfsinn und die logische Analyse im Grenzgebiet von Metaphysik und Wissenschaft herausgefordert haben, gehört das Theodizee-Problem, die von Leibniz so benannte Frage, ob die Übel der Welt mit der Güte Gottes vereinbar seien. Das Ergebnis detailliertester Untersuchungen von Gerhard Streminger, dem heute wohl besten Kenner dieses Problems, bei denen alle Lösungs-Varianten und Umgehungsstrategien berücksichtigt wurden, liest sich wie folgt: „Es scheint in keiner Weise zu gelingen, das traditionelle Gottesbild, das den Prämissen I ‚Es gibt EINEN Gott, ein personales höchstes Wesen, das die Welt erschaffen hat' und II ‚Dieser Gott ist allmächtig, allgütig und allwissend' zugrunde liegt, mit der Beschaffenheit der Welt in Einklang zu bringen. Trotz Zusatzannahmen und trotz Modifikation der Prämissen verstricken sich Theisten in ihren Begründungsversuchen in immer neue Widersprüche. Aus diesem Grunde wird die theistische Lehre gänzlich willkürlich, da aus Prämissen, die einen Widerspruch enthalten, alles Beliebige gefolgert werden kann."[94] Es sei noch einmal betont, dass es sich beim Theodizee-Problem um eine *logische* Unverträglichkeit handelt, die durchaus in die Kompetenz des rationalen Philosophen fällt und der man nicht mit der Ausrede begegnen kann, es sei Sache des Theologen, sich den Kopf über die Güte Gottes zu zerbrechen.

Wie tief der Stachel dieses Konfliktes in der Theologie sitzt, sieht man daran, dass in fast jeder rechtfertigenden Grundsatzabhandlung darauf Bezug genommen wird. Auch in der letzten Enzyklika von Papst Benedikt XVI. *Deus caritas est* kommt dieser am Schluss der Abhandlung auf diese drängende und nie gelöste Frage zu sprechen. Er lässt sich aber gar nicht auf irgendeine überbrückende Hypothese ein, sondern flüchtet sich mit Augustinus in den Ausweg des menschlichen Nichtwissens: Si comprehendis, non es Deus. (Sermo 52, 16).

---

94 G. Streminger: *Gottes Güte und die Übel der Welt. Das Theodizeeproblem*. Tübingen 1992, S. 319–27. Erweiterte Fassung 2007

„Oft ist es uns nicht gegeben, den Grund zu kennen, warum Gott seinen Arm zurückhält, anstatt einzugreifen.“[95] Damit ist der Verzicht ausgesprochen, den logischen Widerspruch zu lösen, und dem Gläubigen wird aufgetragen, sich mit dem nicht zu rechtfertigenden Leid der Welt abzufinden, ohne den aus der Logik folgenden Schluss der Nichtexistenz des allmächtigen Wesens zu ziehen. Da für viele Menschen der Theismus Quelle der Sinnhaftigkeit und Leitlinie des Lebens bildet, sie aber auf der anderen Seite sehr oft eine Fülle von leidvollen Situationen durchleben müssen, ist ein solches Denkverbot und das Errichten einer intellektuellen Sperre zwischen Religion und Vernunft ein Hemmnis bei der Aufarbeitung von Schicksalsschlägen und eine Blockade für eine folgende Reharmonisierung des Lebensgefühls.

Das bohrende Nichtverstehen, warum das allgütige Wesen MIR das antun musste, obwohl Er es hätte verhindern können, bleibt als Stachel zurück, solange die Vernunft nicht befragt werden kann und man ihre Auskunft akzeptiert, dass es in der Welt das kontingente, von niemandem intendierte, nicht zu eskamotierende Leid gibt.

Eine hochbrisante Funktion erhält die Möglichkeit, ja die Verpflichtung zur aufklärerischen Religionskritik in der anstehenden Transformation des Islam zu einer mit den westlichen Werten des Humanismus kompatiblen Religion. Ayaan Hirsi Ali, die holländische muslimische Freiheitskämpferin, beschreibt eindrucksvoll die sklavische Abhängigkeit der islamischen Gesellschaft von dem obersten Despoten Allah, der in hierarchischer Weise das gesamte soziale Gefüge bestimmt. Koran und Scharia lassen eine Reflexion über die Gebote und den Wertekanon dieses religionsdominierten Gesellschaftssystems überhaupt nicht zu.

So wäre es angebracht, einen Diskurs über eine Neuordnung des Verhältnisses von personaler Autonomie, intellektueller Mündigkeit und der Rolle des Kollektivs zu führen, eine Auseinandersetzung, die im Islam nicht einmal begonnen hat. „Die Werte der Gemeinschaft – Ehre und Unterordnung – zählen weit mehr als die Selbstbestimmung des Individuums, Religion ist für das Individuum kein Instru-

95 Papst Benedikt XVI: Enzyklika *Deus caritas est.* Nr. 38

ment der Sinngebung, sondern es [das Individuum] hat sich der Religion anzupassen und sich Gott aufzuopfern."[96]

Damit ist die von einer Einzelperson initiierte, aktive Sinnzuweisung zu einer Tätigkeit, einer Haltung oder einer Einstellung, unter der die Religion nur als *eine* Möglichkeit unter vielen gelten kann, völlig verbaut. Niemand kann sich unter einer solchen dogmatischen Vorgabe frei für eine Sinngebung entscheiden, etwa der Musik, dem Sport, der Literatur sein Leben widmen und darin aufgehen. Da von diesen Voraussetzungen her eine interne Liberalisierung des Islam undenkbar erscheint, muss eine externe Kritik – die Autorin ruft nach einem Voltaire – diese Reflexionslosigkeit aufbrechen, so wie es Voltaire mit dem Christentum gemacht hat, weshalb ja auch sein Philosophisches Wörterbuch in Paris vom Henker öffentlich – an Stelle des geflüchteten Autors – verbrannt wurde. Gerade in diesem Kontext ist die Habermas'sche Diskurs-Blockierung höchst kontraproduktiv, ja noch mehr, mit ihr wird von europäischer Seite eine Argumentation geliefert, wonach sich die Vertreter des Islam gar nicht um externe philosophische Kritik kümmern müssen, sondern allein internen Maßstäben folgend ihre Deutung der kanonischen Texte zementieren dürfen.

Aus islamischer Sicht ist es strikt verboten, den Grundprinzipien dieser Lehre zu widersprechen, sie zu kritisieren oder Korrekturvorschläge zu machen. Dieses Verbot kann nicht in sanfter strukturerhaltender Form umgangen, sondern es muss durch mutige Aufklärer, wie Leon de Winter, Ayaan Hirsi Ali, Victor und Victoria Trimondi[97], *gebrochen* werden. Mit einer weichen Komplementaritätsstrategie, wonach Religion und Wissenschaft jeweils ihren Bereich verwalten und keiner dem anderen an den Wagen fährt, ist keine Veränderung zu erzielen. Nur wenn man die fehlende kognitive Legitimation aller Religionen offenlegt und deutlich herausarbeitet, dass es sich bei der Übernahme von Glaubensinhalten um subjektive Optionen handelt, kann man das Ziel erreichen, das die holländische Muslima treffend formuliert hat: „Wir müssen die Religion strukturell auf den Platz zu-

96 Ayaan Hirsi Ali: *Ich klage an*. In: L. Göttermann (Hrsg.): Denkanstöße. 2007, S. 40

97 V. und V. Trimondi: *Krieg der Religionen. Politik, Glaube und Terror im Zeichen der Apokalypse*. München 2006

rückdrängen, an den sie gehört: in die Moschee und in den Privatbereich." (S. 48)

Man kann noch einen Schritt weitergehen. Wenn man die Formen der Unterdrückung, besonders von Frauen, in den muslimischen Parallelgesellschaften in Betracht zieht, die eindeutig religionsinduziert sind, scheint noch mehr geboten zu sein: Religionskritik besitzt dort einen humanitären Imperativ. Mit der aufklärerischen Erschütterung der legitimierenden Basis dieser speziell die Frauen entwürdigenden Lebensformen eröffnet man den Mitgliedern dieser geschlossenen Subgesellschaften neue Optionen zur Sinngestaltung des Lebens, alternative Daseinsmodelle, an die die Gefangenen dieser Ideologie nicht einmal denken, ja in der gegenwärtigen Situation nicht einmal denken dürfen. Ohne einen aufklärerischen Impetus, der die Religionen kritisiert, ihre machtpolitische Stellung beschränkt und die säkulare Sphäre vor Übergriffen schützt, geht es nicht. Wie in den oben schon erwähnten Untersuchungen der Trimondis richtig betont wird, ist auch ein Versuch, die Gemeinsamkeiten aller Religionen für eine umgreifende weltumspannende Ethik auszunützen, wie ihn Hans Küng mit seiner „Stiftung Weltethos" gestartet hat, nicht nur naiv, sondern auch irreführend, weil darin allen Religionen eine humanitäre Grundlage zugeschrieben wird, die sie gar nicht besitzen. Mit einer dreisten, unhistorischen Usurpation werden die Werte des philosophischen Humanismus wie Menschenrechte, Menschenwürde, Gleichstellung der Frau, freie Meinungsäußerung und Religionsfreiheit dem Kernbestand aller Religionen zugerechnet, unter völliger Außerachtlassung der terroristischen und apokalyptisch-messianischen Wahnideen, wie sie in völliger Deutlichkeit in der Offenbarung des Johannes zum Ausdruck kommen. Absichtliches Verschleiern oder sogar bewusstes Verdunkeln des Gewaltpotentials, das – sehr oft den Gläubigen gar nicht bekannt – in den heiligen Texten enthalten ist, macht es, entgegen allen friedvollen Anbiederungsversuchen der Religionsvertreter an die Laizisten, notwendig, das Instrument der Religionskritik offen anzuwenden. Man kann den Trimondis nur zustimmen, wenn sie es deutlich aussprechen: „Die Gefahr religiöser Gewalt stammt aber … aus den Religionen selbst, aus ihrer blutigen Vergangenheit, insbesondere aus ihren *Heiligen Texten*. Dies aufzuzeigen, zu analysieren und zu bewerten ist eine vordringliche Aufgabe der Aufklärung und des Humanismus, um die Menschen vor der Destruktivität des religiösen Wahns zu schützen."[98] Allzu gern neigen die Religionsvertreter dazu, alle gewaltsamen Elemente ihrer Weltanschauung als Fehlinterpretationen und von historischen Bedingtheiten und Personen verursachte Entgleisungen anzusehen. Nur eine Analyse der kanonischen Texte selbst, ohne geschönte hermeneutische Anpassung an die gegenwärtige humanistische säkulare Gesellschaftssituation, liefert Auskunft über das echte Gefahrenpotential der einzelnen Religionen.

Zu den heute noch kaum andiskutierten Themen gehört dabei die Frage, inwieweit die frühe Indoktrination der Kinder mit Religion eine moralisch höchst bedenkliche Verführung darstellt, die einer psychischen Falle gleichkommt. Peter Riedesser, Direktor der Universitätsklinik für Kinder- und Jugendpsychologie in Hamburg-Eppendorf, hat auf die Problematik der Säuglingstaufe hingewiesen als einen gedankenlosen Eingriff in das Leben des Kindes, das sich nicht wehren und über die Tragweite seiner Entscheidung nicht informiert werden kann.

Wenn das Kind später zu Verstand kommt, muss es sich immer *gegen* die aufoktroyierte religiöse Programmierung auflehnen, es ist somit gezwungen, erst einmal die frühen Prägungen zu löschen, um sich dann ein rationales Weltbild zu verschaffen. Wie wir aus vielen Biographien wissen, ist dieser Ablöseprozess sehr oft schmerzhaft und aufgrund jener in der Frühzeit erzeugten Engramme mit Schuldgefühlen beladen, die selbst den Erwachsenen nur schwer loslassen. Nur durch die frühkindliche Suggestion können sich dann seelische Verklemmungen ergeben, die sich darin äußern, dass später das Leben als sinnlos betrachtet wird, wenn Gott nicht existiert. Riedesser spricht demgemäß von einem Recht der Kinder auf passive Religionsfreiheit, also auf das Recht, nicht zur Unzeit, längst vor dem Einsetzen der Urteilsfähigkeit, mit irrationalen Inhalten befrachtet zu werden.[99]

---

98 V. und V. Trimondi: a. a. O. S. 530

99 G. Fischer und P. Riedesser: *Lehrbuch der Psychotraumatologie*. Stuttgart: UTB, 2003

Zu den Üblichkeiten und Höflichkeiten des bürgerlichen Lebens gehört es, dass man das Gespräch in der Gesellschaft nicht auf die Religion und das Verhältnis zur Kirche bringt. Nach stillschweigendem Übereinkommen ist es Sache des emotionalen Intimlebens, wie man es mit der Gretchenfrage hält. Ebenso gilt es als Sache des Anstandes und der guten Erziehung, dem Phänomen Religion Respekt entgegenzubringen, weil es sich um einen emotional hochsensiblen Bereich handelt, in dem Attacken immer persönlich genommen werden. Damit haben die Verwalter der Religion erreicht, dass um diese Quelle der Stiftung von Lebenssinn ein fester Schutzwall gezogen wird, der den Einzelnen davor bewahrt, offenlegen zu müssen, auf welch tönernen Füßen seines Lebens Halt und Stütze steht. Richard Dawkins hat zu Recht darauf hingewiesen, dass es keinen Grund gibt, über das Thema, ob das Universum aus dem Urknall entstand oder von einer transzendenten Macht geschaffen wurde, eisernes Schweigen zu bewahren, und dass der Respekt, den man der Religion entgegenbringt, dort seine Berechtigung verliert, wo diese Absurditäten und konfuse Lehrsätze verbreitet.[100] Wenn man, im Besitz guter Kritikargumente, diese nicht auf den Tisch legt, dann ist höfliches Schweigen deplatziert und Ausdruck einer gewollten Verdummung. Auch aus diesem Grunde ist die Abstinenzempfehlung von Habermas in Richtung auf Religionskritik unangebracht, weil man damit durchaus rational zugängliche Mitmenschen im Ungewissen lässt.

Man sollte allerdings den *kognitiven* Respekt, den die Religionen in Bezug auf ihre dunklen Inhalte sicher nicht verdienen, nicht mit dem *kulturhistorischen* Respekt verwechseln, den man den kirchlichen Bauwerken aufgrund ihres Alters und ihres ästhetischen Wertes durchaus schuldet. Miguel de Unamuno, den wir später noch kennenlernen werden, hat diese Differenz sehr gut auf den Begriff gebracht: „En la iglesia me quito el sombrero, pero no me quito la cabeza." Man kann sich also durchaus an einer Aufführung der *Missa Solemnis* von Ludwig van Beethoven im Wiener Stephansdom erfreuen, wie der Autor einmal die Gelegenheit hatte, ohne eine Bindung an den Wahrheitsanspruch des Messetextes einzugehen. Dieser ästheti-

100 R. Dawkins: *The God Delusion*. London 2006, S. 20

sierende Respekt für diese Kulturprodukte ist sicher nicht im Sinne der Urheber der Bau- und Kunstwerke, aber kulturelle Wertschöpfung ist eben nicht unbedingt an die Akzeptanz der eingebundenen Metaphysik gebunden. Wie immer man es also mit der historischen Wertschätzung religiöser Kulturgüter halten will, für eine Enthaltsamkeit in Metaphysikkritik gibt es keinen guten Grund.

V. Ideologiekritik als logische Analyse

Eine gegenwartsrelevante Anwendung von logischer Analyse der Ideologie besteht sicher darin, die Komponenten der fundamentalistischen Spielarten der Religionen aufzuspüren und deren Motivationen offenzulegen. *Fundamentalismus* ist zweifelsohne ein facettenreiches Wortfeld, wobei Terme wie Weltanschauung, Utopie, Mythos und Religion in einer überlappenden Semantik verwoben sind. Wenn man politische Systeme mit einschließen will, ist es sinnvoll, vom Begriff der *Ideologie* auszugehen. Die erste Frage heißt dann, ob eine Ideologiekritik überhaupt wertneutral durchgeführt werden kann. Macht nicht letztlich die Zumutung, dass ein Text bestimmte logische Bedingungen erfüllen muss, auch schon eine ideologische Voraussetzung? Für viele Verteidiger des Fundamentalismus ist es in der Tat so, dass die Forderung nach logischer Kohärenz ein Stück Ideologie darstellt, Logik ist darnach kein neutrales Instrument, sondern ein Element der wissenschaftlichen Rationalität, wobei letztere ebenfalls als „Ideologie" aufgefasst wird. Aus der Sicht der analytischen Philosophie jedoch ist die Logik gegenstandsneutral, sie besitzt die leere Menge der faktischen Voraussetzungen. Wenn man die Logik als Instrument der Analyse akzeptiert, hat man noch keine Aussage über irgendeine diesseitige oder transzendente Welt angenommen, was man auch in einer Terminologie, die auf Leibniz zurückgeht, dahingehend ausdrücken kann, dass logische Sätze in allen möglichen Welten wahr sind.

Wie kann man nun Ideologie bzw. Weltanschauung präzisieren? Kurt Salamun führt Weltanschauung so ein: Es ist ein „System von kognitiven und normativen Orientierungsmustern, mit dessen Hilfe die Wirklichkeit in ihrer Komplexität reduziert und das Handeln interpretativ vorstrukturiert wird".[101]

Diese Bestimmung liegt – worauf Salamun hinweist – in der Nähe von Diltheys Gedanke, dass eine Weltanschauung die Aufgabe hat, die Fragen nach Sinn und Bedeutung, nach den obersten Grundsät-

101 K. Salamun: *Fundamentalistische Weltanschauungen aus der Sicht von Karl R. Poppers Kritischem Rationalismus.* In: R. Neck und K. Salamun: Karl R. Popper – Plädoyer für kritisch-rationale Wissenschaft. Frankfurt/M. 2004, S. 201–221

zen der Lebensführung zu beantworten. Eine solche begriffliche Fixierung hat eine deutlich lebensdienliche Funktion. Die Menschen wollen nicht bei jeder Entscheidung neu auf Orientierungssuche gehen, sie brauchen allgemeine Regeln für ganze Klassen von Handlungsmustern. Auf diese Weise vereinfacht sich der Entscheidungsprozess und wird außerdem wesentlich schneller, etwas, was im täglichen Leben, wo es sehr oft auf den Zeitfaktor ankommt, von höchster Wichtigkeit ist.

Eine Weltanschauung muss nicht eo ipso fundamentalistisch sein, sondern ihre Vertreter können auch bereit sein, sich einem kritischen Diskurs zu stellen und sogar Person und Aussagen des Gründers der Lehre in einen philosophischen Kontext einzubetten. Generell ist dies jedoch nicht der Fall. Was also muss semantisch hinzukommen, damit man dieses Epitheton anwenden darf? Eine erste Orientierung liefert die Tatsache, dass die fundamentalistische Deutung von kanonischen Schriften der Religionen an bestimmten historischen Wendungen in der Weltanschauungsgeschichte festgemacht werden kann.[102] Im christlichen Kulturbereich tauchte der Begriff erst in jüngerer Zeit, im Rahmen einer innerprotestantischen Kontroverse auf. Der konservative und der liberale Flügel der evangelischen Theologie waren sich uneinig über den exegetischen Spielraum bei der Auslegung der Heiligen Schrift.

Da trat eine konservative Theologengruppe auf den Plan, die eine Buchreihe *The Fundamentals. A Testimony to the truth* lancierte. Die Betonung des Wahrheitsbegriffes lässt bereits ahnen, dass es sich um eine Konzeption handelt, in der ein wörtliches Verständnis der Grundtexte postuliert wird, wobei die tatsächliche Vielzahl der Schattierungen des Wahrheitsbegriffes keine Verwendung finden kann. Die Berücksichtigung der innerphilosophischen Debatte über die Korrespondenz-, Konsens- oder Redundanz-Version der Wahrheit wäre für die Verteidiger der Eindeutigkeit des Schriftsinnes fatal geworden. Gerade die Verwendung des substantivischen Ausdruckes „Wahrheit", die wie ein monolithischer Block unverrückbar feststeht, suggeriert, dass in keinem Fall von der semantischen Elastizität der

102 K. Kienzler: *Der religiöse Fundamentalismus*. München: C. H. Beck, 1996

natürlichen Sprache, in der alle heiligen Schriften verfasst sind, Gebrauch gemacht werden soll.

Der konservative Flügel der protestantischen Theologie warf den Liberalen vor, sich auf eine Mesalliance mit den modernistischen Strömungen eingelassen zu haben, die die Religion in die Nähe eines agnostizistischen Liberalismus rückt, der mit der Religion nur gewisse Überschneidungen im Bereich der Ethik besitzt, sonst aber nicht viel mehr ist als ein säkularer Humanismus. Die Gegensätze betrafen dabei schwerpunktmäßig die praktische Seite der Religion und weniger die Metaphysik. Gegenstand der Auseinandersetzungen war in erster Linie die Rolle der Autorität und das Gewicht der traditionellen Werte für die Führung eines christlichen gottgefälligen Lebens. Da christliche Ethik sich schon seit der Zeit der Kirchenväter in extenso mit der Sexualität befasst hatte, nimmt es nicht wunder, dass die Traditionalisten speziell in der sexuellen Freizügigkeit das primäre Indiz für der Zeiten Verderbnis erblickten. Wie man an den jüngsten Wahlen in Nordamerika beobachten konnte, hat sich in dieser Hinsicht seit den 20er Jahren des vorigen Jahrhunderts nichts geändert. Der Gegensatz zwischen der Moderne und der Tradition wird immer noch großteils über das Sexualverhalten bestimmt.

Daneben prägten auch theoretische Themen die Polarisierung zwischen traditionell und modernistisch. In dieser Hinsicht kulminierte die Auseinandersetzung in dem berüchtigten „Affenprozess", der dem Lehrer Scopes eine Anklage wegen Gotteslästerung einbrachte, weil er den Kindern die Darwin'sche Evolutionstheorie erklärt hatte. Dieser Prozess hat vor gar nicht langer Zeit eine Neuauflage erfahren, in der auch Wissenschaftstheoretiker eine wichtige Rolle gespielt haben.[103] Wie bei „Scopes Trial I" ging es bei „Scopes Trial II" um den methodologischen Status der religiösen Schöpfungslehre. Kann man diese als eine wissenschaftliche Alternative zur Evolutionstheorie betrachten, um sie als solche den Kindern in der Schule als andere mögliche Hypothese darzubieten? Der Prozess von Arkansas ist insofern lehrreich, als in den USA die ACLU (American Civil Liberties Union)

---

103 M. Ruse: *A Philosopher's Day in Court: The Scopes Monkey Trial Replayed.* Privates Manuskript des Autors. Vgl. auch ders.: *Creationism considered.* In: Darwinism Defended. Reading, Mass.: Addison Wesley, 1982

darauf angelegt ist, Kirche und Staat streng auseinanderzuhalten, wohingegen in Europa die Verfassungen keine eindeutigen Trennungen beinhalten. Dennoch sind analoge Versuche, Darwin als Schullehrstoff den Kindern vorzuenthalten, in Italien vor kurzem gescheitert. Dies liegt vermutlich auch an einer anderen Mediensituation in Europa: Hier gibt es die wortgewaltigen Massenprediger nicht, die in der Lage sind, das Volk religiös aufzuwiegeln und gegen die Wissenschaft und den rationalen Naturalismus einzunehmen.

Was macht nun den Charakter einer fundamentalistischen Weltanschauung (= Ideologie = Religion = Mythos) aus? Oder anders gefragt: Was sind die Grundüberzeugungen der fundamentalistischen Variante einer Ideologie? Man kann hier einige zentrale Punkte unterscheiden:

1. Es gibt Grundwahrheiten, die, wenn schriftlich niedergelegt, einen heiligen Text liefern, der in einem absoluten Sinne wahr, unfehlbar und unrevidierbar ist.

„Absolut" heißt dabei, dass es keine epistemische Perspektive gibt, keine Befunde, unter denen die Gültigkeit dieser Texte erschüttert werden könnte. Nun könnte man einwenden, dass auch im normalen theologischen Verständnis das Prinzip der *Inerranz* für kanonische Schriften gilt. So heißt es nämlich in der *Dogmatischen Konstitution über die Göttliche Offenbarung*: „Da also alles, was die inspirierten Verfasser oder Hagiographen aussagen, als vom Heiligen Geist ausgesagt zu gelten hat, ist von den Büchern der Schrift zu bekennen, dass sie *sicher, getreu und ohne Irrtum* die Wahrheit lehren, die Gott um unseres Heiles willen in den heiligen Schriften aufgezeichnet haben wollte."[104] Andererseits bekennt aber die Heilige Synode: „dass Gott, aller Dinge Ursprung und Ziel, mit dem natürlichen Licht der Vernunft aus den geschaffenen Dingen sicher erkannt werden kann".[105] Damit wird also der Verstand als Instrument der Einsicht angesprochen, es wird nicht vom Gläubigen verlangt, dass er reflexionsfrei die dogmatischen Wahrheiten übernimmt. Auch wenn diese vorstehen-

104 Constitutio Dogmatica de Divina Revelatione Bd. II, Kap. I, Art. 11 (meine Hervorhebung)

105 Constitutio … ibid. Bd. II, Kap. I, Art. 6

den Texte nicht mit einem skeptischen Fallibilismus zu koinzidieren scheinen, so haben doch führende Theologen wie Joseph Ratzinger, der gegenwärtige Papst Benedikt XVI., auf die *de facto* existierende Unsicherheit hingewiesen: „So wie also der Gläubige sich fortwährend durch den Unglauben bedroht weiß, ihn als seine beständige Versuchung empfinden muss, so bleibt dem Ungläubigen der Glaube Bedrohung und Versuchung seiner scheinbar ein für allemal geschlossenen Welt.“[106] Da für den Naturalisten der Irrtumsvorbehalt in jedem Fall konstitutiv ist, kann als das Bemerkenswerte an dem vorstehenden Zitat die eingeräumte Illusionsmöglichkeit für den Vollzug des Glaubens angesehen werden. Damit ist auch eine deutliche Abgrenzung zu einem unreflektorischen Fürwahrhalten der Aussagen religionskonstituierender Texte gegeben.

2. Die Wahrheit des Textes kann nicht betroffen werden durch historische, hermeneutische, semantische oder logische Analysen.

In dem Moment, wo man von dem „natürlichen Licht der Vernunft“ (lumen naturale) Gebrauch machen darf, um den Sinn der überlieferten Schriften zu verstehen, kann man die semantische Perspektive der Schriften nicht mehr abweisen. Daran knüpfen sich automatisch logische Überlegungen zur Konsistenz der Texte. Widersprüchliche Aussagen können von niemandem verstanden werden; es ist einfach eine Selbsttäuschung zu glauben, man hätte einen Satz verstanden, der sich auf die leere Menge von Gegenständen richtet – oder anders gesagt in allen möglichen Welten falsch ist. Semantisch konfuse und logisch in kohärente Texte können von niemandem begriffen werden, auch nicht vom glühendsten Verfechter einer Weltanschauung. All dies muss ein Fundamentalist im strengen Sinne ignorieren, wenn er die puristische These durchhalten will, dass seine Referenztexte einer Exegese weder fähig noch bedürftig sind. Erst recht wird er eine historische Relativierung abweisen, somit alles anthropologische Wissen um die Vielzahl von Religionen und die Vergänglichkeit der meisten Weltinterpretationsschemata ebenso wie die Zeitgebundenheit aller moralischen Wertetafeln, all dies muss er als irrelevant beiseite schieben.

106 J. Ratzinger: *Einführung in das Christentum*. München 1968, S. 22

Logische Analyse bzw. sogenannte rationale Rekonstruktion fallen dementsprechend unter „Blasphemie". Sie stellen einen indirekten Vorwurf an den Urheber dieser Wahrheiten dar, dass er sich nicht eindeutig ausgedrückt habe. Mit diesem Vorwurf ist eine implizite These über das Artikulationsverhältnis zwischen transzendenten Wesen und dem Menschen ausgedrückt. Der Fundamentalist scheint zu wissen, wie, wo und in welcher Form sich Gott ausdrückt, er kennt die untrüglichen Zeichen Seiner Authentizität, und dies alles natürlich irrtumsfrei, nach dem vorigen Grundsatz. All dies legt der Fundamentalist zu Grunde, ohne es explizit zu formulieren, da er mit einer Offenlegung seiner methodischen Grundsätze wieder seinem selbst auferlegten Reflexionsverbot widersprechen müsste.

3. Entscheidend für die praktische Umsetzung der obigen Grundsätze ist die Beziehung zur Wissenschaft und zur Welt des Alltagsverstandes.

Der Inhalt der unverrückbaren Wahrheiten ist – so kann man es den monotheistischen Stellungnahmen entnehmen – jeder wissenschaftlichen Erkenntnis übergeordnet und aufgrund dieser wertmäßigen Überlegenheit auch entscheidend für die Lebenspraxis. Es existiert in dem Sinne gar kein Konflikt zwischen Wissenschaft und Religion, der kognitiv überbrückt oder beseitigt werden könnte, da die Basis der religiösen Seite einer Kritik weder fähig noch bedürftig ist.

4. Der Konflikt ist somit allererst ein Resultat der Bindung an die Rationalität.

Nur wenn bestimmte Maßstäbe an die formale und inhaltliche Gestalt eines Textes gelegt werden, kann der Gegensatz zum alltäglichen Realitätsverständnis und zu den Resultaten der wissenschaftlichen Theorien, Beobachtungen und Experimente überhaupt auftreten. Somit kann man beim orthodoxen Textverständnis von einem denkbaren Gegensatz zwischen Glauben und Wissen sprechen, den die Theologie der Großkirchen unter anderem durch die Wendung zu einem hermeneutisch-kritischen Textverständnis dokumentiert hat. Streng genommen kann es aus einer wortgetreuen engen Sicht eigentlich gar keine fundamentalistische Theologie geben, denn der Bezug zum „Logos" schließt ja gerade die Methode der kritischen Prüfung ein. Den fundamentalistischen Verteidigern ist aber genau dieses kritische Räsonieren ein Gräuel. Es darf daran erinnert werden, dass auch in der Geschichte der christlichen Theologie – zumindest im Kreise der den Fundamentalisten nahestehenden Fideisten – der Gedanke vertreten wurde, dass jede Art von Gottesbeweis bereits den Keim des Atheismus in sich trägt. Der Verdacht ist nicht ganz von der Hand zu weisen, denn jeder Beweisversuch basiert auf der Voraussetzung, dass die Wahrheit des zu Beweisenden noch offen ist. Was macht der Konstrukteur eines solchen Beweises, wenn er misslingt, oder noch viel schlimmer, wenn sich das zu beweisende Absolute als innerlich widersprüchlich herausstellt, womit der Beweis der Nichtexistenz erbracht ist? Allen diesen Gefahren entgeht der Fundamentalist, indem er das unerquickliche philosophisch-theologische Grübeln abweist und intellektuell naiv die heiligen Texte akzeptiert. Lebenspraktisch umgesetzt bedeutet dies natürlich auch die kritiklose Übernahme aller Verhaltensmaximen, speziell der von den Religionen immer in den Mittelpunkt gestellten Sexualethik. Für die Stabilität der sozialen Muster einer Gemeinschaft ist eine solche Regelung natürlich dienlich, aber um den Preis der vollständigen kognitiven Lähmung ihrer Mitglieder.

5. Die Basis-Wahrheiten sind für alle Bürger eines Staates verbindlich und müssen in allen Bildungsinstitutionen durchgesetzt werden.

Dies ist die politische Dimension des Fundamentalismus; der Laizismus, die Trennung von Kirche und Staat, ist danach völlig obsolet. Die weltanschaulichen Grundwahrheiten müssen in der Verfassung verankert werden, wenn eine solche überhaupt existieren soll. Prinzipiell ist aber eine solche entbehrlich, da das komplette Regelsystem für das Sozialverhalten in den religiösen Basistexten enthalten ist bzw. im Einzelfall daraus abgeleitet werden kann. In diesem Antilaizismus steckt der ganze politische Sprengstoff, der auch kaum eine Brükkenbildung erlaubt. Aus dem kognitiven Fundamentalismus, dem absoluten Fürwahrhalten der primordialen Texte, folgt die Fixierung der ethischen Verhaltensmuster. Es kann damit auch keine historische Entwicklung moralischer Grundsätze und keine Anpassung an variable sozioökonomische Bedingungen geben. Das ganze fundamentalistische System bleibt starr zementiert, zeitunabhängig und niemals verbesserungsfähig. Schon die Idee der Weiterentwicklung würde implizieren, dass es sich beim kanonischen Text um einen ersten approximativen Entwurf gehandelt hätte, der anschließend von Menschenhand verbessert werden könnte. Dieses Fehlen jeglicher Flexibilität im normativen Bereich und in der Sozialstruktur macht die Wechselwirkung zwischen fundamentalistisch und laizistisch strukturierten Ländern so schwierig.

6. Auch gegen die eigenen orthodoxen, also kirchlich etablierten Überzeugungsgenossen richtet sich die strenge Basis-Ideologie der Fundamentalisten; die Gemäßigten gelten nicht als authentische Vertreter dieser Weltanschauung, sondern als Renegaten. Damit haben die Fundamentalisten eine doppelte Front aufgebaut: Sie müssen ihre laxen Glaubensbrüder auf die strenge Linie bringen und die Ungläubigen je nach Potential ignorieren oder vernichten.

Mit der Sinnperspektive haben es die Fundamentalisten einfach. Unverrückt und nie von des Gedankens Blässe angekränkelt, stehen die absoluten Werte und Maximen fest und geben dem reflexionsfreien Anhänger Halt und Stütze. Die Sinnfrage ist also definitiv gelöst, weil es gar keine offenen Fragen nach dem Ziel, der Bestimmung und dem Zweck alles Seienden, von Natur und Mensch, geben kann, die kanonischen Texte haben keine Lücke und stellen auch keine ideologisch relevanten Elemente, seien sie faktisch oder normativ, zur Disposition. So ist der von einer fundamentalistischen Sinnkonzeption umgebene Anhänger durch einen methodischen Sicherheitsgürtel vor allen Anfechtungen geschützt. Dies macht die Konstruktion für intellektuell schwache und psychisch labile Gemüter attraktiv, weil diese durch die ideologische Panzerung aller Sorgen und Anfechtungen enthoben sind, wohingegen der säkulare ungebundene Freigeist ein ewig suchender, mit den Ungewissheiten der vielen Orientierungsalternativen kämpfender geistiger Vagabund bleibt. Aus dieser Diagnose der Schwäche des Fanatikers folgt auch die hohe Attraktivität, sich dem Verbund Gleichgesinnter anzuschließen. Der Psychologe Heiko Ernst verbucht das Aggressionspotential der überzeugten Fundamentalisten unter der Rubrik Zorn. Es ist die „Wut der Sprenggläubigen“ wie er es nennt[107], die aus dem Bewusstsein der Unterdrückung und der erlittenen Demütigungen durch westlichen oder abendländischen technischen Fortschritt genährt, zur Gewalt greifen lässt. Doch handelt es sich vielleicht hier doch nur um eine proximate Motivation, in jedem Fundamentalisten ist vermutlich noch der Rest eines Vorbehaltes vorhanden, dass die ganze Sicherheit, auf die er seine Orientierung aufbaut und die ihn anschließend auch zu den Gewalttaten befähigt, selbstfabriziert ist und nur oberflächlich mathematischer Gewissheit ähnelt. Diese ultimate Unsicherheit ist bei vielen reflektierenden Fideisten bezeugt[108] und sie trägt vermutlich bei vielen Fundamentalisten zum heiligen Zorn, zum heiligen Krieg und zum heiligen Sprengstoffattentat bei.

Wahrscheinlich ist die von dem theoretischen Ansatz des Fundamentalismus geforderte Sicherheit in den Überzeugungen aufgrund von anlagebedingten Einstellungen, die ihren Ursprung in der Stammesgeschichte haben, gar nicht realisierbar. Immerhin mussten schon die Jäger und Sammler des Pleistozäns mit Täuschungen in ihrem Erfahrungsbestand rechnen, und es war sicher nicht zielführend, jede Wahrnehmung für bare Münze zu nehmen. Deshalb müssen auch die Mitglieder solcher Terrorgruppen mit heftigsten Trainingsprogrammen auf das der menschlichen Natur gar nicht gemäße Gefühl der unumstößlichen Sicherheit geschult werden. Vielleicht kann aus der anlagebedingten Einstellung der natürlichen Skepsis, die doch bei der Mehrzahl der Menschen anzutreffen ist, die Hoffnung genährt werden, dass diese fabrizierte Sicherheit der fundamentalistischen Orientierung keine übermäßige Verbreitung findet.

107 H. Ernst: *Wie uns der Teufel reitet. Von der Aktualität der 7 Todsünden.* Berlin 2006, S. 155

108 Man denke hier an Pascals Wette, bei der die Möglichkeit einer Täuschung eine Rolle spielt. B. Pascal: *Gedanken*, Fragment 83 (Strowski)

VI. Objektivierbarkeit von Sinn

Leben ist auf dem dritten Planeten unseres Sonnensystems etwa 3,8 Milliarden Jahre alt, die Verzweigung zur menschlichen Form liegt ca. 7 Millionen Jahre zurück.

Heute muss man die Einbettung der Entwicklung des Menschen in die Geschichte des Organischen als ein Faktum ansehen.[109] Jede neue Ausgrabung zeigt uns Fossilien der entsprechenden geologischen Schichten. Heute gibt es keine Trilobiten und keine Dinosaurier mehr. Es ist unmittelbar zu sehen, dass Arten sich verändern, durch andere abgelöst werden oder erlöschen. Die Verzweigung des Lebensbaumes spiegelt sich deutlich in der Anatomie, der Physiologie und im Genom der heutigen Organismen. Ungeachtet differenzierter Auseinandersetzungen um bestimmte konkurrierende Evolutionstheorien (Gradualismus, Punktualismus, Neutralismus) ist die *Tatsache der Entwicklung* aller Schichten der Realität von so vielen Disziplinen her gestützt (Geopaläontologie, Geographie, Biochemie, Serologie, Immunologie, Genetik, Embryologie, Parasitologie, Morphologie, Ethologie, Astrochemie), dass nur ideologische Verblendung die Ursache sein kann, sich der erdrückenden Beweislast entziehen zu wollen. Die treibenden Kräfte sind, entsprechend der neodarwinistischen synthetischen Theorie der Evolution, Mutation, genetische Rekombination, natürliche Selektion, Genfluss, Gendrift, differentielle Fruchtbarkeit, sexuelle Selektion und die Bevölkerungsdichte einer Population. Die organische Evolution wird somit als statistische Veränderung im Genpool durch die Schlüsselprozesse der Variation und Adaption auf dem Wege der differentiellen Reproduktion gefasst. An keiner Stelle ist in diesem Erklärungsschema Platz für Zwecke, final gerichteten Fortschritt, Erfüllung idealer Sinnvorgaben oder verwandte spirituelle Elemente. Sie kommen in diesem naturalistischen Theoriengebäu-

---

109 Die Verwendung des Begriffes der Tatsache mag manchem wissenschaftstheoretisch geschulten Leser als zweifelhaft erscheinen, angesichts der Theorieabhängigkeit aller Faktizität. Sicherlich zerfällt die Welt nicht einfach vortheoretisch in eine diskrete Mannigfaltigkeit von Tatsachen, die dann anschließend eingesammelt werden können. Dennoch kann man bei hochbestätigten Resultaten von Fakten sprechen, selbst wenn bei deren Gewinnung Theorien eine erkenntnisleitende Funktion gehabt haben. (Vgl. dazu M. Bunge: *Chasing Reality*. Toronto 2006, Kap. 1, 2, S. 15)

de nicht vor und sind auch dort nicht nachträglich oder zusätzlich einbaubar.

Einer der ersten Philosophen, der klar gesehen hat, dass eine durchgängige Hierarchie von Evolutionsschritten nur mit einer naturalistischen Anthropologie vereinbar ist, war Ludwig Feuerbach (1804–1872). Er betonte bereits, dass nur die Perspektive der naturgeschichtlichen Entwicklung die korrekte Anthropologie liefert, dass somit nur die historische Einbettung in den Naturzusammenhang den Menschen richtig in der Ordnung der Dinge sieht. Feuerbach hat die Abkehr vom Idealismus bewerkstelligt, indem er den Menschen als physisches Naturwesen entdeckt hat:

> *„Die neue Philosophie macht den Menschen mit Einschluß der Natur, als der Basis des Menschen, zum alleinigen, universalen und höchsten Gegenstand der Philosophie, die Anthropologie, mit Einschluß der Physiologie, zur Universalwissenschaft.“*[110]

Die Lehre vom Menschen konnte sich fortan nicht mehr in einem von der Natur abgekoppelten Reservat bewegen; eine philosophische Anthropologie, die keine Rücksicht auf das organische Substrat des Geistwesens nahm, musste unglaubwürdig erscheinen. Mit dem Untergang der Idee einer globalen Teleologie, wonach das Universum selbst sowie alle seine Untersysteme einem vorbestimmten Ziel zusteuern, ging somit die Kernbedeutung des objektiven Sinnes der Natur verloren. Naturteleologie schrumpfte aufgrund der philosophischen Kritik und der im 19. Jahrhundert entwickelten kausalmechanistischen Evolutionstheorien auf das *zwecksetzende* Vermögen des Menschen selbst zusammen. Selbst hier kann eine evolutionäre Psychologie kausal erklären, wie es zum Phänomen der Absichtserklärung und dem Auftreten von Intentionalität kommt.[111]

Obwohl das allgemeine Problem der Ordnungsentstehung erst jüngst in Angriff genommen wurde – durch Theorien, die erklä-

---

110 L. Feuerbach: *Grundsätze der Philosophie der Zukunft*. Frankfurt/M.: Klostermann, 1967, § 54, S. 109

111 D. Dennett: *Darwins gefährliches Erbe*. a.a.O. S. 515. Vgl. auch Ansgar Beckermann: *Gibt es ein Problem der Intentionalität?* http://www.uni-bielefeld.de/philosophie/personen/beckermann/pbint_vd.pdf

ren können, wie auf allen Ebenen der Realität spontan Komplexität wachsen und Information entstehen kann –, war schon um die Mitte des 19. Jahrhunderts klar, dass das Universum sich wohl noch eine Zeit lang in Richtung auf höhere strukturale und funktionale Komplexität entwickeln wird (Meliorismus), aber ohne Mithilfe irgendwelcher zielgerichteter Kräfte. Mag die Entwicklung des Universums auch *gerichtet* sein, also sich von den einfacheren Strukturen zu den höheren Formen der Komplexität emporarbeiten, *zielgerichtet* ist sie deshalb sicherlich nicht. Diese Differenzierung ist wichtig. Gerichtete Vorgänge gibt es in der Natur reichlich. Der leere Raum ist richtungslos (isotrop), aber sobald eine gravitierende Masse in den Raum eingeführt wird, erhält er eine Auszeichnung von Richtungen (Anisotropie). Objekte, die in das Schwerefeld eingeführt werden, fallen in Richtung auf das Gravitationszentrum. Auch die Zeit hat ihre Asymmetrie, die Richtung der Prozesse von der Vergangenheit in die Zukunft ist struktural verschieden von der logisch möglichen Umkehrung dieser Vorgänge, die aber in unserer Welt nicht vorkommt. Der Grund hierfür wird in der ebenfalls einsinnigen Expansion des Universums gesucht, welche über längere Kausalketten den lokalen Zeitpfeil in den terrestrischen Prozessen induziert. So gibt es wohl viele *Richtungen*, aber keine *Ziele* in der Natur.

Aber selbst wenn man der Idee, das Universum habe einen Zweck und ein Ziel, eine verstehbare Lesart geben könnte, wäre es noch gar nicht klar, dass der Mensch darin irgendeine Rolle spielen würde, d. h. der globale Zweck des Kosmos müsste mitnichten einen greifbaren Sinn für das lokale individuelle Leben stiften.[112] Selbst wenn etwa Komplexitätswachstum als globales Ziel der kosmischen Entwicklung identifizierbar wäre, könnte die Entwicklung einiger kosmischer Untersysteme bis hin zum Menschen ein völliger Nebenschauplatz sein, der mit dem teleologischen Hauptstrom nur in sehr loser Verbindung stünde. Die Idee, dem Kosmos ein Ziel zuzuweisen und dann noch ausgerechnet dem denkenden Primaten auf dem dritten Planeten eines unspezifischen Sonnensystems in einer typischen Spiralgalaxis diese Ausnahmerolle zuzuschreiben, ist nur durch die jüdisch-christ-

---

112 A. J. Ayer: *Menschliche Zwecke und große Zwecke.* In: Ch. Fehige et al.: Der Sinn des Lebens. S. 190

liche Anthropozentrierung erklärbar, die aber im naturwissenschaftlichen Weltbild der Gegenwart keinen Rückhalt mehr besitzt.

Zwischen den beiden Schlüsseljahren 1859 und 1871, in denen Charles Darwin seine beiden umwälzenden Werke veröffentlicht hat[113], und der Gegenwart hat sich ein geradezu unübersehbarer intellektueller Kampf abgespielt.[114] Aufgrund des inhärenten Naturalismus der Evolutionstheorie wehrten sich viele Intellektuelle dagegen, die evolutionäre Perspektive in ihr Weltbild einzugemeinden, und es kann keine Rede davon sein, dass diese Auseinandersetzung heute beendet ist. Der prominenteste heutige Verteidiger eines Planungselementes in der Evolution ist sicher der Kardinal Erzbischof von Wien Christoph Schönborn, der in einem Zeitungsartikel[115] bekräftigt: „The Catholic Church will again defend human nature by proclaiming that the immanent design evident in nature is real."

Bemerkenswert ist neben der These selbst auch die Beweislastumkehr, mit der der Kardinal die theologische Neutralität des wissenschaftlich erforschbaren Kosmos angreift. Darnach sind es die naturalistischen Skeptiker, die sich gegenüber der These, dass das komplexe Universum durch intelligente Planung entstanden ist, den Ideologievorwurf gefallen lassen müssen. Dies ist natürlich absurd. Wer mehr als die normale Kausalstruktur der Welt fordert, hat die Begründungslast. Die Kausalität der Welt ist kein ideologisches Vorurteil, das man beliebig suspendieren könnte, sondern wie tief wir auch in den Weltraum hineinschauen, überall sehen wir kausale Abhängigkeiten. Eine kausale Theorie der Entstehung alles Lebendigen und der mentalen Funktionen unseres Gehirns ist überdies immer sparsamer im Erklärungsaufwand als eine Theorie, die kausale *und* teleologische Prozesse einschließt, und damit ist die erste auch besser prüfbar. Zudem würde sich Schönborn das formidable Abgrenzungsproblem einhandeln, an welcher Stelle wir es in der Welt mit selbstorganisierten Strukturen zu tun haben und wo supernaturale Planung

---

113 Ch. Darwin: *On the Origin of Species by means of Natural Selection* (1859) und: *The Descent of Man and Selection in Relation to Sex* (1871)

114 E. Mayer: *Die Darwinsche Revolution und die Widerstände gegen die Selektionstheorie*. In: I. Herbig und R. Hohlfeld: Die zweite Schöpfung. München: Hanser 1990, S. 44–70

115 Ch. Schönborn: New York Times 7. Juli 2005, S. A23

am Werk ist. Dem könnte er nur entkommen, wenn er annimmt, dass der gesamte Ablauf des Kosmos bis ins kleinste Detail vorgeplant ist und der Zufall überhaupt keine konstitutive Rolle beim Aufbau der Welt spielt. Dagegen spricht heute alles; speziell die Quantentheorie besagt, dass auf der fundamentalen Beschreibungsebene der Zufall regiert.

Was immer den Kardinal zu seiner Verteidigung der intelligenten Planung getrieben hat, ob seine Kontakte mit amerikanischen Fundamentalisten oder Anweisungen des Vatikans, jedenfalls ist er schlecht beraten, wenn er die Gläubigen wieder in die Konfliktsituation hineintreibt, entweder dem Glauben anzuhängen oder einer überwältigend bestätigten biologischen Theorie, zu der es keine Alternative gibt. So baut man keine Brücken, sondern erzeugt Gewissensspannungen. Den hartgesottenen Naturalisten kümmern diese Querelen natürlich wenig: Er weiß sowieso, dass die kreative Materie unter Einwirkung natürlicher Kräfte alles, was da kreucht und fleucht, hervorgebracht hat.

Der Wiener Kardinal ist weltweit betrachtet in vielleicht nicht guter, aber zahlreicher Gesellschaft. Zu dieser Gruppe gehört auch die evangelikale Vereinigung ECFR, Evangelical Center For Faith-Based Reasoning, welche die These von der „Intelligenten Schwere" (Intelligent Falling Theory) erfunden hat. Darnach fallen die Gegenstände nicht nach unten, weil die Erde eine Gravitationskraft auf sie ausübt, sondern weil sie von einer höheren Intelligenz nach unten gestoßen werden. Indem diese Evangelikalen sich an Newtons Bedenken gegenüber dem Fernwirkungscharakter der Gravitation klammern, postulieren sie eine spirituelle Einwirkung auf die Materie, die die Erscheinungen von den fallenden Körpern hervorbringt. Was wie eine Karikatur einer wissenschaftlichen Theorie wirkt, wird von den Protagonisten ernsthaft als Alternative auch für den Schulunterricht propagiert.[116] An diesem absurd klingenden Ansatz kann man lernen, wie groß die Schwierigkeit der Abgrenzung naturalistischer und

---

116 http://www.theonion.com/content/node/39512 (Selbst wenn sich skeptische Spaßvögel diese Übertreibung ausgedacht haben sollten, kann man methodisch erkennen, dass die Abgrenzung zwischen den kausalen und zweckgerichteten Faktoren der Natur innerhalb einer teleologisch gefassten Weltanschauung auf unlösbare Probleme stößt.)

supernaturalistischer Elemente in der Realität ist, wenn einmal der erste Schritt getan wurde, *irgendwelche* spirituellen, geplanten Komponenten in der Naturbeschreibung zuzulassen. Newton war gewiss ein gläubiger alttestamentarisch orientierter Christ, der durchaus Eingriffe Gottes in die Natur für möglich hielt; doch mechanische Kräfte waren für ihn Elemente der Natur. Aber warum sollte man, wenn es grundsätzlich nichtmateriale, externe, spirituelle Ursachen in der Natur gibt, den Schnitt gerade dort setzen, wo Newton es wollte, und nicht dort, wo die ECFR-Leute ihn vermuten? Der Spiritualismus erweist sich somit als eine unheilvolle schiefe Ebene, bei der unklar bleibt, wie viele Naturphänomene letztlich von ihm absorbiert werden und welche Vorgänge allein aufgrund von mechanischen Naturgesetzen allein vonstatten gehen.

In der relativ kleinen elitären Gruppe von aktiven Naturforschern hat sich allerdings die Akzeptanz des mechanistischen Charakters der Gravitation genau so wie die dysteleologische Darwin'sche Lehre durchgehend etabliert; unter diesen Wissenschaftlern scheint auch der Sinnverlust keine elementare Rolle zu spielen. Vielleicht können sich Biologen, Anthropologen, aber auch Physiker aus der rationalistischen Grundhaltung heraus leichter auf die sinnneutrale Objektivität ihres Forschungsgegenstandes einstellen. Die Rückzugsgefechte der Planungsverteidiger finden zumeist auf dem Gebiet des Lebendigen, des Bewusstseins und des Geistes statt. Die darunter liegenden Entwicklungsebenen der Materie werden gewöhnlich kampflos den Naturalisten überlassen. So gesehen sind die ECFR-Fundamentalisten eher als Exoten im Kulturkampf zu betrachten.

1977 hat Steven Weinberg noch einmal die Überzeugung der Wissenschaftler in Bezug auf die kosmische Rolle der Menschheit pointiert zusammengefasst: „Je besser wir das Universum verstehen, desto sinnloser erscheint es."[117] Man muss ihn wohl so verstehen, dass das tiefere Eindringen in die Mechanismen der physikalischen Systeme alle möglichen Verstecke, in denen sich noch ein spirituelles oder teleologisches Element aufhalten könnte, eliminiert. Weinbergs Satz hat einige Karriere gemacht, und eine Reihe von Wissenschaft-

117 St. Weinberg: *The first three Minutes*. New York Basic Books. 1977, S. 148

lern fühlte sich herausgefordert, ihn zu kommentieren. A. Lightman und R. Brawer haben 1990 eine Untersuchung durchgeführt, bei der sich führende Astronomen und Astrophysiker zur Frage des kosmischen Sinns äußern sollten.[118] Es gab viele erstaunte Reaktionen von Wissenschaftlern, die sich fragten, *warum* ein Physiker im Jahre 1977 noch mit der Idee spiele, das Universum *könnte* einen Sinn haben. Am wenigsten konnte die Astronomin Margaret Geller etwas mit Weinbergs Idee anfangen. „Es ist schlicht und einfach ein physikalisches System", drückt sie es offen aus, „wo soll da der Sinn liegen?"[119] Gerard de Vaucouleur sah in der Vermutung, das Universum könnte einem Zweck dienen, einen Rest von anthropozentrischer Nostalgie (Lightman, S. 100), Dennis Sciama hielt die Frage für unentscheidbar (S. 136), Martin Rees für unverständlich (S. 168). Roger Penrose wendete die Frage weg von der Teleologie in Richtung auf die mathematische Verfassung der Natur und auf die erstaunliche Tatsache, dass das Universum sich so perfekt in diese formale Struktur einkleiden lässt (S. 415).

Nun könnte man einwenden, dass all diese renommierten Fachwissenschaftler nicht gerade prädestiniert sind, eine philosophische Frage professionell zu beantworten. Aber es zeichnet sich doch eine intuitive Tendenz ab, die Sinnfrage als solche für das Universum insgesamt zurückzuweisen. Einige Autoren haben die Weinbergthese später mit der Existenz extraterrestrischen Lebens verknüpft, aber es ist eher schwierig einzusehen, dass ein Universum, das nur uns Menschen enthalt, auf einmal objektiv sinnvoller wird, wenn zusätzlich in jeder Galaxis Millionen von Lebensformen mit den verschiedensten Bewusstseinsarten und Erkenntnisformen herumschwirren. Die Suche nach der Existenz außerirdischen Lebens liegt eigentlich windschief zur Sinnfrage. Wenn es wirklich auf einem Planeten des Betelgeuze oder des Pegasus 59 irgendwelche Dreibeiner gibt, mit völlig anderen Gehirnen und unterschiedlichen Denkweisen, dann sind diese ebenfalls durch den Darwin'schen Algorithmus aus den dorti-

118 A. Lightman und R. Brawer: *Origins. The Lives and Worlds of Modern Cosmologists.* Harvard University Press 1990

119 St. Weinberg: *Der Traum von der Einheit des Universums.* München: Bertelsmann, 1993, S. 265

gen lebensgünstigen planetaren Oberflächen entstanden, stehen aber genauso wie wir vor der globalen Sinnfrage. Sie können auch nicht mehr tun als Margaret Geller bei uns, nämlich konstatieren, dass das Universum ein physikalisches System von gigantischen Ausmaßen ist, in dem sie als Dreibeiner nun das Glück (?) hatten, durch die Gunst des Zufalles in die Existenz gebracht zu werden. Selbst wenn alle Galaxien voll von denkenden Lebewesen wären, die dazu noch alle miteinander Informationen über ihr Entstehen und ihre Denkformen austauschen könnten, würde sich am objektiven Sinnstatus des Universums nichts ändern.

Da man aufgrund des heute gültigen Standardmodells der Kosmologie davon ausgehen muss, dass es abzählbar unendlich viele Galaxien gibt, müssen wir damit rechnen, dass nicht nur viele verschiedene Lebensformen vorhanden sind, sondern dass wir selber Doppelgänger besitzen, die in riesigen Entfernungen etwas Ähnliches tun wie der Leser momentan, nämlich ein Buch über die Sinnfrage lesen.[120] Aber auch diese indirekt erschlossenen „Brüder im All" ändern nichts an der Sinnkonstellation des Menschen in einem materiellen Universum, ganz einfach deshalb, weil ein rein materielles System, wie immer es auch stofflich beschaffen und raumzeitlich organisiert ist, kein Träger der Sinnkategorie sein kann. Es ist die Materialität des Universums, die sich gegen einen Logos als Weltvernunft sperrt, es sei denn man identifiziert den Logos mit den Naturgesetzen. Aber dann wird die Sinnthese trivial.

---

120 Es lässt sich zeigen, dass dies nach dem Konkordanz-Modell der Kosmologie, das mit allen empirischen Befunden in Einklang steht, tatsächlich der Fall ist. (M. Tegmark: *Parallel Universes*. In: J. D. Barrow et al.: Science and Ultimate Reality. Quantum Theory, Cosmology and Complexity. Cambridge 2004, S. 459–491)

VII. Der Ort des Menschen

Margaret Geller gab den wohl nüchternsten und unromantischsten Kommentar zur Weinbergthese ab. Die verblüffend einfache Reaktion einer modernen Naturwissenschaftlerin entspricht der philosophischen Position eines *Naturalismus*.[121] Darin formuliert sich neben einer ontologischen und einer erkenntnistheoretischen Position immer auch eine Aussage darüber, welchen Ort der Mensch im Gesamtverband der Natur einnimmt. Diese Frage hat eine lange Vorgeschichte, die letztlich ihren Ursprung in den Anfängen der neuzeitlichen Naturwissenschaft besitzt. Die Menschen wollten von alters her wissen, welche Stellung sie in der Skala der verschieden komplexen Systeme einnehmen. Die Religionen, die Philosophie, aber auch die Wissenschaften haben verschiedene Erklärungsangebote gemacht, warum und wozu und in welcher Rolle wir uns auf dem dritten Planeten dieses Sonnensystems in unserer spezifischen Lebensweise in der Mannigfaltigkeit aller natürlichen Systeme vorfinden. Ist es ein absoluter, unhinterfragbarer Zufall, steht eine zielgerichtete Kraft dahinter, oder gibt es jenseits der kosmischen Raumzeit ein transzendentes Wesen, das mit voller Absicht den Lauf der Welt so gelenkt hat, dass sich in einer Phase seiner Entwicklung intelligentes Leben auf unserer Gesteinskugel einstellte?

In unserem Kulturraum der drei monotheistischen Hochreligionen ist die letzte Deutung sicher die weitaus bevorzugte. Die absolute Zufälligkeit des menschlichen Daseins schien den Menschen zumeist existentiell nicht tragbar zu sein. Der Gedanke einer unpersonalen, zielgerichteten Kraft ist eher eine Vorstellung, die philosophisch orientierten Geistern anheimelnd vorkommt. Hingegen war die theistische Lösung zur *Kontingenzbewältigung* für die Mehrzahl der Menschen naheliegend. Unter diesem Begriff versteht man das Auffangen des dem Menschen akzidentell Zustoßenden, speziell des Tragischen. Leid muss, um erträglich zu sein, eingebettet werden, man kann es

121 Penelope Maddy hat in einer sorgfältigen Analyse gezeigt, dass der heute vertretene, zumeist mit der Position von Quine verbundene Naturalismus seine Wurzeln in Kants Unterscheidung von empirischem Realismus und transzendentalem Idealismus besitzt. (P. Maddy: *Naturalism: Friends and Foes*. Philosophical Perspectives 15, Metaphysics. 2001, S. 38–67)

in seiner unverständlichen Härte der Faktizität nicht einfach stehen lassen, es bedarf eines Auffangbeckens für das Unvorstellbare. Da liegt es in der abendländischen Tradition erst einmal nahe, eine kompensatorische Welt spirituellen Glücks zu postulieren, in der das Leid seine Aufhebung und Sinnkonstituierung erhält.

Es ist allerdings darauf hinzuweisen, dass im asiatischen Kulturraum andere Denkmodelle für die Daseinsbewältigung näherliegen. Im buddhistischen Denken wird die Kontingenz des Leidens durch die Einsichten in ein umfassendes Weltgesetz aufgefangen, das auch die Überwindung der schwierigen Daseinsprobleme ohne Hilfe einer übernatürlichen Macht ermöglicht. Allein schon die Existenz großer Kulturräume, in denen die herrschende Weltauffassung keine zentrale transzendente Steuerung, keinen primordialen Schöpfungsprozess und keine geistige Wohnstätte für die Verstorbenen kennt, weist darauf hin, dass Kontingenzbewältigung und Sinnstiftung nicht ein Monopol theistischer Religionen sind, sondern dass es viele Denkmodelle für die Verarbeitung existenzieller Lebensprobleme gibt. Diese sind aber im Abendland erst in jüngster Zeit zur Kenntnis genommen worden. Es lag sicherlich auch im Eigeninteresse der monotheistischen Religionen, andere gangbare Wege zur Linderung und Überwindung des Leidens zu unterdrücken. Es musste, von der Wissenschaft ausgehend, erst das Deutungsmonopol der einen Religion durchbrochen werden, ehe es einleuchtete, dass eine Pluralität von Heilswegen denkbar ist, und es dauerte noch viel länger, ehe sich säkulare „Technologien“ der Daseinsbewältigung wie die Psychoanalyse etablieren konnten.

Wie wir noch sehen werden, liegt es am Wunsch nach Wahrheitsbesitz und am Gewissheitsbedürfnis der Menschen, dass diesseitsorientierte Weltbilder so ungern als Leitvorstellung angenommen werden. Im Abendland wurde jedenfalls die traditionelle Vorstellung einer externen Steuerung des Ganges der Welt in Ausrichtung auf das Wesen des Menschen in dem Maße unplausibel, als dessen kosmische Heimstätte ihre zentrale Stellung verlor. Mit *Kopernikus*, der den menschlichen Wohnort gleich einer dreifachen Bewegung aussetzte, zerbrach die mittelalterliche, auf den Menschen ausgelegte hierarchische Ordnung des Universums. Die nach neuplatonischem Vorbild

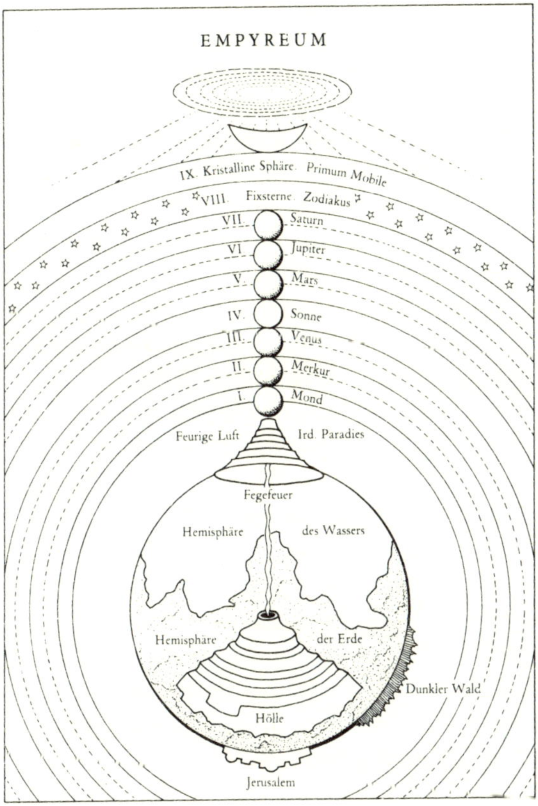

Abb. 1 Das geschlossene mittelalterliche Weltbild
(aus: B. Kanitscheider: *Kosmologie – Geschichte und Systematik in philosophischer Perspektive* Stuttgart: Reclam, 3. Auflage 2003, S. 95)

angelegte christliche Stufenleiter der Werte war im Mittelalter mit der kosmischen Raumstruktur verschränkt. Plotin hatte eine Seinsordnung entworfen, in der das EINE (Hν) die oberste ontologische und axiologische Position innehatte, wohingegen die menschliche Seele in der Mitte und die Materie ganz unten in der Skala der Natur figurierte.[122] Das Eine, das noch keine Trennung in Subjekt und Objekt, Denken und Sein enthält, entlässt aus sich als Reflexionsmoment

122 Plotin: *Enneaden: Schriften*. Griechisch und deutsch hrsg. und übers. von G. Harder. Hamburg 1956

oder Emanation den Nous oder Geist. Dieser ist bei Plotin, als Abbild des Einen, die Weltseele des Universums, die auch die Bewegung der Gestirne lenkt und das Lebendige formt. Die niedrigste Stufe der Emanation bildet die Materie, sie ist durch Mangel an Form und Abwesenheit des Guten bestimmt. Die metaphysische Ordnung, der auch Grade der Realität zugeschrieben werden, koinzidiert zugleich mit einer Wertordnung. Der geringe Wert der Materie resultiert gerade aus der Distanz des Stofflichen zum Einen.

Später wurde diese Ordnung nicht nur abstrakt kategorial gesehen, sondern durchaus räumlich als vorstellbares Schichtgebilde. Vergegenwärtigen wir uns noch einmal, wie im Hochmittelalter die Werteskala in die räumliche Ordnung der Realität verflochten war. Dies lässt sich noch sehr deutlich im Weltbild Dantes beobachten.[123] Es umfasst die geozentrisch gedachten Planetenbewegungen unter Außerachtlassung der „irrenden“ Schleifen, wie sie das ptolemaische System mathematisch rekonstruiert hatte. Entscheidend sind die zentralen Punkte, welche die Orientierungen vorgeben.

Das polare Wertepaar, die Hölle und das Empyreum, besitzt eine räumliche Lokalisation in der kosmischen Ordnung. Metaphysische, axiologische (ἀξία = Wert) und materielle Sphären waren damals nicht kategorial getrennt, sie konnten gemeinsam in einem anschaulichen Modell begriffen werden. Für den mittelalterlichen Betrachter war es psychologisch noch viel leichter, sich das „Habitaculum Dei et omnium electorum“ (die Wohnstätte Gottes und aller Auserwählten) in endlicher Entfernung – es liegt direkt außerhalb der äußersten Sphäre der Fixsterne – vorzustellen. Auf diese Weise war die Erreichbarkeit des höchsten Zieles greifbarer. Auch die Hölle hat ihren eindeutigen Ort. Sie liegt im Inneren der nördlichen Halbkugel, ist der Sitz von Luzifer und hat eine konische Form von Kreisen, die sich in Richtung Erdmittelpunkt verjüngen. Der Höllentrichter entstand durch den Sturz Luzifers, und das dabei verdrängte Gestein bildete dann den Läuterungsberg, der nach Dante die einzige Landmasse der sonst meerbedeckten Südhalbkugel ausmacht. So haben alle axiologisch bedeutsamen Komponenten des Weltbildes ihren festen

123 Dante Alighieri: *Die Göttliche Komödie*. Übers. von Philalethes. Berlin o. J., X, 12; XIII, 12–18

Ort. Sicherlich hat die spätere, unter dem Druck der neuzeitlichen Wissenschaft erfolgte Verlagerung der sinnstiftenden Bereiche der Metaphysik und Wertlehre ins räumliche Nirgendwo der Sinnskepsis Vorschub geleistet. Es ist eben ein deutlicher psychologischer Unterschied, ob das oberste Ziel lokalisierbar ist oder ob darüber nur eine räumlich unbestimmte Existenzaussage gemacht werden kann. Diese Auslagerung des Sinnzentrums in einen Bereich jenseits von Raum und Zeit war notwendig geworden, weil das kontrollierbare Wissen der innerweltlichen Region enorm anwuchs; um grobsinnlichen Konflikten von Astronomie und religionsimmanenter Kosmologie auszuweichen, musste das Zentrum der Sinngebung weiter ins räumlich Unbestimmte, ja sogar ins Unendliche verschoben werden.

Am deutlichsten spürt man die Bedrohung, die vom Begriff des Unendlichen ausgeht, bei *Nikolaus von Kues*. Ihm war klar, dass die Mathematik sich dem Unendlichen zumindest im Sinne eines Prozesses nähern kann, auch wenn er damals glaubte erkennen zu können, dass die Wissenschaft das aktual, oder wie Nikolaus sich ausdrückte, das absolut Unendliche nicht erfassen kann. Als Grenzbegriff, wenn wir den Kreis über ein Vieleck mit beliebig vielen Seiten annähern, kommen wir über einen Vorgang, den man später als Limes bezeichnet hat, an das Unendliche heran.[124] Den Grenzübergang, den Nikolaus mit bemerkenswerter Klarheit antizipiert und der später den Weg zum Grenzwertbegriff und zum Infinitesimalen eröffnete, erkennt er als Schlüsselbegriff. Ihm wird klar, was heute aus der Axiomatik der Mengenlehre einsichtig ist, dass das Unendliche vom Endlichen durch einen Hiatus getrennt ist, dass man das Unendliche durch keinen Stufenvorgang erreichen kann. Er bleibt aber dabei noch dem traditionellen Denken verhaftet, indem er meint, dass es nur eine Art des aktual Unendlichen geben kann.

Um dem gefährlichen Konflikt auszuweichen, ob sich das mathematisch Unendliche vom absolut Unendlichen Gottes unterscheidet, postuliert er, dass für Ihn Mathematik und Logik nicht anwendbar seien. Der Widerspruchssatz und auch das Tertium non datur träfen auf Gott nicht zu. Damit wird Gott rational unerkennbar, seine Un-

---

124 N. von Kues: *De docta ignorantia* Buch I, Kap. 16

endlichkeit ist absolut, das mathematisch-physikalische, relative Unendliche hingegen ist davon verschieden, allerdings in einer Weise, die für Menschen undurchschaubar ist. Nikolaus liebte mathematische Analogien. Wie man aus der Bewegung eines Punktes eine Gerade, aus deren Bewegung eine Fläche und aus ihr einen Körper erzeugen kann, so entfaltet sich (explicatio) die Natur aus der Unendlichkeit Gottes.[125] Natur ist also sich entfaltende Manifestation der göttlichen Unendlichkeit. Über den Brückenbegriff der Ausfaltung nähert sich die unendliche Natur der Gottheit. Da aber ein unendliches Universum keinen Rand und keinen Mittelpunkt besitzt, kann auch die Erde keinen natürlichen Ort mehr innehaben und ist somit der Öde und Richtungslosigkeit eines offenen Universums ausgeliefert.

Auch wenn Nikolaus, um die traditionelle Jenseitigkeit Gottes zu retten, die beiden Arten von Unendlichkeit unterscheidet, zeigt sich hier eine für den christlichen Theismus gefährliche Eigendynamik des Unendlichkeitsbegriffes. An dieser prekären Gratwanderung zwischen den Arten der Unendlichkeit, mit der der Cusaner dem Pantheismus ausweichen wollte, erkennt man die weltanschauliche Tragweite des sich öffnenden Kosmos. Je größer das Universum wurde, umso mehr nahm es jenen Vorstellungsraum ein, den vordem Gott innegehabt hatte. Des Cusaners kasuistische, um nicht zu sagen rabulistische Distinktion im Bereich des Unendlichen spiegelt die Sorge um die wachsende Bedeutung, die ein grenzenloses Universum als Sinnträger einnehmen könnte. Diese Gefahr hat auch Newton später sehr deutlich gesehen und versucht, über den absoluten Raum das christliche Sinnzentrum in die Welt hereinzuholen, ohne die Substanz der tradierten Gottesvorstellung aufzugeben. Er ahnte, dass ein Gott, der nicht einmal innerhalb eines unendlichen Universums zu finden ist, für die Menschen zum Gespenst wird. Die mehrfach erzwungene Verschiebung des Sinnzentrums hat dann auch, wie Newton zu Recht vorhersah, die Skeptiker auf den Plan gerufen, die in dem Verfahren nicht zu Unrecht eine Immunisierungsstrategie gesehen haben.

---

125 Wie trügerisch anschauliche Extrapolationen in das Unendliche sind, sieht man aus der kontraintuitiven Tatsache, dass das Volumen der n-dimensionalen Einheitskugel gegen null konvergiert. Daraus folgt auch, dass mathematische Sätze nicht als einfache Abstraktionen konkreter Erfahrungen gedeutet werden können.

In Dantes Weltkonzeption jedenfalls war die räumliche Stellung des Menschen, seine Aufgabe und sein Ziel, seine Bestimmung und seine Erfüllung, also alles das, was den Sinn seines Daseins ausmacht, noch in ein umfassendes System hineingearbeitet. Die Geschlossenheit dieses anthropozentrischen Gedankengebäudes mag in manchem von uns nostalgische Gefühle auslösen angesichts der fehlenden Geborgenheit der Menschen im heutigen wissenschaftlichen Weltbild. Dieser Prozess ist jedoch sicher nicht umkehrbar, auch wenn heutige Fundamentalisten davon träumen.

Die Astronomie war die Vorreiterin unter den Wissenschaften, die als erste den Anthropozentrismus in Bezug auf die räumliche Position untergrub. Schrittweise und teils unbemerkt entflocht sich die mittelalterliche Einheit von Raumstruktur und Wertesystem. Bereits in der klassischen neuzeitlichen Kosmologie, also etwa um 1700, ging die Idee eines hierarchischen Aufbaus der Welt und in der Folge auch die Lokalisierbarkeit des menschlichen Wohnortes sowie die Idee der Zentriertheit des Universums auf den Menschen verloren.[126] Schon Descartes bemerkte in einem Brief an August Endergeest (1641), dass wir ja die Absichten Gottes nicht kennen und dass wir daher nicht annehmen dürfen, dass Er das Universum nur zu unserem Wohl und die Sonne für unsere Wärme und Beleuchtung geschaffen hat.[127] Fontenelle verstärkt dieses Argument, indem er auf die Dummheit hinweist, die gesamte Natur auf uns und unseren Gebrauch zu beziehen. Und er verspottet die Philosophen, die meinen, die Fixsterne hätten die Aufgabe, uns den Anblick des Nachthimmels zu verschönen.[128]

Die Idee der Unendlichkeit nahm von der intellektuellen Welt Besitz. Selbst Newton denkt nur mehr an zwei Möglichkeiten einer Verfassung der Welt im Großen: Entweder unsere Galaxis ist eine *Insel* im unendlichen euklidischen Raum oder der Raum ist bis in die Unendlichkeit homogen mit Sternen besetzt. Keines der beiden denkmöglichen kosmologischen Modelle, die mit der klassischen

---

126 B. Kanitscheider: *Kosmologie. Geschichte und Systematik in philosophischer Perspektive.* 3. erw. Aufl. Stuttgart: Reclam, 2003, Kap. 5

127 Paolo Rossi: *Nobility of Man and Plurality of Worlds.* In: A. G. Debus (Hrsg.): Science, Medicine and Society in the Renaissance. Essays to honor Walter Pagel. New York 1972, S. 131–162

128 B. de Fontenelle: *Entretiens sur la pluralité des mondes.* Amsterdam 1719, S. 23

Physik in Einklang sind, besitzt einen Rand oder eine Mitte, keines der beiden besitzt einen ausgezeichneten Ort, den man auf natürliche Weise axiologisch gewichten könnte. Es ist kein natürlicher Ort mehr vorhanden für eine Verankerung von Werten. Alle Punkte des Raumes sind gleichberechtigt. Selbst von einer Materieinsel kann man nicht mehr sagen, wo sie sich im unendlichen Raum befindet. Mit dem weichenden Horizont der Astronomie, dem Wachsen der Einsicht in den materiellen Aufbau der Natur, eingeschlossen alles Lebendige, wurde bei allen nüchtern Denkenden der Verdacht geweckt, dass es eine besondere Bedeutung der Welt und eine signifikante Bestimmung des Menschen darin gar nicht gibt. Die unermesslichen Dimensionen des Kosmos, die stoffliche Gleichartigkeit der materiellen Substanz aller Systeme bis zum Rand der Sichtbarkeit, die riesigen Zeitskalen der kosmischen und biologischen Evolution, die nach und nach zum Vorschein kamen, all dies waren Indizien, dass der Mensch, global gesehen, eine unerhebliche und bedeutungslose Manifestation naturgesetzlicher Entwicklung sei, die nach kurzem Gedeihen spurlos die kosmische Bühne wieder verlassen würde. Niemand hat dem Gefühl des Nihilismus beredteren literarischen Ausdruck verliehen als Friedrich Nietzsche:

> *„Seit Kopernikus scheint der Mensch auf eine schiefe Ebene geraten... er rollt immer schneller nunmehr aus dem Mittelpunkt weg, wohin, ins Nichts, ins durchbohrende Gefühl seines Nichts?“*[129]

Nietzsche selber hat dem Nihilismus nicht stattgegeben. Er erkannte, dass man so lange keinen Sinn im Leben finden würde, wie man es unter die Bestimmung von Zwecken stellt, wie man nach etwas sucht, das außerhalb des Lebens diesem seine Bedeutung verleiht. Dies muss man als eine Botschaft von Zarathustra erkennen. Seine andere Lehre besagt, dass Gott tot ist, und dies heißt nichts anderes, als dass der Glaube an die transzendente Bastion des Sinnes untergegangen ist. Die Erde ist das, was bleibt. „Ich beschwöre euch, meine Brüder, *bleibt der Erde treu* und glaubt denen nicht, welche euch von überir-

---

129 F. Nietzsche: *Also sprach Zarathustra*. Kritische Studienausgabe, hrsg. von: Giorgio Colli und Mazzino Montinari, Bd. 5. Berlin: de Gruyter und München: dtv, 1988, S. 404

dischen Hoffnungen reden! Giftmischer sind es, ob sie es wissen oder nicht.“[130] Daraus muss man die Einsicht gewinnen, dass es unser planetarer Wohnort allein ist, der Sinn verleihen, der uns tragen kann. Erdbewohner sind dazu bestimmt, auf der Erde zu wohnen. Hier ist ihr Aufgabenbereich, und hier muss sich ihr Schicksal erfüllen. Alles, was darüber hinausgeht, muss als Fluchtreaktion angesehen werden, als Ausweichen ins Unbestimmte, Ungewisse und Ortlose.

Einige Zeit nach Nietzsche hat Albert Camus (1913–1960) in ähnlicher Weise diese Stimmung in Worte gefasst: „Ich weiß nicht, ob diese Welt einen Sinn hat, der über sie hinausgeht. Aber ich weiß, dass ich diesen Sinn nicht kenne und dass ich ihn zunächst unmöglich erkennen kann. Welchen Sinn hat für mich ein Sinn, der außerhalb meiner Situation liegt? Ich kann nur innerhalb menschlicher Grenzen etwas begreifen. Was ich berühre, was mir Widerstand leistet – das begreife ich. Und ich weiß außerdem: Diese beiden Gewissheiten – mein Verlangen nach Absolutem und nach Einheit und das Unvermögen, diese Welt auf ein rationales, vernunftgemäßes Prinzip zurückzuführen – kann ich nicht miteinander vereinigen. Was für eine andere Wahrheit kann ich erkennen, ohne zu lügen, ohne eine Hoffnung einzuschalten, die ich nicht habe und die innerhalb meiner Situation nichts besagt?“[131]

Die Botschaft von Camus ist klar: Ein verwertbarer Sinn, der Handlungsorientierungen in dieser Welt betrifft, ihnen eine Richtung und Stabilität gibt, kann nicht aus einer Welt gewonnen werden, die von unserer völlig verschieden ist und mit unserem irdischen Dasein in keinem erkennbaren Zusammenhang steht. Der Mensch ist aus irdischer Materie gemacht und nicht aus transzendentem Geist. Seine Orientierungen müssen dieser Welt entnommen werden, sonst können sie hier nicht dienlich sein.

Wir haben bereits an früherer Stelle erwähnt, dass Camus, an die Dramaturgie von Dostojewski anknüpfend, radikal die Existenz des Lebens als solche in Frage stellt: „Es gibt nur ein wirklich ernstes philosophisches Problem: den Selbstmord. Die Entscheidung, ob das

---

130 F. Nietzsche: *Also sprach Zarathustra*, Vorrede. Leipzig 1907, S. 13

131 A. Camus: *Der Mythos von Sisyphos: Ein Versuch über das Absurde*. Reinbek 1959, S. 73

Leben sich lohne oder nicht, beantwortet die Grundfrage der Philosophie. Alles andere – ob die Welt drei Dimensionen und der Geist neun oder zwölf Kategorien habe – kommt später. Das sind Spielereien; zunächst heißt es Antwort geben."[132] An einer späteren Stelle gibt Camus eine kognitive Komponente seiner existentiellen Alternative zu: „Sich umbringen heißt, in einem gewissen Sinne und wie im Melodrama, ein Geständnis ablegen. Es heißt gestehen, dass man mit dem Leben nicht fertig wird oder es nicht versteht."[133] Das Letzte trifft zu. Jemand, der ohne zwingenden Grund, im Vollbesitz seiner geistigen Kräfte, ohne Not und Krankheit das Leben verlässt, hat nicht verstanden, dass der Sinn des Lebens das Leben selbst ist.[134] Es ist genau diese Fokussierung auf den beziehungslosen *Rahmen* des Handelns – eine logisch keineswegs zwingende Richtung der Aufmerksamkeit –, der in die Irre führt. In dem Gefühl der Absurdität ist die passive Haltung kodifiziert, dass der Sinn einem gleichsam zustoßen müsse, sich aus der Welt heraus aufdrängen sollte, auf einen zukommen müsse wie ein hilfreicher Freund. Gebraucht wird jedoch die Initiative des Handelnden, er muss aus seinem Impetus auf die Welt zugehen.

Es kann dabei durchaus die Dimensionalität des Raumes oder die Kategorialität des Geistes sein, deren Untersuchung dem Forschenden ein Ziel verleiht. Gerade im intellektuellen Bereich sind es solche sich selbst auferlegten Aufgaben als Gestaltungen der Lebenszeit, die dem Individuum Lebensstabilität vermitteln können. Der Paradefall einer selbst gesetzten Sinngebung intellektueller Art ist wohl Einsteins sogenannte „kosmische Religiosität", die ihn als Leitmotiv und Orientierungsinstanz bei seiner Forschung begleitet hat. Da er in seinen populären Schriften sehr oft mit der theistischen Metaphorik spielte, was Friedrich Dürrenmatt zur Frage veranlasst hat, ob er ein

132 A. Camus: a. a. O. S. 9

133 A. Camus: *Der Mythos des Sisyphos*. Reinbek: Rowohlt, 1999, S. 14

134 Auf eine weitere Dimension des menschlichen Lebensendes hat Werner Becker hingewiesen, indem er zeigte, dass das Wissen um diesen Tatbestand den Ursprung einer unverwechselbaren Individualität hervorgerufen hat. (W. Becker: *Das Dilemma der menschlichen Existenz. Die Evolution der Individualität und das Wissen um den Tod.* Stuttgart: Kohlhammer, 2000)

verkappter Theologe sei[135], wollen wir kurz auf seine Vorstellungen eingehen. Einstein hatte mit zwölf Jahren, aufgrund von erster naturwissenschaftlicher Lektüre, Skepsis gegenüber den Erzählungen der Bibel entwickelt, war mit 17 Jahren aus der jüdischen Religionsgemeinschaft ausgetreten und bezeichnete sich seitdem bis zu seinem Ende als konfessionslos.[136] Man kann vermuten, dass seine Autoritätsverachtung gegenüber heiligen Schriften ihm die Selbstständigkeit in der revolutionären Begrifflichkeit der Raumzeit eröffnete. Was er in seinen späteren Schriften in den Begriff der Religiosität einschloss, hätte man ebenso gut mit der Gesetzesartigkeit der Natur umschreiben können, über die man in der Tat sich wundern kann, vor allem wenn man berücksichtigt, wie kompakt sich die Struktur der Welt in Gesetze fassen lässt. Es war „das Bewußtsein und die Ahnung von dem wunderbaren Bau des Seienden sowie das Streben nach dem Begreifen eines noch so winzigen Teiles der in der Natur sich manifestierenden Vernunft."[137] Diese erstaunlich hohe Gesetzesartigkeit der Natur, die er gern mit spinozistischen Begriffen beschrieb, war Gegenstand seiner Bewunderung, Leitmotiv für seine Forschung und Sinnquelle seines Wissenschaftlerlebens. Daraus sieht man, dass interne intellektuelle Gründe, entgegen Camus' Vermutung, die existentielle Symmetrie zwischen Weiterleben und Lebensbeendung durchaus brechen können.

Für die meisten Menschen bedeutet zudem die Selbsttötung – es handelt sich ja hier nicht um Mord – *keine* Entscheidungsfrage, sie sind von ihrer robusten biologischen Grundausstattung mit dem Willen zum Leben versehen worden, der keine Wahl lässt.[138] Schon eine kursorische Abschätzung lässt erkennen, dass eine Population, in der solche Gedanken einen wesentlichen Raum einnähmen, nicht mehr konkurrenzfähig wäre und dass eine solche pessimistische Volksgemeinschaft ihren Nachbarn, die ein optimistischeres Verhältnis zur Sinnfrage besitzen, eindeutig unterlegen gewesen wäre. Eine Gruppe

---

135 F. Dürrenmatt: *Albert Einstein*. Zürich 1979, S. 12

136 M. Jammer: *Einstein und die Religion*. Konstanz 1995, S. 26

137 A. Einstein: *Mein Weltbild*. Frankfurt/M. 1983, S. 9

138 So gesehen, ist Camus' radikale Alternative ein biologischer Irrtum. (Vgl. E. O. Wilson: *Biologie als Schicksal*. Berlin: Ullstein, 1980, S. 142)

von existentiellen Zweiflern, die nicht genau wissen, ob es sich lohnt weiterzuleben, hätte sich in Kürze selber eliminiert. Hier zeigt sich, dass ein hohes Reflexionsniveau durchaus morbide, nicht lebensförderliche Formen annehmen kann. Das Verlassen des Lebens aufgrund existentieller Hyperreflexion kann keine verbreitete Vorstellung sein, denn es ist sicher keine evolutionär stabile Strategie. Darum ist eine solche Haltung auch so selten in der Population. Nur sensible Dichterphilosophen wie Nietzsche und Camus sind dazu prädestiniert, besonders empfindlich auf das Fehlen von Weltsinn zu reagieren. Den meisten Menschen mit einem pragmatischen Alltagsverständnis wird ihr gesamtes Leben lang die kosmische Verlorenheit der menschlichen Existenz nie zum Problem. Man kann also die existentielle Sinnkrise auch als intellektuelles Artefakt, als reflektorische Überreaktion hypersensibler Gemüter ansehen. Wir werden später sehen, dass es auch für den reflektierenden Menschen nicht nur die Möglichkeit gibt, mit Nihilismus und dem Gedanken der Selbsttötung auf die von der Wissenschaft zu Tage geförderte kosmische Heimatlosigkeit zu reagieren, sondern dass eine besonnene Reflexion weitere Perspektiven eröffnet.

Dennoch kann nicht geleugnet werden, dass die Naturwissenschaft seit dem Tode Nietzsches (1900) und selbst noch nach Camus' Ableben (1960) verstärkt Fakten ans Tageslicht brachte, die zeigten, dass die Welt, großräumig betrachtet, nur wenige lebensfreundliche Orte besitzt; und dass der größte Teil des kosmischen Raumes, vom Menschen her betrachtet, extrem unwirtlich ist. Selbst unsere Nachbarplaneten Venus und Mars sind von ihren Atmosphären her als menschenfeindlich einzustufen. Auf keinem dieser Weltkörper kann der Mensch ohne künstlichen, von der Erde mitgebrachten Schutz überleben.

Der Eindruck der Lebensfeindlichkeit des Universums verstärkt sich noch aus dem globalen Blickwinkel. Wenn man den Blick auf den Kosmos im Ganzen richtet, gibt es zwei wesentlich verschiedene eschatologische Szenarien, die das Universum erwarten kann: ein langsames Erkalten oder eine Wiederholung des frühen heißen Feuerballstadiums. Heute neigt die Astrophysik zur Auffassung, dass die Expansion des Raums mit wachsender Geschwindigkeit weitergeht und dass es niemals wieder zu einer gespiegelten, kollapsartigen Situation des heißen Anfanges kommen wird. Damit flieht die Materie noch stärker auseinander als zur Frühzeit, und die kosmische Lage alles Seienden besteht zu sehr späten Zeiten in einer globalen Verödung. Die Entfernungen zwischen den einzelnen verbliebenen Materieinseln nehmen mit wachsender Geschwindigkeit zu, und die letzten Bastionen der Lebensfreundlichkeit verlieren sich zuletzt völlig im fast leeren Raum. Für unsere lokale Umgebung besteht kein Zweifel, dass nach Verlöschen der Kernbrennvorgänge im Inneren der Sonne keine Ökosphäre mehr existieren wird. Aber längst vor dem völligen Erkalten unseres Sonnensystems können andere Katastrophen auftreten, die die Voraussetzungen für die Existenz von Leben vernichten. Es ist wirklich vonnöten, sich auch ganz konkret die astrophysikalische Sondersituation alles terrestrischen Lebens klarzumachen. Dies lässt sich am besten durch Vergleiche mit den Nachbarplaneten bewerkstelligen. Für eine Ökosphäre ist ein stabiler Treibhauseffekt wichtig, bei dem kleine Schwankungen nicht positiv zurückgekoppelt werden, wie dies offensichtlich auf der Venus zu einer für Leben tödlichen Oberflächentemperatur von 450 °C geführt hat. Auf dem Mars gab es in den ersten 500 Millionen Jahren seiner Existenz vermutlich eine dichte Atmosphäre. Da er wegen eines fehlenden dichten Eisenkernes kein Magnetfeld besitzt, konnte der Sonnenwind in seine Ionosphäre eindringen. Die Ionen des Sonnenwindes haben dann zu einer Drift der Sauerstoffmoleküle des Mars ins Weltall geführt.

Eine Vorstellung, wie die notwendigen Bedingungen für Leben einmal gegeben sein und dann wieder verschwinden können, bietet heute die Oberfläche des roten Planeten. Man entdeckte durch die den Mars umkreisenden Orbiter gewaltige Trockentäler auf unserem Nachbarplaneten. Das ausgetrocknete Flussbett Kasei Valiis muss vor drei Milliarden Jahren tausendmal mehr Wasser als der Amazonas geführt haben. Der Mars besaß also vermutlich eine ausgeprägte Atmosphäre, die durch die erwähnte Klimakatastrophe verschwand. In den ersten zwei Milliarden Jahren seiner Existenz hat er vielleicht einfache Lebensformen beherbergt, heute sind diese spurlos verschwunden.[139]

---

139 Jean Heidmann: *Suche nach außerirdischem Leben.* In: H. Völk (Hrsg.): Facetten der Astronomie. Leipzig: J. A. Barth, 1993, S. 126

Spurlos im kosmischen Geschehen wieder unterzugehen wie das mutmaßliche Marsleben, dies scheint eine der größten Zumutungen der Natur zu sein, die die Menschen nicht wahrhaben wollen.[140] Aus diesem Grunde haben sich auch schon früh kritische Stimmen erhoben, die die Ergebnisse der Wissenschaft generell als Sinnbedrohung empfunden haben. Im Gegenzug haben verschiedene Denker versucht, die Aussagen der empirischen Wissenschaften herabzusetzen, zu entwerten, eben *weil* sie den Menschen Unglück bringen, *weil* sie Sinn destruieren. Schon Sextus Empiricus hat eine geringe Meinung von der menschlichen Neugierde. Nicht nur dass sicheres Wissen ohnehin nicht erlangt werden kann, auch die vorläufigen, sich täglich ändernden Vorstellungen von der Natur der Dinge stiften Unruhe im Menschen. Sie bringen die Ataraxie, die seelische Ausgewogenheit, ins Wanken, jene Haltung, die so notwendig ist, um den drängenden Lebensproblemen gefasst ins Auge zu sehen.

> *„Wir sagen nun, bis jetzt sei das Ziel des Skeptikers die Seelenruhe in den auf dogmatischem Glauben beruhenden Dingen … Wer nämlich dogmatisch etwas für gut oder übel von der Natur hält, wird fortwährend beunruhigt … Wer jedoch hinsichtlich der natürlichen Güter oder Übel keine bestimmten Überzeugungen hegt, der meidet oder verfolgt nichts mit Eifer, weshalb er Ruhe hat.*“[141]

Hier bei diesem antiken Autor, der noch nicht unter der Perspektive der Jenseitigkeit und dem Zwang zur transzendenten Sinnhaftigkeit der christlichen Heilslehre steht, wird sehr deutlich, dass dem Wissenserwerb ganz generell eine Wertung zugrunde liegt. Das tiefe Eindringen in die Natur der Dinge birgt das Risiko in sich, dass bestimm-

---

140 Virtuell kann man sich recht gut die Stadien des Überganges unserer Planetenoberfläche in den vormenschlichen Zustand vorstellen. Die Renaturalisierung unseres Planeten begänne, wenn die Menschen schlagartig durch eine Katastrophe hinweggerafft wären, bereits innerhalb weniger Tage. Zuerst gingen die Lichter aus, dann würden sich die Straßen mit Vegetation füllen, in 100 Jahren wären alle Holzhäuser zerfallen, in 1000 Jahren auch die letzten Ziegel- und Steinhäuser. In 50 000 Jahren wären die Spuren der Menschheit nur mehr für extraterrestrische Archäologen sichtbar, die Erde hätte sich wieder in den vormenschlichen Zustand zurück entwickelt. (Alan Weisman: *Die Welt ohne uns*. München: Piper, 2007)

141 Sextus Empiricus: *Grundriß der Pyrrhonischen Skepsis*. I, 26, Frankfurt 1968, S. 100

te überkommene Wertverankerungen sich lösen, die sich als Stabilisatoren der Lebensführung bewährt haben. Man kann die Gewichtung dieser stabilisierenden Normen als Ermessensfrage ansehen, aber der Skeptiker der Erkenntnis gibt zu bedenken: Sollen wir uns wirklich der Gefahr aussetzen, dass unsere Wert- und Zielvorstellungen, die wir notwendig zur Weltorientierung brauchen, durch den Rationalismus der Wissenschaft unterminiert werden? Ist es nicht wichtiger, unsere Lebensspanne einigermaßen glücklich über die Distanz zu bringen, als uns durch tieferes Eindringen in die Natur beunruhigen und seelisch destabilisieren zu lassen? Aber auch die Gegenfrage lässt sich nicht einfach von der Hand weisen: Ist der Verzicht auf Wissen wirklich eine reale Option? Wenn die Ahnung vorhanden ist, dass die Lebensstützen doch auf Sand gebaut sind, dass nur das bewusste Wegsehen von der schwächlichen Verankerung die Täuschung eines Haltes liefert und dass jede neue Erkenntnis, die man unwillentlich vermittelt bekommt, wieder ein Schwanken bewirkt, ist es da nicht lebensklüger, die Realitäten anzuerkennen und sich mit der Fundamentlosigkeit der Sinnkonstruktion abzufinden?

Darüber hinaus erscheint die Sachlage jedoch zumindest ambivalent, denn nicht immer hat sich wachsendes Wissen zum Unheil der Menschen ausgewirkt, wie Sextus Empiricus und J. J. Rousseau meinten, vielfach war Unwissen schuld am Unglück. Am deutlichsten lässt sich die Valenz wissenschaftlicher Aufklärung hinsichtlich ihrer Disposition, Glück oder Unglück zu bringen, an der Geschichte der Deutung der Kometen demonstrieren.[142] Diese vagabundierenden Himmelskörper, die sich, wie bereits die griechischen Astronomen feststellten, weder der strengen Rotationsgesetzlichkeit des Fixsternhimmels noch der komplizierteren Bewegungsform der Planeten unterordnen, wurden über Jahrtausende als Vorboten des Unglücks, als bedrohliche Zeichen des Schicksals angesehen. Aristoteles und Ptolemaios hielten die Kometen für atmosphärische Erscheinungen, in Einklang mit der Auffassung, dass die Himmelskörper der Quinta Essentia zuzuordnen seien und daher keine Veränderung erleiden. Einige beherzte antike Autoren wie Seneca deuteten die Kometen-

142 C. Sagan und A. Druyan: *Der Komet*. München: Droemer, 1985

phänomene als natürliche Himmelserscheinungen[143]; aber bis Tycho Brahe durch Parallaxbeobachtungen wirklich beweisen konnte, dass diese Mitglieder des Sonnensystems weit außerhalb der Mondbahn, in mindestens 230 Erdradien, ihres Weges ziehen, verbreiteten die geschweiften Sterne Furcht und Schrecken.

Die Kometenfurcht hat ganze Reiche zum Untergehen gebracht. Dem aztekischen König Montezuma II. (1466–1520) in Tenochtitlan war prophezeit worden, dass der weißbärtige Gott Quetzalcóatl nach Mexiko zurückkommen und sein Reich zurückfordern werde. Als um 1519 zwei Kometen auftauchten und sich auch noch andere Omina dazugesellten, war Montezuma davon überzeugt, dass das Ende seiner Herrschaft gekommen sei. Die Prophetie und die ungünstigen Vorzeichen verdammten ihn zu Untätigkeit und lähmten seine Gegenwehr gegen die Spanier derart, dass er nicht in der Lage war, das lächerliche Heer von 600 Mann, geführt von Hernán Cortés, aufzuhalten.[144] Sein Aberglaube und seine fatalistische Angst vor Kometen kosteten Montezuma sein Reich und hatten die Vernichtung der großartigen aztekischen Kultur zur Folge.

Aber die tief verankerte Furcht vor Kometen war nicht nur in den außereuropäischen Hochkulturen verbreitet. Niemand anders als Martin Luther hielt noch an der Überzeugung von der übernatürlichen Bedeutung der Kometen fest. So verkündete er in einer Adventpredigt: „Die Heiden schreiben, der Comet erstehe auch natürlich, aber Gott schafft keinen, der nicht bedeute ein gewisses Unglück."[145] Hier konnte nun die neue Astronomie wirklich eine Entlastung bewirken, so wie es Epikur ja bereits vor langer Zeit gelehrt hatte:

> *„Es ist nicht möglich, sich von der Furcht hinsichtlich der wichtigsten Lebensfragen zu befreien, wenn man nicht Bescheid weiß über die Natur des Weltalls, sondern sich nur in Mutmaßungen mythischen Charakters bewegt."*[146]

---

143 L. A. Seneca: *Naturales quaestiones* Buch VII, hrsg. von P. Oltramare. Paris 1929

144 E. Galeano: *Las venas abiertas de América Latina*. a. a. O. S. 23

145 Martin Luther: *Tischreden*, zitiert nach Sagan und Druvan. a. a. O. S. 35

146 Diogenes Laërtius: *Leben und Meinungen berühmter Philosophen* (übers. von O. Apelt). Hamburg: Meiner, 1967, X, 143, S. 289

Tycho Brahes geometrischer Beweis mit Hilfe eines parallaktischen Argumentes, dass Kometen Himmelskörper sind, die tief im Raum ihre Bahn ziehen, und Edmond Halleys Eingemeindung der Kometen in die Gesetzlichkeit Newtons befreiten die Menschen von einer Sorge, die sie bis dahin unnötigerweise bedrückt hatte. An jenem Kometen, der nun Halleys Namen trägt, konnte dieser zeigen, dass solche Körper berechenbare Himmelsobjekte sind, mit periodischen Bahnen wie Planeten und Monde. Sie sind zudem so weit entfernt, dass sie nur selten auf irgendeinen Kollisionskurs mit der Erde gelangen können. Sie bewegen sich auf weit gezogenen elliptischen oder hyperbolischen Bahnen durch den Raum, und jede Furcht vor ihnen ist unbegründet. Im Fall der Kometen bewirkte die neuzeitliche Wissenschaft unzweifelhaft eine Befreiung; die Bedrohlichkeit eines Naturphänomens schwand mit der naturalistischen Entschlüsselung. Die mit dem deterministischen Charakter verbundene Berechenbarkeit der Kometen gab in diesem Fall vergleichsweise wenig Anlass zur Besorgnis für den Menschen.

Dies änderte sich erst, als die Berechenbarkeit auf den Menschen selbst ausgedehnt wurde. Der universale Determinismus verbreitete Sorge, weil die Menschen sich in ihrer Handlungsfreiheit bedroht sahen. Bis zum heutigen Tag macht es vielen Menschen Schwierigkeiten einzusehen, dass Freiheit, moralisches Handeln und eine deterministische Weltverfassung kompatibel sind und kein Grund zu der Besorgnis gegeben ist, dass eine berechenbare Welt keinen Ort für Moralität mehr darstellen würde, obwohl der Chemiker Joseph Priestley bereits im 18. Jahrhundert eine Freiheitskonzeption vorgelegt hatte, nach der freies verantwortliches Handeln und Determinismus problemlos vereinbar sind.[147] Freiheit ist darnach einfach Abwesenheit von Zwang. Bei Fehlen von Zwangsbedingungen können wir tun, was wir wollen. Wir sind zwar kausal determiniert, aber unsere Wünsche können wir in Einklang mit unseren Motiven umsetzen. Mehr ist auch gar nicht vonnöten. Eine akausale oder kontrakausale Willens-

---

147 J. Priestley: *The Doctrine of metaphysical necessity*. London 1777. Die moderne analytische Philosophie ist im Wesentlichen diesem Gedanken gefolgt; sie hat sogar noch stärker bekräftigt, dass die Handlungsfreiheit eine ausreichend starke Kausalstruktur der Welt, in der die Handlungen erfolgen, voraussetzt. (Vgl. dazu J. J. C. Smart: *Our Place in the Universe*. loc. cit. Kap. 5, S. 144 ff.)

freiheit wird weder für unser Wohlbefinden noch für die moralische Verantwortlichkeit gegenüber den Mitmenschen in Bezug auf unsere Taten gebraucht.[148]

Zudem haben sich jüngst aus der Evolutionstheorie gravierende Argumente gegen einen indeterministischen Libertarianismus ergeben.[149] Aus der Perspektive der Stammesgeschichte sind wir Menschen kurzlebige, von den Genen geschaffene Replikationsinstrumente, wobei uns als Phänotypen nur die instrumentelle Rolle zukommt, die genetischen Programme zu vervielfältigen. In diesem deterministischen Ablauf sind nicht nur keine Lücken vorhanden, sondern es gibt gar keinen Platz für das Agieren einer kontrakausalen Freiheit. Wie Eckart Voland gezeigt hat, kann Freiheit gar nicht aus dem Evolutionsprozess hervorgehen, denn wenn die Individuen von einer Möglichkeit Gebrauch gemacht hätten, gegen die biologischen Imperative zu entscheiden, wären sie von der Selektion ausgemustert worden. „There is no room in this system for a libertarian freedom of the will, i.e. the capacity to act differently under identical conditions and to cause behaviour while oneself being uncaused."[150] Das die Handlungen begleitende Freiheitsgefühl stellt ein reines Epiphänomen dar. Es ist genauso zu beurteilen wie der subjektive Eindruck einer Absicht, die mit einer Handlung verbunden ist. Beide bilden einen beschreibenden Kommentar, der von der Person hinzugedichtet wurde, weil die wahren Ursachen im Dunkel der zerebralen Prozesse verborgen bleiben. Das Wissen, dass solche supervenienten Subjektivitäten funktionslosen Schein bilden, stellt aber keineswegs eine psychische Belastung dar. Eher kann es als Entlastung gegenüber einem moralisch überzogenen Anspruch einer kontrakausalen Freiheitsidee angesehen werden, bei der verlangt wird, dass jemand sich auch noch gegen seine stärksten Motive entscheiden können soll.

In gleicher Weise wie die Kometen verloren auch terrestrische Naturereignisse ihren drohenden Charakter, wie etwa der Blitzschlag.

---

148 B. Kanitscheider: *Freiheit, Determinismus und Chaos.* Skeptiker 2 (1993), S. 39–42

149 Eckart Voland: *We Recognize Ourselves as Being Similar to Others: Implications of the „Social Brain Hypothesis" for the Biological Evolution of the Intuition of Freedom.* Evolutionary Psychology 5/3 (2007), S. 442–452

150 E. Voland: a. a. O. S. 443

Weil der Blitz als elektrostatisches Entladungsphänomen erkannt werden konnte, wurde es auch möglich, dass man durch einen gezielt angebrachten Leiter seine Gefahr beseitigt. Wenn man den kausalen Mechanismus eines Naturphänomens durchschaut hat, lässt es sich, wenn seine energetische Größenordnung handhabbar ist, auch verändern.

Bestimmte elementare Naturgeschehen wie Erdbeben und Vulkanausbrüche lassen sich zwar nicht verhindern, aber immerhin doch so prognostizieren, dass der Großteil des Schadens von den Menschen abgewendet werden kann. Auch hier ist es wichtig, dass der natürliche Charakter des Vorganges entschlüsselt wird. Wenn es dem Zorn einer unberechenbaren Vulkangöttin, wie es etwa Pele in Hawaii war, obliegt, den Ausbruch hervorzurufen, gibt es keinerlei verwertbare Anzeichen in der Umgebung des Vulkans, die auf einen baldigen Ausbruch schließen lassen. Man muss dann einfach die unerforschlichen Entscheidungen von Pele, ihre Zornesausbrüche, in Kauf nehmen.

Als im Jahre 1980 der Mount St. Helens auszubrechen drohte, war seine Umgebung bereits weitgehend evakuiert, so dass nur eine kleine Zahl von Menschen, die der Vorhersage nicht glauben wollte, den Tod fand. Mit der Eruption dieses Vulkans ist eine kleine Geschichte verbunden, die den Aufeinanderprall der magisch-animistischen Denkweise und des szientistischen Verständnisses der Natur veranschaulicht:

Am Fuß des Vulkans, am Spirit Lake, wohnte seit 50 Jahren in einer kleinen Lodge Harry Truman, ein Einsiedler, der davon überzeugt war, dass er ein Freund des Berges sei. Auf die Gefahren des Vulkans und den bevorstehenden Ausbruch hingewiesen, pflegte er zu antworten: „I talk to the mountain, the mountain talks to me. I am part of that mountain and the mountain is part of me.“[151] Er hatte Vertrauen, dass sein Berg ihm nichts anhaben könne, weil er in einem persönlichen Verhältnis zum Vulkan stand. Es kam jedoch so, wie es die Geologen vorausgesagt hatten. Am 18. Mai 1980 begrub der Mount St. Helens die Lodge und Harry Truman unter 100 Fuß Asche und Schutt, die magische Freundschaft hatte sich nicht bewährt. Bemerkenswert an diesem Beispiel ist die Möglichkeit ei-

151 Rowe Findley: *Eruption of Mount St. Helens.* National Geographic 159 (1981), S. 16

ner empirischen Kontrolle der magischen Deutung der Natur. Wenn Naturobjekte auch Personen wären, die man mit Gedanken beeinflussen könnte und die entsprechend reagieren würden, müssten sie sich anders verhalten, als sie es tatsächlich tun. Das Beispiel des Vulkans lehrt auch, dass geologisches Wissen lebensrettend sein kann, besser als jede „unio mystica" mit der Natur, die emotional verführerisch ist, aber empirisch nicht trägt.

Die größte Befreiungsleistung und Entlastung für die Menschen hat der Naturalismus der Aufklärung zweifelsohne in der Überwindung des Hexenglaubens mit sich gebracht.[152] Die Ursprünge der christlichen Hexentradition gehen auf den Mythos vom Sündenfall zurück, wo Eva, unter dem Einfluss des Satans, Adam zum Ungehorsam verführt.[153] Sowohl im *Alten Testament* als auch im *Neuen Testament* gibt es Stellen, die als Hinweis auf eine Verbindung mit Dämonen gedeutet wurden.[154] Der entscheidende Schritt in philosophischer Hinsicht besteht klarerweise darin, einen Satanspakt überhaupt für möglich zu halten. Sowohl Augustinus wie auch Thomas von Aquin waren sich sicher, dass Dämonen in der Welt sichtbare Erscheinungen hervorrufen können.[155] Eine besondere Schnittstelle, wo es den Dämonen leicht gelingt, die Menschen zum Bösen zu verführen, ist die Sexualität und hier wieder die des Weibes, da dieses aus theologischer Sicht mit besonderer Willensschwäche ausgestattet ist.

Als Zwischenbemerkung sei darauf hingewiesen, dass nach Thomistischer Auffassung die Frau als missglückter Mann gilt: „femina est mas occasionatus". Zwar wird ihr die gleiche Geistseele zugestanden, aber schon vom Modus ihrer Entstehung her weist sie Defekte auf.[156] Aufgrund des von Aristoteles übernommenen Hylemorphis-

---

152 K.-H. Deschner: *Und abermals krähte der Hahn. Eine kritische Kirchengeschichte von den Anfängen bis zu Pius XII.* Hamburg: Rowohlt, 1978

153 G. Denzler: *Die verbotene Lust. 2000 Jahre christliche Sexualmoral.* München 1988, S. 305

154 Zauberer sollst du nicht leben lassen (2. Mose 22, 17)

155 Thomas von Aquin: „Nono queritur utrum possent transmutare corpora transmutatione formali. Et videtur quod sic". *Quaestiones disputatae de malo,* quaestio 16 articulus nonus ad 1.

156 I. W. Frank: *Femina est mas occasionatus – Deutungen und Folgerungen bei Thomas von Aquin.* In: Der Hexenhammer. Entstehung und Umfeld des Malleus maleficarum von 1487. Köln 1988, S. 71–102

mus, wonach sich alles Seiende durch einen passiven Stoff und eine aktive Form bildet, stellte sich Thomas die Zeugung so vor, dass das männliche Sperma in der Gebärmutter der Frau nur einen passiven Nährboden vorfindet, auf dem die Samenkraft sich entfalten kann. Die Gestaltungskraft des Samens tendiert aber dazu, Gleiches hervorzubringen, also einen Knaben. Nur wenn äußere hinderliche Umstände dazukommen – etwa der Südwind weht –, entsteht ein Mädchen. Die untergeordnete Stellung der Frau gründet also nicht, wie man denken könnte, primär in ihrer Rolle bei der Erbsünde oder in einer Differenz in Bezug auf die Gottesebenbildlichkeit, sondern weil sich die von Gott bei der Zeugung in ihrem schwächeren Körper gesenkte Geistseele schlechter entfalten kann.[157] Daraus resultiert das geringere Maß an Ratio der Frau, und damit ist auch die Unterordnung unter den Mann gerechtfertigt. Durch den Sündenfall verschlimmerte sich natürlich die Situation der Frau, da sie wegen ihres geringeren Urteilsvermögens dem Teufel in Gestalt der Schlange nicht widerstehen konnte. Deshalb wurde ihr dann auch in der Folge die Hauptschuld an der Ursünde zugeschrieben. Modern könnte man von einem Verstärkereffekt sprechen: Die naturgegebene Geistesschwäche der Frau potenzierte sich, als die große Versuchung an sie herantrat. Deshalb erschien es in der Folge allen Theologen naheliegend, die moralische Forderung einer dienenden Rolle der Frau aufzustellen, einschließlich der Duldung der Tyrannei des Mannes im ehelichen Leben. Auch in Bezug auf die Ebenbildlichkeit Gottes, welche der Frau im Prinzip zugestanden wird, sind Abstriche zu machen; authentisches Ebenbild Gottes ist nur der Mann. Die Frau ist dann mittelbares Ebenbild, denn immerhin wurde nur Adam direkt von Gott geschaffen, Eva schließlich nur aus seiner Rippe.

Aus dieser Entstehungssituation resultiert die bis heute andauernde Diskriminierung der Frau in Bezug auf die öffentliche Lehrtätigkeit. Ihre oft größere emotive Religiosität und Gabe zur Prophetie schiebt Thomas in den privaten Bereich ab. Für die Lehre fehlt ihr die nötige Weisheit. Ein Kommentar zu diesen Schlussketten erübrigt sich. Das Einzige, was man Thomas zugute halten muss, ist die Tat-

157 I. W. Frank: a. a. O. S. 87

sache, dass er den symmetrischen Anteil an Erbinformation, den das Kind von beiden Eltern erhält, nicht gekannt hat. Dennoch mutet es heute seltsam an, dass damals niemandem die oft frappante Ähnlichkeit der Mütter mit ihren Töchtern aufgefallen ist. Diese ist ja kaum verstehbar, wenn die Mutter nur den Nährboden für das Wachstum des Kindes liefert und die gesamte Instruktion und der Bauplan des Kindes auf den Samen des Vaters zurückgehen.

Zurück zu den Dämonen: Im Taufritus spielt die Lossagung vom Teufel, die ja dessen Existenz voraussetzt, bis heute eine Rolle; dies nennt man den kleinen Exorzismus. Der große Exorzismus dient bis heute dazu, „Dämonen auszutreiben oder vom Einfluss der Dämonen zu befreien und zwar kraft der geistigen Autorität, die Jesus seiner Kirche anvertraut hat".[158] Im Hochmittelalter war diese Dämonologie die theologische Basis für die Anklage von Frauen, einen Pakt oder ein Liebesverhältnis mit dem Teufel eingegangen zu sein. Damals hätte auch eine skeptische Leugnung des Teufels den Angeklagten keinen Vorteil gebracht, weil der Zweifel an der Existenz von Hexen als Häresie galt. Als Folge dieser vom naturalistischen Standpunkt gespenstisch abartigen Dämonenlehre sind nach Schätzungen der Historiker 500 000 bis eine Million angebliche Hexen und Zauberer ermordet worden.[159] Auch die Reformatoren waren nicht gefeit gegen den Dämonen- und Zauberglauben. Martin Luther hat ein klares Dokument seiner Überzeugung zu dieser christlichen Tradition hinterlassen:

> *„Es ist ein überaus gerechtes Gesetz, dass die Zauberinnen getötet werden, denn sie richten viel Schaden an, was bisweilen ignoriert wird, sie können nämlich Milch, Butter und alles aus einem Haus stehlen… Sie können ein Kind verzaubern… Auch können sie geheimnisvolle Krankheiten im menschlichen Knie erzeugen, dass der Körper verzehrt wird… Schaden fügen sie nämlich an Körpern und Seelen zu, sie verabreichen Tränke und Beschwörungen, um Hass hervorzurufen, Liebe, Unwetter, alle Verwüstungen im Haus, auf dem Acker, über eine Entfernung von einer Meile und mehr machen sie mit ihren Zauberpfeilen*

158 Katechismus der katholischen Kirche Nr. 1673

159 G. Denzler: a. a. O. S. 313

Hinkende, dass niemand heilen kann... Die Zauberinnen sollen getötet werden, weil sie Diebe sind, Ehebrecher, Räuber, Mörder... Sie schaden mannigfaltig. Also sollen sie getötet werden, nicht allein weil sie schaden, sondern auch, weil sie Umgang mit dem Satan haben."[160]

Luthers Überzeugung, dass auch Kinder durch Teufelskontakt verzaubert sein könnten, wurde dann auch eifrig in der Praxis umgesetzt, wie man an dem Würzburger *Verzeichnis der Hexen-Leut, so zu Würzburg mit dem Schwert gerichtet und hernacher verbrannt worden* von 1627–1629 verifizieren kann.[161]

Es sollte noch einmal herausgestellt werden, worin die Vorbedingung für die Überwindung einer solchen magischen Weltsicht mit derart dramatischen Folgen besteht. Ontologische Voraussetzung für einen Dämonen- oder Satanspakt ist, dass es sich bei diesen Wesenheiten um philosophisch respektable Entitäten handelt, die in einer kausal verfolgbaren Weise mit irdischen Lebewesen in Kontakt treten können. Wenn in einem Weltbild solche Wechselwirkungen von Organismen mit spirituellen Gebilden, wie dem Teufel, nicht definiert sind, einfach weil derartige Entitäten in einer philosophisch durchdachten Ontologie nicht vorkommen können, dann ist die Gefahr auch gebannt, ideologischen Missbrauch von solchen angeblichen „Besessenheiten" zu machen. Die Voraussetzung für die Befreiung von Hexenverfolgungen war die erkenntnistheoretische Einsicht, dass spirituelle Objekte wie Teufel, Engel oder Dämonen nicht konstituierbare Gegenstände sind, dass sie im wörtlichen Sinne „Undinge" darstellen. Sie genügen nicht der Minimalbedingung, die man seit Quine an philosophisch respektable Gegenstände stellt, nämlich der Identität. Ein Dämon besitzt keine feststellbare genidentische[162] Permanenz in der Raumzeit, die allen konkreten Objekten zu eigen ist,

---

160 M. Luther: Predigt vom 11. März bzw. 6. Mai 1526. Werkausgabe Bd. 16, Kap. 22, S. 551–552. Entscheidend ist dabei die Beziehung mit dem Teufel: „Varie nocent, ergo occidantur, non solum quia nocent, sed etiam quia commercia habent cum Satana."

161 W. G. Soldan und H. Heppe: *Geschichte der Hexenprozesse*. Neudruck, Köln 1999, Bd. II, S. 17

162 Genidentität ist ein von Hans Reichenbach eingeführter Terminus, der die in der Zeit verfolgbare Gleichheit eines Objektes beschreibt.

derart, dass man zu jedem Zeitpunkt angeben kann, welche und wie viele Dämonen in einer Region der Raumzeit vorhanden sind. Deshalb ist auch die Wechselwirkung von dämonischen und satanischen Wesen mit normalen materiellen Lebewesen begrifflich unbestimmt. Die Identität ist kein epistemologisches Kriterium, sondern ein ontologisches. Dämonen sind nicht nur nicht erkennbar, sie sind nicht einmal ontologisch möglich.

Genauso ist auch der Satanspakt kritisierbar. Da der Teufel ein ontologisches Unding ist, weil für diesen Begriff keine Identität noch semantische Erfüllungsbedingungen existieren, kann auch niemals jemand eine Verbindung mit einem solchen Wesen eingehen. Die naturalistische Ontologie war in diesem Fall die Vorbedingung für eine humanistische Ethik. Aber es war genauso diese Befreiung von der Magie und dem Spiritualismus, der die alten Sinnidentifikationen unmöglich machte. Der Preis für die Loslösung von den ontologischen Gespenstern war die Verpflichtung, sich selber um neue Sinnzentren zu kümmern.

In keinem Bereich hat die objektivierende Analyse des Feinaufbaus und der Funktionsweise eines Systems und damit die Eliminierung des magischen Elementes der Natur so viel Leidensminderung für den Menschen mit sich gebracht wie in der *Medizin*. Das rationale Eindringen in die mikroskopischen Details eines Körpers, das Zerlegen dieser organischen Ganzheit in einzelne Teilfunktionen hat von William Harveys Entdeckung des Blutkreislaufes bis zur Identifikation von Interleukin 2 (IL/2) als eines Hormons des Immunsystems, um nur zwei Eckpunkte der Wissensentwicklung zu nennen, eine unübersehbare Entlastung von den naturgegebenen Drangsalen für den Menschen mit sich gebracht.

Die völlige Hilflosigkeit der Menschen vor einem lebensbedrohenden Phänomen wird deutlich, wenn man sich vor Augen führt, dass die mittelalterlichen Gelehrten die mit verheerenden Auswirkungen um sich greifende Pest als Resultat einer seltenen Sternkonstellation ansahen.[163] An der Seuche starben in Europa innerhalb von ca. drei Jahren 25 Millionen Menschen. Man kannte keine Therapie

163 Axel Bauer: *Die Anwendung zeichentheoretischer Methoden auf Geschichte und Gegenwart der Medizin*. In: ders. (Hrsg.): Theorie der Medizin. Heidelberg 1995, S. 147

und konnte auch keine Prophylaxe betreiben, da der Erreger, das Bakterium *Yersinia pestis*, und der Übertragungsweg über Ratte und Floh unbekannt waren. In einem Gutachten von 1348 kamen die Professoren der Pariser Medizinischen Fakultät zu dem Schluss, dass die dreifache Konjunktion der Planeten Mars, Jupiter und Saturn vom März 1345 die Ursache sein muss, weshalb ein kausales Eingreifen sich auch erübrigt.

Die Jatroastrologie war der magische Vorläufer unserer kausal-aitiologisch arbeitenden Medizin. Rein formal benützt auch die Astrologie die kausale Sprache, wenn sie von den Einflüssen der Gestirne spricht, aber keiner ihrer Vertreter hat je eine ursächliche Verbindung zu medizinischen Phänomenen hergestellt, die in den inneren Eigenschaften der Gestirne selber gründen. Wenn die unerkennbaren und unsteuerbaren Einflüsse der Sterne die Krankheiten mit sich bringen, liegt die fatalistische Konsequenz nahe, sie als unabänderliches Schicksal hinzunehmen.

Einen entscheidenden Fortschritt in der Medizin brachte auch die Wiedereinführung der Sektion des menschlichen Leichnams mit sich, welche in der Antike – bei Galenus – bereits praktiziert wurde, aber dann von den Kirchenvätern verdammt worden war. Erst Andreas Vesalius hat mit seinem bahnbrechenden Werk *De humani corporis fabrica libri septem* (1543) das Fundament der Medizin durch die Anatomie begründet und damit durch die Entmythologisierung des Leichnams dem Erkenntnisfortschritt den Weg bereitet.[164] Erst das naturalistische Eindringen in die Aitiologie (αἰτία = Ursache) der Krankheiten brachte die Heilungserfolge mit sich. Besonders der Arzt und Philosoph La Mettrie war es, der aufgrund seiner Ausbildung und seiner materialistischen Orientierung die Verbindung der Medizin mit der Physik intensivierte. Heute ist eine physikalische Grundausbildung für Mediziner vorgeschrieben. Um diese Pflicht zu installieren, musste sich aber erst einmal die Überzeugung durchsetzen, dass Krankheiten letztlich auf der physiko-chemischen Ebene des Organismus angesiedelt sind, und dies war ein starker Eingriff in die traditionelle metaphysisch orientierte Anthropologie.

---

164 M. Gaspar: *Medizinhistorische Aspekte der Leichenöffnung*. Der medizinische Sachverständige 82/4 (1986), S. 104–108

Sicher ist die Bilanzierung von Entlastung und Belastung durch die analytisch operierende Wissenschaft wertbeladen. Der Sinnentleerung, die die atomistische und kausalmechanistische Denkstrategie der Wissenschaft mit sich gebracht hat, steht eine hohe Leidensminderung gegenüber, die gerade die Medizin für sich verbuchen konnte, welche letztlich auf Chemie und Physik gegründet ist.

Deshalb wird heute wohl nur noch jemand mit ausgesprochen spirituellen Neigungen einem Zeitalter nachtrauern, das zwar eine globale Sinnorientierung besaß, auf der anderen Seite aber mit lebensverachtender Gleichgültigkeit mit humanen Lebensqualitäten umging, wobei Unwissenheit und mangelnde Humanität sich die Hand gaben.

An dieser Stelle darf auch darauf hingewiesen werden, wie viel die Aufklärer dazu beigetragen haben, den Strafvollzug zu humanisieren, und wie sie sich eingesetzt haben, die ungerechten Fehlurteile der damaligen Willkürjustiz aufzudecken. Man denke an das Engagement Voltaires im Fall von *Jean Calas*, der fälschlich bezichtigt worden war, seinen Sohn ermordet zu haben.

In diesem Fall erreichte Voltaire die Rehabilitation des Getöteten. Allerdings versuchte er vergeblich, den 19 Jahre alten *Chevalier de La Barre* vor dem Verbranntwerden zu retten, weil dieser angeblich das Delikt der Blasphemie begangen hatte.[165] Man darf nicht vergessen, dass in Frankreich wie auch in England im 18. Jahrhundert auf Blasphemie die Todesstrafe stand, wobei dieser Tatbestand bereits erfüllt war, wenn an der Existenz oder Allmacht Gottes gezweifelt wurde.[166] Nach damaliger Praxis wäre das vorliegende Buch, das der Leser in der Hand hält, ein Fall von Blasphemie; es müsste nach den Grundsätzen, die zu Voltaires Zeiten Gültigkeit besaßen, vom Henker öffentlich verbrannt werden.

Es soll aber daran erinnert werden, dass diese Praxis nicht einfach als Willkürelement der damaligen Politik angesehen werden muss, sondern durchaus Rückhalt im *Alten Testament* hat. Dort heißt

---

165 P. Edwards: *François-Marie Arouet de Voltaire.* In: Encyclopedia of Unbelief, hrsg. von G. Stein. New York: Prometheus, 1985, S. 713–733

166 G. Stein: *Blasphemy Laws.* In: Encyclopedia of Unbelief, a. a. O. S. 59–61

es[167] bekanntermaßen: „Wer des Herrn Namen lästert, der soll des Todes sterben, die ganze Gemeinde soll ihn steinigen." Und wie an der gleichen Stelle auch erzählt wird, haben die Israeliten dies auch mit jenem Mann, der einen Fluch ausgestoßen hatte, durchgeführt, so wie es der Herr Mose geboten hatte. Jedenfalls wir haben dazu diese historischen Fakten angeführt, sollte man sorgfältig nachdenken, ehe man der spiritualistisch verzauberten Welt nachtrauert. Die damalige Sinnorientierung war teuer erkauft.

167 Levitikus 24, 16

VIII. Entzauberung

Zu Anfang unseres Jahrhunderts war es vor allem Max Weber, der die Aufmerksamkeit auf die Tatsache richtete, dass die Wissenschaften aufgrund ihrer Methode grundsätzlich die Frage nicht beantworten können, „ob diese Welt, die sie beschreiben, wert ist zu existieren, ob sie einen Sinn hat und ob es einen Sinn hat, in ihr zu existieren“[168]. Wissenschaftliche Erkenntnis ist zweckneutral, wertfrei und sinnindifferent, weil sie objektives, also interpersonales Wissen darstellen soll. Webers Diagnose setzt dabei voraus, dass Sinn immer personbezogen, somit subjektiv ist und deshalb im positiven Wissen über die Welt nicht festgemacht werden kann. Es handelt sich also nicht um eine sinnfeindliche Voreingenommenheit der Wissenschaft gegenüber Zwecken und Werten, sondern der Fall liegt anders. Weil es bis jetzt noch niemandem geglückt ist, diese Sinnelemente zu objektivieren, muss die Wissenschaft sich aus dem Geschäft der Sinnstiftung zurückziehen und diese der Metaphysik, der Religion oder persönlichen Setzung überlassen. Den subjektiven Sinn kann man nach Weber im privaten Engagement finden, in der Kultur, in der Musik, in der bildenden Kunst und der Literatur, aber auch im Engagement für die Erkenntnis.

Aristoteles beginnt seine Metaphysik mit einer Wertung des Erkennens und formuliert es als Wesensbestimmung des Menschen: Alle Menschen streben von Natur aus nach Wissen.[169] Das klingt wie eine Konstatierung. Es sollte jedoch deutlich herausgestellt werden, dass Aristoteles hier ein normatives Ideal setzt, einen sinnstiftenden Hinweis auf ein mögliches Lebensziel gibt und keine Beschreibung der tatsächlichen Einstellung aller Menschen vornimmt. Heute wie vor 2400 Jahren ist es nur einer Minorität ein Anliegen zu erfahren, was die Welt im Innersten zusammenhält. Wissen hat für den Großteil der Menschen in erster Linie einen instrumentellen Wert, nur wenige können mit dem „Abenteuer der Erkenntnis“ etwas anfangen. Immerhin, für diese kleine Gruppe bedeutet Wissenserwerb

168 M. Weber: *Wissenschaft als Beruf.* In: Gesammelte Aufsätze, Bd. 7. Tübingen: Mohr, 1988, S. 599

169 Aristoteles: *Metaphysik* A. 980 a

auch Sinngewinn, und ein erfolgreiches, vom Erkenntnisideal geleitetes Forscherleben hat im Rückblick sicher seine Erfüllung gefunden. Alexander von Humboldt hat gewiss am Ende seines Lebens gewusst, wofür er gelebt hat, jedoch wird man eine solche Einstellung schwerlich verallgemeinern können. Er strebte danach, den Bauplan des Universums in all seinen Verzweigungen zu verstehen. Es ist sicher nicht zu viel behauptet, dass in seinem Werk *Kosmos* der Sinn und das Ziel seines Lebenswerkes enthalten sind.

Gedanklich war dieses Opus durch die Einheitsidee geleitet. „Das wichtigste Resultat des sinnigen physischen Forschens ist daher dieses: in der Mannigfaltigkeit die Einheit zu erkennen, von dem Individuellen alles zu umfassen, was die Entdeckungen der letzten Zeitalter uns darbieten, die Einzelheiten prüfend zu sondern und doch nicht ihrer Masse erliegend, den Geist der Natur ergreifen, welcher unter der Decke der Erscheinungen verhüllt liegt."[170] Auch heute können zweifellos Naturforscher, die nach einer einheitlichen Theorie aller Kräfte streben, mit Humboldts Sinnkonstitution einig sein. Aber auch sie werden den optionalen Charakter dieses intellektuellen Zieles nicht verleugnen.

Einen Einwand gegen Max Webers Negieren jeglichen objektiven Sinnes sollte man an dieser Stelle berücksichtigen. Er wurde explizit von Viktor Frankl, dem Begründer der Logotherapie, formuliert. Er und andere Verteidiger eines überpersönlichen Sinnes ziehen sich zu dessen Konstitution bevorzugt auf eine transrationale Ebene zurück:

> *„Darüber hinaus gibt es einen allgemeinen Sinn... einen letzten Sinn. Er ist ein Übersinn in dem Sinne, dass er über unser rein rationales Fassungsvermögen hinausgeht … dieser Sinn ist wissenschaftlich nicht fassbar, er entzieht sich dem Zugriff jeder Wissenschaft."*[171]

Um die Existenz dieses Übersinnes zu stützen, greift Frankl zu einem Bild. Danach gleicht die Wissenschaft *einer* Ebene im Raum,

170 A. v. Humboldt: *Kosmos. Entwurf einer physischen Weltbeschreibung*. Frankfurt/M.: Eichborn, 2004, S. 10

171 V. E. Frankl: *Im Anfang war der Sinn. Von der Psychoanalyse zur Logotherapie*. Wien: Deuticke, 1982, S. 41

in der aber die Sinnhaftigkeit des Ganzen nicht sichtbar wird, weil sie eine Projektionsebene darstellt, in der der Sinn nicht repräsentiert ist. Erst in einer zu der Wissenschaftsebene orthogonalen Ebene zeigt sich der Sinnzusammenhang aufgrund der andersartigen Projektion.

Die Metapher erscheint problematisch. Frankls Bild stellt das übliche fahrlässige Spiel mit logischen Möglichkeiten dar, das auch bei der Argumentation für die Existenz transzendenter Wesenheiten immer wieder eingesetzt wird. Eine Denkmöglichkeit besagt nur, dass das in Rede stehende Ideengebilde keine Widersprüche enthält, aber nicht, dass ein ontologischer Bezug, eine semantische Referenz vorliegt. Dazu muss die Aussage nicht nur möglich, sondern wahr sein. Der Missbrauch besteht im vorliegenden Fall also darin, dass Frankl nicht den leisesten positiven Hinweis auf das Vorhandensein jener transrationalen Projektionsebene anführen kann, auf der sich die in der Wissenschaft sinnfrei gebliebenen Elemente zum großen allgemeinen Sinn zusammenfügen. Er postuliert diese Sinnebene, ohne im Mindesten den Fall ausschließen zu können, dass es sich hier um illusionäres Wunschdenken handelt. Was also bei diesem Ansatz fehlt, ist eine rationale Hinführung auf eine solche Sinnebene, die auch von Personen, die keinen Zugang zu besonderen Erkenntnisquellen besitzen, nachvollzogen werden kann.

Um es nochmals zu wiederholen: Das Fehlen von guten Gründen für den Übersinn ist der beste Grund gegen dessen Existenz. In keinem empirischen Kontext nehmen wir logische Möglichkeiten ontologisch ernst. Die transrationale Projektionsebene Frankls ist als eine zusätzliche Quelle von Sinnevidenzen nicht denkunmöglich, aber angesichts der geringen Konkordanz von Evidenzurteilen sehr unglaubwürdig. Anders gesagt, was der Einzelne als evident ansieht, leuchtet vielen anderen überhaupt nicht ein. Formal handelt es sich bei Frankls Rettungsversuch des objektiven Sinnes um eine Variante des Argumentes zugunsten transzendenter Realitäten von der religiösen Erfahrung her. Auch dieses entbehrt der logischen Stringenz, weil noch niemand ein Kriterium entwickelt hat, religiöse Evidenzen von Scheinevidenzen zu trennen. Zudem wurden im Laufe der Religionsgeschichte derartig disparate und gegensätzliche Inhalte aus der religiösen Intuition hervorgebracht, dass es überhaupt nicht naheliegt, alle diese Erfahrungsberichte als Spiegelungen einer weiteren autonomen Wirklichkeitsebene anzusehen.

Große Wissenschaftler wie etwa Einstein haben der Suche nach den fundamentalen Gesetzen des Universums einen quasi-religiösen Anstrich gegeben. Man sollte sich allerdings von dieser Sprechweise, die man auch „kosmische Religiosität“ nennen kann, nicht täuschen lassen. Einstein formuliert etwas mehrdeutig:

> *„Wissenschaft aber kann nur geschaffen werden von Menschen, die ganz erfüllt sind von dem Streben nach Wahrheit und Begreifen. Diese Gefühlsbasis aber entstammt der religiösen Sphäre. Hierher gehört auch das Vertrauen in die Möglichkeit, die in der Welt des Seienden geltenden Gesetzmäßigkeiten seien vernünftig, d. h. durch die Vernunft begreifbar.“*[172]

Damit meint er, dass es jenseits der persönlichen Vorstellungswelt eine transpersonale Ordnung der Dinge gibt, deren Existenz die Voraussetzung für eine rationale Erforschung der Natur darstellt. Diese objektive, für den Menschen intelligible Gesetzesartigkeit der Realität ist eine philosophische Annahme, die dem Streben nach Wahrheit Sinn verleiht. Eine solche Annahme über die Intelligibilität der Natur kann aber nun genauso gut auch ohne das Prädikat „religiös“ formuliert und verteidigt werden. Bereits Vorsokratiker wie Heraklit haben die Ordnung der Welt und die Gesetzmäßigkeit des kosmischen Wandels ohne Rekurs auf die Götter statuiert, ja sogar darüber hinaus deutlich ausgedrückt, dass die Götter selber der kosmischen Gesetzlichkeit unterworfen sind.

Einstein lässt auf der anderen Seite aber auch keinen Zweifel, dass die Gesetzesartigkeit der Natur ein Eindringen außernatürlicher Einwirkungen in die Welt unmöglich macht:

> *„Je mehr nun ein Mensch durchdrungen ist von der gesetzlichen Ordnung allen Geschehens, desto fester wird seine Überzeugung, dass neben jener gesetzlichen Ordnung für Ursachen anderen Charakters kein Platz mehr bleibt. Für ihn gibt es weder*

---

172 A. Einstein: *Aus meinen späteren Jahren*. DVA 1979, S. 43

ein Walten menschlichen noch göttlichen Willens als selbständige Ursache im Naturgeschehen."[173]

Aus diesem Grund fordert er die Lehrer der Religion auf, die Hypothese vom personalen Gott aufzugeben und sich der Erziehung der Menschen zu den humanistischen Idealen zu widmen. Man kann diese Einstellung naiv nennen, denn die Kernthese, zumindest der abendländischen Hochreligionen, ist ja gerade die Abhängigkeit der Welt von einem persönlichen Schöpfergott. Es gibt keinen Grund, die ethischen Ideale des Humanismus mit dem Namen Religion zu belegen. Ganz im Gegenteil, die Idee einer humanistischen Ethik, die auf die Stoa zurückgeht, ist heute der Gegenpol zu einer transzendent verankerten Normenlehre.[174]

Auch eine Benennung der Naturgesetze oder der Ordnungsstruktur des Universums mit dem traditionellen Namen für ein höchstes Wesen stellt eine willkürliche semantische Verschiebung dar und hat mit dem herkömmlichen Theismus so gut wie gar nichts mehr gemeinsam. Es ist nur der Ausdruck einer gewissen Ehrfurcht vor der Harmonie der Welt, ihrer hohen Symmetrie und ihrer erstaunlichen mathematischen Einfachheit. Um Religion im engeren Sinn handelt es sich erst dann, wenn als tiefere Begründung für diese Harmonie nach einem höchsten personalen Wesen gesucht wird, das diese Ordnung gestiftet hat. Pantheismus stellt demnach nicht eigentlich eine religiöse Haltung gegenuber dem Kosmos dar, sondern beinhaltet eine Naturalisierung des transzendenten Wesens, das nun in der Welt, nämlich als deren Struktur angesiedelt wird. Auch eine erhabene Sprache von der Ordnung des Universums ändert metaphysisch gesehen nichts. Sie spiegelt nur eine Reaktion der emotiven Zentren des Betrachters auf den erstaunlichen und für die Wissensgewinnung erfreulich einfachen Aufbau der Welt im großen. Es kann also kein Zweifel bestehen, auch die Zuwendung zum Kulturgeschehen, sei es Wissenschaft, Musik oder Literatur, als temporärer subjektiver Ersatz für die erfolglose Ortung des objektiven Sinns, bedeutet letztlich nur

---

173 A. Einstein: ebenda S. 45

174 Für eine Durchführung eines solchen Programms vergleiche man M. Schmidt-Salomon: *Manifest des Evolutionären Humanismus.* Aschaffenburg 2005

ein Abwenden, ein Schließen der Augen vor der sinnneutralen kosmischen Einbettung aller kulturellen sinnhaften Vorgänge. Auch dies hat bereits Max Weber genau gesehen und pointiert formuliert: „Kultur ist ein vom Standpunkt des Menschen aus mit Sinn und Bedeutung bedachter endlicher Ausschnitt aus der sinnlosen Unendlichkeit des Weltgeschehens."[175] Man muss seine Aufmerksamkeit nicht unentwegt auf die kosmische Einbettung richten, und wir werden noch gute Gründe dafür bringen, dass diese Fixierung kein Glück bringt, aber wenn man es tut, kann kein Zweifel an der von Weber so treffend charakterisierten Situation bestehen.

An dieser Stelle mag es angebracht sein, Max Webers Verhältnis zum Naturalismus zu streifen, da die zitierten Äußerungen als ein Bekenntnis in diese Richtung gedeutet werden könnten. Seine Haltung in dieser Hinsicht war, wie in der eingehenden Biographie Joachim Radkaus herausgearbeitet wurde, ambivalent, unentschlossen und schwankend.[176] Einerseits war Weber beeindruckt von der Evolutionstheorie, außerdem ließ sich Darwins Kampf ums Überleben gut auch im Zusammenleben der Menschen wiederfinden. Gerade das Entwicklungskonzept liefert das Bindeglied zwischen Natur und Geschichte. Auf der anderen Seite konnte sich Weber nicht mit organologischen Vorstellungen von der Gesellschaft anfreunden, die ihm die falsche Modellvorstellung zu sein schienen.[177] Zudem wurde er als Religionssoziologe, mit seinen differenzierten Vorstellungen von den theologischen Gehalten, von seinem Zeitgenossen Ernst Haeckel brüskiert, der es sich mit seinem darwinistischen Naturalismus wohl etwas zu leicht gemacht hatte. So kann man Webers Einstellung zum Naturalismus nicht leicht katalogisieren, wohl aber seine Haltung zur Sinnfrage.

Als Naturfreund ist man vielleicht versucht, objektiven Weltsinn in der Schönheit einer Gebirgslandschaft oder in der Weite des Meeres zu finden. Aber auch hier ist eine Objektivitätsvermutung nicht einlösbar, selbst wenn sie in Gipfelbüchern oder in Oden an das Meer

---

175 M. Weber: *Wissenschaft als Beruf*, 9. Ausg. a. a. O. S. 180

176 J. Radkau: *Max Weber. Die Leidenschaft des Denkens*. München 2005, S. 237

177 J. Radkau: *Max Weber*. a. a. O. S. 399

noch so sehr beschworen wird. Desgleichen ist die Ästhetik des kosmischen Geschehens, wie sie in berühmten Worten von Kant angemahnt wurde, grundsätzlich betrachtet kein fester Boden, wo man den Sinn verankern könnte. Im Beschluss zur *Kritik der praktischen Vernunft* äußert Kant sein Staunen über zwei Befunde der Welt:

> *„Zwei Dinge erfüllen das Gemüt mit immer neuer und zunehmender Bewunderung und Ehrfurcht, je öfter und anhaltender sich das Nachdenken damit beschäftigt: der bestirnte Himmel über mir und das moralische Gesetz in mir.“*[178]

Der Anblick des Kosmos löst auch in Kant das Gefühl der Bedeutungslosigkeit und der Durchgangshaftigkeit der menschlichen Existenz aus.

> *„Der erste Anblick einer zahllosen Weltenmenge vernichtet gleichsam eine Wichtigkeit als eines tierischen Geschöpfs, das die Materie, daraus es ward, dem Planeten, einem bloßen Punkt im Weltall, wieder zurückgeben muß, nachdem es kurze Zeit, man weiß nicht wie, mit Lebenskraft versehen gewesen.“*[179]

In unserer körperlichen Existenz bleiben wir also der Erde verhaftet und besitzen die vorübergehende Existenzweise aller Lebewesen. Kant glaubt aber immerhin, dass zumindest die zweite Beobachtung den Menschen doch über das empirische Universum und seine Vergänglichkeit erhebt.

> *„Der zweite erhebt dagegen meinen Wert als einer Intelligenz unendlich durch meine Persönlichkeit, in welcher das moralische Gesetz mir ein von der Tierheit und selbst von der ganzen Sinnenwelt unabhängiges Leben offenbart...“*[180]

Damit wird also ein Schnitt gesetzt: Durch die Teilhabe am Geist, an der Vernunft und der daraus fließenden Moralität ergibt sich die überzeitliche unzerstörbare Bedeutung des Menschen. Damit vertei-

---

178 I. Kant: *Kritik der praktischen Vernunft*. Hamburg: Meiner, 1952, S. 186

179 I. Kant: a. a. O.

180 I. Kant: a. a. O.

digt Kant aber die Idee, dass die *menschliche* Vernunft eine prototypische Verfassung besitzt und dass sich in der Menge der denkbaren *generellen* Verstandestätigkeiten aller intelligenten Zivilisationen dieses menschliche Vermögen nicht wesentlich über unser erreichtes Niveau hinaus entwickeln wird. Kants zweistufiges Sinnkonzept ist jedenfalls nicht mit einer Naturgeschichte der Vernunft vereinbar. Da wir aber nun nicht im Besitz einer allgemeinen Theorie der Intelligenz sind, können wir nicht die geringste Idee davon entwickeln, wo wir Menschen in einer Intelligenzskala aller intelligenten Wesen überhaupt angesiedelt sind. Damit ist es auch gar nicht möglich, unsere Verstandestätigkeit, ebenso wie auch unsere moralischen Regeln, in irgendeiner Weise kosmisch zu gewichten. Wie soll man zu einer Einschätzung gelangen, welchen Rang unsere Geistestätigkeit und unsere Moralität in einer Stufenfolge von möglichen Reflexionsniveaus einnehmen? Man kann die Vermutung äußern, dass hier theologische Wurzeln für Kant maßgebend waren, die ihn dazu geführt haben anzunehmen, dass speziell die menschliche Vernunft einen besonderen Status besitzt. Nur mit dieser ahistorischen Rationalität, bei der das Denkvermögen keine kausale Rolle im natürlichen Ablauf der Dinge spielt, konnte Kant seine Sinnkonzeption fassen.

In der zweiten Einschätzung hat jedenfalls die nachfolgende Wissenschaft Kant nicht bestätigt. Disziplinen wie Psychobiologie und evolutionäre Ethik verbinden Vernunft und das moralische Gesetz mit der Sinnenwelt, und damit haben beide auch an der Endlichkeit und Vergänglichkeit teil. Moralische Regeln lassen sich nach heutigem Wissen als biologische Adaption erklären, die eine nützliche Rolle beim Überleben einer Population gespielt hat, als diese unter dem Zwang stand, ihr Sozialleben optimal zu regeln. Das moralische Gesetz entsprang nicht der Vernunft eines Einzelnen, sondern es entstand spontan als Resultat ungezählter Kooperationen in der Gesellschaft.[181]

---

181 Dies hat vor allem Friedrich von Hayek immer wieder betont. Vgl. dazu seinen Vortrag auf der ICUS-Konferenz in Houston: *The Presumption of Reason*. Paragon House Publishers 1985. Hayek hat die alte Intuition David Humes aufgegriffen, wonach gilt „the rules of morality are not the conclusions of our reason". Damit wird dem konstruktiven Rationalismus widersprochen, der moralische Institutionen als geplante Strukturen begreift und nicht versteht, dass der Mensch gar nicht in der Lage ist, solche umfassenden Ordnungen zu entwerfen.

Aus heutiger Perspektive lassen sich sogar Kants zwei Objekte der Bewunderung naturgeschichtlich verbinden. Es ist kein Zufall, dass ein Lebewesen, das ein Sittengesetz in sich entwickelt hat, über sich einen Himmel mit zahllosen Sternen erblickt. Alle diese leuchtenden Sonnen der Galaxis waren nämlich daran beteiligt, die notwendigen materiellen Vorbedingungen zu schaffen, ohne die ein organisches intelligentes, moralisches Wesen niemals hätte entstehen können. Kant wäre vermutlich heute noch mehr von Ehrfurcht erfasst, wenn er erfahren hätte, dass seine Gegenstände der Bewunderung kausal zusammenhängen.

Der Naturalismus, den Kant an der Schwelle zur Vernunft verließ, hat inzwischen immer weitere Bereiche erfasst, so etwa auch das eben angesprochene Gebiet der *Ästhetik*, wo nun die evolutionsbiologische Fragestellung lautet, *warum* Menschen die Natur auch unter dem Aspekt des Schönen betrachten und welchen Selektionsvorteil diese Adaption mit sich bringen könnte. Offenbar fühlen sich selbst die Geisteswissenschaftler gedrängt, zur Beantwortung dieser Frage bei Naturphänomenen wie der sexuellen Selektion Anleihe zu nehmen.[182] Das Referenzobjekt der naturalistischen Ästhetik ist dabei der Pfau. Der prachtvolle Federschmuck des männlichen Tieres hat die Funktion, das Weibchen zu begeistern und es zu veranlassen, das Männchen als Sexualpartner zu akzeptieren. Damit dieser Mechanismus der ästhetisch motivierten sexuellen Auslese funktioniert, müssen diese Tiere einen Schönheitssinn entwickelt haben, der als rudimentäre Vorform des interesselosen Wohlgefallens fungiert, das die menschliche Kunstbetrachtung charakterisiert. Eine solche Rückführung des ästhetischen Komplexes bedeutet letztendlich auch die Anbindung des Kulturgeschehens an die Geschichte der Natur. Es gibt dann keine ideellen Räume mehr, in denen der Geist für sich, ohne Verankerung in der Natur, arbeitet. Diese Verbindung hat eine klärende, aber auch eine tragische Komponente. Mit dieser Kopplung ist die Tätigkeit des Geistes an den Aufstieg und an den Abstieg der Natur gebunden. Heute kann man es bereits aussprechen, dass sämtliche sittlichen und kulturellen Leistungen, die die Menschheit je hervorgebracht hat oder

182 Winfried Menninghaus: *Das Versprechen der Schönheit*. Frankfurt/M.: Suhrkamp, 2003

noch hervorbringen wird, in kosmischer Perspektive dem Zerfall und dem Vergessen anheimgestellt sind.

Kant hat seine Überlegungen über den gestirnten Himmel und das moralische Gesetz angestellt, ehe sich das etabliert hat, was wir heute *physikalische Eschatologie* nennen.[183] Diese kosmologische Theorie der Endzeit gründet in bestimmten Überlegungen des 19. Jahrhunderts, die damals auf der Basis des zweiten Hauptsatzes der Thermodynamik angestellt worden sind. Dieses Gesetz drückt aus, dass jene Zustandsgröße eines abgeschlossenen, irreversiblen physikalischen Systems, welche dessen Ordnungszustand wiedergibt, nämlich die *Entropie*, niemals abnehmen kann. Wenn dieser Satz auf die Welt im Großen angewendet werden kann – und es ist erst einmal nicht zu sehen, was das verhindern soll –, dann sind ihm tatsächlich alle wie auch immer zustande gekommenen temporär stabilen, hochentwickelten komplexen Strukturen unterworfen. Den Endzustand maximaler Entropie bezeichnet man auch als *Wärmetod*, weil dort kein Strukturaufbau mehr möglich ist. Joseph Loschmidt hat deshalb von dem „terroristischen Nimbus des zweiten Hauptsatzes" gesprochen, „welcher ihn als vernichtendes Princip des gesamten Lebens im Universum erscheinen lässt".[184]

Im quantitativen Detail hat sich am Wärmetod des Universums, so wie er von den Physikern des 19. Jahrhunderts konzipiert wurde, durch den Eingriff der Quantenmechanik und Relativitätstheorie zwar einiges geändert, qualitativ jedoch ist die grundsätzliche Zerfallstendenz der kosmischen Zukunft erhalten geblieben. Die Langzeitentwicklung des Universums führt zu einem ewig expandierenden, sich immer mehr dem absoluten Nullpunkt der Temperatur annähernden Strahlungssee, in dem kein Platz mehr für eine Neubildung komplexer Strukturen ist, die zu späten Zeiten noch einmal Informationserzeugung und damit auch nur temporäre Erzeugung von Sinn betreiben könnten. In der kosmischen Perspektive ist alles Leben im Universum

---

183 Kants Schrift von 1794 *Das Ende aller Dinge* behandelt noch nicht das materielle Schicksal der Materie zu späten Zeiten, sondern ist in moralischer Absicht geschrieben.

184 J. Loschmidt: *Über den Zustand des Wärmegleichgewichts eines Systems von Körpern mit Rücksicht auf die Schwerkraft*. Wien, I. Sitzungsbericht der Kaiserlichen Akademie der Wissenschaften. Mathematisch-Naturwissenschaftliche Klasse, 73, II. Abt. (1876), S. 135

– und darin ist auch alles denkbare extraterrestrische Leben eingeschlossen – als endliches Durchgangsstadium anzusehen. Auf eine kurze Phase des Strukturaufbaus folgt im Universum eine unermessliche Zukunft, die rein materiell, unerkannt und unbelebt ablaufen wird.[185] Wenn Kopernikus den ersten Schritt tat, den menschlichen Wohnort aus dem Zentrum des Universums zu rücken, so hat die moderne Kosmologie und Eschatologie den Menschen ins räumliche und zeitliche Nirgendwo gesandt. Es ist nicht zu erwarten, dass sich diese Tendenz der Wissenschaft in absehbarer Zeit umkehren wird. Einige Ansätze in dieser Richtung, die wir noch besprechen werden, haben sich als nicht tragfähig erwiesen.

Würde sich an der bedrückenden Erfahrung der Verlorenheit etwas ändern, wenn der Mensch auf extraterrestrische Intelligenzen (ETI) stieße? Wären das dann Brüder im All oder eher Konkurrenten? Man muss eher daran zweifeln, dass sich aus Kontakten mit Außerirdischen neue Sinnerfahrungen ergäben. Die Menschen haben sich immerhin unter den Tieren das doppelte Prädikat „sapiens" zugelegt, was darauf hindeutet, dass sie ihre denkerische Leistung für kaum übertrefflich einschätzen. Die Biologen versuchen ihnen diese durch nichts als die eigene Eitelkeit belegte Einzigartigkeit ihrer Intelligenz immer wieder auszureden. Aber es fällt offensichtlich schwer, dies zu akzeptieren. Der Soziobiologe Volker Sommer drückt es deutlich aus:

„Deshalb sei klar gesagt: die unselige Trennung zwischen ‚dem Menschen' einerseits und ‚dem Tier' andererseits gehört in den Reißwolf des Wissenschaftsbetriebes. Zwar mag der Mensch diese und jene Besonderheiten haben, die ihn von anderen Lebe-

185 Dies setzt nicht unbedingt die heute astrophysikalisch plausible Annahme einer unterkritischen Materiedichte voraus. Sollte die zur Schließung des Universums notwendige dunkle *Materie* noch gefunden werden, bliebe die Zukunft endlich. Dies würde jedoch nichts an den Zukunftsprospekten für bewusstes Leben ändern, denn die starke Irregularität der endzeitlichen Feuerballphase – dominiert durch viele Schwarze Löcher – würde keine weitere Epoche des Komplexitätsaufbaus gestatten. (Vgl. B. Kanitscheider: *Nietzsches Idee des zyklischen Universums vor dem Hintergrund der heutigen physikalischen Kosmologie*. In: J. Albertz (Hrsg.): Kant und Nietzsche – Vorspiel einer künftigen Weltauslegung. Schriftenreihe der Freien Akademie Bd. 8. Wiesbaden 1988, S. 133–155) Es sieht jedoch eher so aus, als würde die vermutete dunkle *Energie*, die die Expansion beschleunigt und die Galaxien auseinandertreibt, den Spätzustand des Universums steuern. In diesem Fall steht zwar unendlich viel Zeit zur Verfügung, aber die Randbedingungen für eine Materieagglomeration sind noch wesentlich ungünstiger.

wesen unterscheiden, doch die Besonderheiten – besser gesagt Einzigartigkeiten – sind auch allen anderen Lebewesen zuzugestehen. Hören wir nun endlich auf, unseren Denkapparat für des Pudels Kern zu halten."[186]

Die Abstraktion, unsere Intelligenz nur für eine Stufe in einer denkbaren offenen Skala von Vernunftformen zu halten, widerstrebt dem Menschen. Deshalb muss man vermuten, dass die Menschen beim Kontakt mit geistig höher entwickelten Lebewesen zuerst viele Ausreden erdenken und Vorwände erfinden würden, um deren Höherentwicklung nicht anzuerkennen. Wenn sich dann die Überlegenheit der Außerirdischen aber nicht leugnen ließe, würde sich die Demütigung vermutlich in Aggression verwandeln. Man kann sicher davon ausgehen, dass die Menschen sich nicht freuen würden, dass sie nun nicht mehr so alleine im Weltall sind. Schon die bekannte Xenophobie (ὁ ξένος = der Fremde) der Populationen gegenüber irdischen Fremden spricht dagegen. Als moralisches Problem für einen Homo superbus dazustehen[187], das passt nicht in das hochgezüchtete Selbstverständnis, das unsere Spezies traditionell mit sich herumträgt. In jedem Fall könnten auch noch so hoch entwickelte ETIs keinen Trost spenden in Sachen jener eschatologischen Kränkung, dass alle komplexen Strukturen mit versiegenden lokalen Energiequellen spurlos verschwinden müssen.[188]

Solche Überlegungen setzen überdies voraus, dass eine entdeckte fremde Intelligenz in irgendeiner Weise mit unserer Vernunft vergleichbar ist. Wir dürfen jedoch nicht vergessen, dass wir immer mit

186 V. Sommer: *Lob der Lüge*. München: C. H. Beck, 1992, S. 9

187 Der Homo superbus könnte mit der moralischen Frage konfrontiert werden, ob er den *Homo sapiens* als Sozialpartner oder als Nahrungsmittel interpretieren soll.

188 In jüngster Zeit haben sich zu den bereits klassisch zu nennenden Kränkungen des Menschen (Freud) durch Kopernikus, Darwin und die Psychoanalyse neue gesellt, die mit der Maschinenintelligenz, Schachautomaten und Computerfähigkeiten ganz generell zusammenhängen. Max Tegmark hat noch auf eine weitere Enttäuschung hingewiesen, die dann vorliegen würde, wenn sich herausstellte, dass die gesamte Realität letztlich mathematischer Natur wäre. Dann würde sich der gesamte Inhalt des Universums als eine Täuschung aus der Froschperspektive unseres menschlichen Daseins enthüllen; aus der Vogelperspektive oder der externen Draufsicht eines alle formalen Gebilde überfliegenden Geistes bliebe dann nur eine abstrakte mathematische Struktur übrig, die als Untersysteme bestimmte Teile enthält, die bewussten und lebenden Systemen entsprechen. (M. Tegmark: *The Mathematical Universe*. arXiv:0704.0645v1 [gr-qc] 5 Apr 2007)

unserer Phantasie und *unserem* Vorstellungsvermögen den Suchplan nach intelligenten Signalen aus dem Weltraum aufstellen. Es bleibt der logische Einwand bestehen, dass es immer *unsere* Phantasie ist, die hier arbeitet. Da wir keine *allgemeine* Theorie jeder möglichen Intelligenz kennen, lässt sich nicht ausschließen, dass es Verstandesformen gibt, die wir nicht einmal als solche entschlüsseln würden. Somit käme es gar nicht zu einer Vergleichsskala und einer komparativen Gewichtung. Lediglich über die physikalischen Randbedingungen von Intelligenzentstehung können wir heute etwas aussagen.

Wir dürfen uns auch nicht in die Vorstellung verrennen, dass die außerirdischen Besucher sich in erster Linie von dem entzückt zeigen würden, was wir für so eminent wichtig halten, nämlich unseren Intellekt. Edward Wilson weist darauf hin, dass die Wissenschaftler unter ihnen zu der Auffassung gelangen könnten, „wir Menschen seien uninteressant, unsere Intelligenz gering, unser Gefühlsleben ohne Überraschungen und unsere soziale Organisation von einer Beschaffenheit, wie sie schon häufig auf anderen Planeten angetroffen wurde"[189]. Es könnte leicht sein, meint Wilson weiter, dass die Fremden die *Ameisen* auf unserem Planeten viel aufregender finden würden, weil sie als „haplodiploide soziale Organismen[190] im Ein-bis-zehn-Millimeter-Bereich" einzig in der gesamten Galaxis sind. Wir dürfen eben nie vergessen, dass bei allen Sonderstellungsfragen wir es bisher immer nur selber waren, die die Schlüsselmerkmale unserer Spezies in den Fokus genommen haben.

Wie immer die ETIs auch beschaffen sein mögen, aufgrund der Universalität der physikalischen Gesetze werden sie nur als offene Systeme, fern vom thermodynamischen Gleichgewicht, existieren. Um den Fluss von Materieenergie über den Rand des Systems aufrechtzuerhalten, bedarf es permanenter stabiler Energiequellen. Auch noch so exotische Intelligenzformen können sich dieser Bedingung nicht entziehen. Da auch die langlebigen, massearmen Sterne spätestens nach 10^{14} Jahren ausgebrannt sein werden, müssen alle Le-

189 E. O. Wilson: *Biologie als Schicksal.* a. a. O. S. 23

190 Haplodiploidie bedeutet, dass aus unbefruchteten Eiern Männchen entstehen (die nur einen Chromosomensatz haben), aus befruchteten Eiern Weibchen (die zwei Chromosomensätze besitzen).

bens- und Intelligenzarten dem Schicksal der Dinosaurier folgen: Sie werden aussterben. Obwohl also die Entdeckung von ETIs, vor allem, wenn sie eine höhere Form von Intelligenz repräsentieren würden, eine enorme Erschütterung unseres gesamten Wertesystems mit sich brächte, hinsichtlich der menschlichen Durchgangssituation in der kosmischen Entwicklung könnten uns die Mitlebewesen im Weltall nicht helfen.

Überdies gibt es mehrere Arten von Zweifeln in Bezug auf die Existenz von außerirdischem Leben: Der erste ist der der Identifikation. Aufgrund der Spielräume, die die Biochemie gestattet, ist es gar nicht selbstverständlich, dass wir beliebige Lebewesen als solche überhaupt erkennen würden. Es könnte sein, dass sie derartig exotische und für uns völlig unbekannte Eigenschaften besäßen, dass wir sie nicht von anderen Materieanordnungen unterscheiden können. Es ist schon deshalb sehr euphemistisch, von kosmischen „Brüdern und Schwestern" zu sprechen, wenn es sich unter Umständen um höher organisierte, mit Bewusstsein ausgestattete interstellare Gaswolken handelt.

Darüber hinaus ist es noch aus einem anderen Grund fraglich, ob irgendeine Art von solchen intelligenten Lebewesen existiert. Frank Tipler hat ein plausibles Argument entwickelt, wonach zumindest in unserer Galaxis kein intelligentes Leben vorhanden ist. Die Überlegung, die bereits auf Enrico Fermi zurückgeht, besagt, dass jede Population von ETIs, die die Technologie für interstellare Kommunikation besitzt, auch die Technik für interstellare Raumfahrt entwickelt hätte und deshalb bereits in unserem Sonnensystem aufgetaucht wäre. Da sie nicht gekommen sind, gibt es sie vermutlich nicht.[191] Nun gilt nach einer bekannten methodischen Regel „absence of evidence is not evidence of absence", d. h. aus dem Fehlen einer Spur oder eines empirischen Datums lässt sich nicht erschließen, dass die Ursache dieser Erfahrungstatsache nicht existiert.[192] Und so wird heute noch das so-

191 J. D. Barrow und F. Tipler: *The anthropic cosmological Principle*. Oxford: Clarendon, 1986, S. 576

192 M. Gardner: *WAP, SAP, PAP & FAP*. Rezension von J. D. Barrow und F. Tipler: The anthropic cosmological Principle. In: The New York Review of Books (1986, 5–8), S. 22–25

genannte SETI-Projekt (search for extraterrestrial intelligence) weiterverfolgt, auch wenn die Meinungen über dessen Erfolgsaussichten geteilt sind.[193] Wie wir gesehen haben, wird sich doch hinsichtlich der Sinnfrage und der kosmischen Lage der Menschheit nichts grundsätzlich ändern, selbst wenn die Suche erfolgreich verliefe. Als die Titanic zum Untergehen verurteilt war, nutzte es den Passagieren nichts, dass viele Mitmenschen an Bord waren, die das gleiche Schicksal erleiden mussten.

Das Bewusstsein um die kosmische Situation des Menschen hat heute sogar schon die Barriere zwischen den zwei Kulturen durchdrungen, wie C. P. Snow die wissenschaftliche und die literarische Geisteshaltung genannt hat. Auch geisteswissenschaftlich orientierte Philosophen rezipieren und reflektieren die Lage der Menschheit, wie sie sich aus der Perspektive der relativistischen Thermodynamik ergibt. Kaum jemand hat sich sorgenvoller um die kosmische Bedeutungslosigkeit des Menschen gekümmert als Hans Blumenberg.[194] Auch er sieht in der kosmologischen Anwendung des Entropiesatzes die härteste Zumutung für das Selbstverständnis des Menschen, das dieser je erfahren hat:

> *„Nicht die astronomische Theorie des Sonnensystems oder die gewaltige Ausdehnung und Leere des Universums, nicht die Theorie der biologischen Evolution, nicht die Theorie des Unbewussten und seiner Unbeherrschbarkeit durch das Ich, sondern die Astrophysik und die Anwendung des zweiten Hauptsatzes der Thermodynamik auf das Ganze des Weltalls war die Zerstörung des verbliebenen Restes der Illusionen: Herstellung der absoluten Trostbedürftigkeit angesichts dessen, was mit einem harmlos klingenden Ausdruck des vergangenen Jahrhunderts ‚Wärmetod' genannt wurde."*[195]

---

193 J. Pfleiderer: *SETI*. In: W. Seipel: Mensch und Kosmos. Linz: Großer, 1990, S. 264–270

194 Zum Verständnis des nicht leicht zu lesenden Philosophen sei die ausgezeichnete Darstellung von F. J. Wetz empfohlen: *H. Blumenberg: Zur Einführung*. Hamburg: Junius Verlag, 1993

195 H. Blumenberg: *Die Sorge geht über den Fluß*. Frankfurt/M.: Suhrkamp, 1988, S. 154

Aus diesem Grund wurden wohl auch in den meisten antiken Kulturen zyklische Kosmologien bevorzugt. Die ewige Wiederkunft gleicher oder doch ähnlicher Materiekonfigurationen wirkt auf die meisten Menschen weniger erschreckend als der einmalige, unwiederholbare Ablauf einer Folge von geordneten Zuständen, die in der völligen kosmischen Öde und Wüste endet. Wenige werden widersprechen wollen, dass wir Menschen in dieser Lage trostbedürftig sind. Lässt sich aber nun aus dem Bedürfnis ein tragfähiges Surrogat zum Ertragen der kosmischen Situation bauen? Wohl kaum. So wenig die Erfahrung von Durst in der Sahara einen Anhaltspunkt für die Existenz von lebensrettendem Wasser bedeutet, so wenig stellt die Konstatierung der Trostbedürftigkeit des Menschen angesichts seines Sinnhungers in der kosmischen Wüste einen guten Grund für die Existenz von Sinn dar.

Blumenberg spielt an einer Stelle mit dem Gedanken einer Tröstung, wonach wir uns vor Augen halten sollten, dass unsere Welt noch schlimmer sein könnte, als sie ist. Angewendet auf den schwach glimmenden Rest des primordialen Feuerballes, nämlich die Hintergrundstrahlung des Weltraums mit der Temperatur von 3 K, bedeutet dies, dass das Universum heute noch eine kleine „Restwärme" besitzt, die es vom absoluten Nullpunkt trennt. Ich weiß nicht, ob zahlreiche Menschen in der Lage sein werden, diese kleine Temperaturdifferenz als „symbolisches Zugeständnis ans Gemüt" zu deuten[196], vor allem angesichts der Tatsache, dass die Temperatur ja konstant abnimmt (nach $t = 10^{27}$ Jahren ist die Mikrowellenhintergrundstrahlung bereits auf 10^{-18} K abgesunken). Andererseits besteht kein Zweifel, dass Tröstungen, wenn sie versucht werden, vom charakteristischen Typus sind, auf Züge der Welt hinzuweisen, die noch nicht ihr Pessimum erreicht haben. Immerhin, wenige Denker haben so offen wie Blumenberg die kosmische Lage der Menschheit akzeptiert, ohne in intellektuell unredliche Auswege zu verfallen. Auf der Suche nach dem Sinn haben die Menschen sonst nichts unversucht gelassen, beliebigen Illusionen nachzulaufen, um der kosmischen Trostlosigkeit zu entkommen.

---

196 H. Blumenberg: a. a. O. S. 156

Max Webers These des Entzauberungspotentials der Naturwissenschaft, die dieser nur als nüchternen soziologischen Befund vorgelegt hatte, wurde in der Folge mit wachsendem Lamento-Charakter dramatisiert. Mit der objektivierenden Beschreibung der Lebensvollzüge – so die Zeitdeuter Hermann Lübbe[197] und Odo Marquard[198] – seien gravierende lebensweltliche Verluste verbunden, weil die empiristische Methode vom Forscher einen Verzicht auf seine Individualität und damit auf seine geistesgeschichtliche Herkunft verlangt. Die Protagonisten eines solchen Inhumanitätsvorwurfes an die Naturwissenschaft – im Computerzeitalter zumeist verbunden mit einer Klage über die nicht mehr beherrschbare technisierte Alltagswelt – bemühen sich nun, den Geisteswissenschaften eine neue Rolle zu verschaffen. Auf dem Wege einer „ästhetischen Wiederverzauberung" sollen die Geisteswissenschaften eine Kompensationsleistung erbringen, die einen Ausgleich zur nüchternen, objektivierenden, antiindividualistisch eingestellten Naturwissenschaft schafft und somit die Selbstentfremdung des rechnenden und messenden Wissenschaftlers ins Gleichgewicht bringt. „Das tun die Geisteswissenschaften: Sie kompensieren Modernisierungsschäden, indem sie erzählen; und je mehr versachlicht wird, desto mehr – kompensatorisch – muss erzählt werden, sonst sterben die Menschen an narrativer Atrophie."[199]

Hier ist Einspruch zu erheben. Erst einmal ist es nicht ausgemacht, dass die Naturwissenschaften und die Technik nur Schäden hervorgebracht haben. Manche Resultate sind neutral und andere, speziell in der Medizin, fast durchwegs positiv. Darüber hinaus bestimmt nicht jedermann seine Individualität über seine Herkunftswelten. Dies mag für traditionsverhaftete Träumer, die sich in der technischen Moderne nicht wohl fühlen, einen Ausgleich darstellen; aber viele Menschen haben auch in der anonymen technischen Welt eine neue emotionale Heimat gefunden, speziell wenn man an den Cyberraum denkt, in dem jene leben, für die die alte Herkunftswelt nicht das beliebteste

197 H. Lübbe: *Die Wissenschaften und ihre kulturellen Folgen*. Rheinisch-Westfälische Akademie der Wissenschaften, Vorträge G 285. Opladen 1987

198 O. Marquard: *Über die Unvermeidlichkeit der Geisteswissenschaften*. UNIVERSITAS 42/1 (1987), S. 18–25

199 O. Marquard: *Zukunft braucht Herkunft. Philosophische Essays*. Stuttgart 2003, S. 176

„Fenster" darstellt. Aber selbst wenn man seine Existenz nicht über die Avatare von „Second Life" definiert, fühlen sich viele Menschen in der Welt des Hubble-Teleskops und der Neutrino-Astronomie wohl, gerade weil diese Techniken so viel objektive Information liefern. Sie haben keine Sehnsucht nach historischen Identifizierungsmustern. Es ist wohl einfach nur eine Verbindung von schwärmerischer Nostalgie und angsterfülltem Technik-Ressentiment, welche das Gefühl einer solchen Kompensationsnotwendigkeit erzeugt.

Ließe sich denn überhaupt auf solche Weise die Restitution einer objektiven Sinnhaftigkeit bewerkstelligen? Dies erscheint kaum möglich. Erst einmal stellt die strikte methodische Gegensätzlichkeit – auf der einen Seite die Objektivität des theoretischen Rechnens, empirischen Beobachtens und Experimentierens, auf der anderen Seite die narrative Subjektivität der ästhetisierenden Verzauberung durch kulturgeschichtliche Traditionen – eine überzogene Vorstellung dar, weil es Überschneidungsbereiche gibt, die nur mit der Methodologie *beider* Wissenschaftstypen bearbeitet werden können.

Paradefälle sind Themen wie Bewusstsein, Geist, Intentionalität, Qualia, die zum Zentralbereich der Geisteswissenschaften gehören, aber von diesen allein, aufgrund der Verschränkung der mentalen Funktionen mit dem materialen Trägersubstrat, nicht gelöst werden können. Wenn man das Wesen des Geistes mit einer doppelten, völlig inkompatiblen Methodik anginge, könnte man die Resultate dieser Untersuchungen gar nicht mehr vergleichen. Darüber hinaus käme es zu einer schizoiden Konstellation, zu einer Spaltung der Orientierung des Menschen, die kaum in eine homogene Persönlichkeit integrierbar wäre. Erhard Scheibe hat den kontraintuitiven Charakter dieser abartigen Situation treffend herausgestellt: „Es ist eine *absurde* Vorstellung, daß unsere Naturwissenschaftler morgens mißmutig in ihre Laboratorien traben, verbissen ihre Kärrnerarbeit leisten, um endlich nach Feierabend mit gelösten Mienen geisteswissenschaftlichen ‚Märchen' lauschen zu dürfen."[200] Nach dem sinnfreien Arbeitstag im Reich der Materie schlösse sich dann ein sinnstiftender, verzaubernder Abend im Bereich des Geistes an. Um eine solche Konstruktion

200 E. Scheibe: *Mißverstandene Naturwissenschaft*. In: B. O. Küppers: Die Einheit der Wirklichkeit. München 2000, S. 74

ernst zu nehmen, bedürfte es vermutlich eines schizophrenen Gemütes.

Vom systematischen Gesichtspunkt muss die Idee, die Kultur- und Geisteswissenschaften nur mehr als Ausgleichs- und Unterhaltungsangebot für erschöpfte Realwissenschaftler zu installieren, als ein Verrat an der Idee des Geistes selbst und als Demission der Geisteswissenschaften gelten. Günther Patzig hat zu Recht auf die fatale Konsequenz der Kompensationsidee hingewiesen: „Wer sie [die Geisteswissenschaften] zur Kompensation von Orientierungslücken empfiehlt, die von der naturwissenschaftlich technischen Entwicklung aufgerissen werden, macht sie gerade dadurch von dieser Entwicklung abhängig und zu einer bloßen Service-Leistung für den technischen Fortschritt."[201] Man erweist den Geisteswissenschaften somit einen Bärendienst, wenn man sie auf die Kompensationsrolle restringiert. In der Tat besitzt der Begriff des Geistes eine autonome Gesetzlichkeit, die ihn zum genuinen Forschungsgegenstand macht, wobei sich Philosophie und Neurobiologie ergänzen und einander symbiotisch unterstützen. Diesen Weg geht seit einiger Zeit die Analytische Philosophie des Geistes, die sich, ganz im Gegensatz zur Kompensationsidee, der Natur des Geistes mit Ernsthaftigkeit und nicht unter der Perspektive des Zeitvertreibes nähert.[202]

Ebenso müssen alle geisteswissenschaftlichen Untersuchungen zu den Fragen der Lebensgestaltung, des Glücks, der erfolgreichen Daseinsbewältigung, der Sorge um sich selbst und des empathischen Umgehens mit den Mitmenschen als von systematischer Zielsetzung angesehen werden, die nicht der narrativen Unterhaltung, sondern der praktischen Verwertung dienen. Damit dies nicht missverstanden wird, sei betont, dass ich nicht gegen den Unterhaltungscharakter mancher geistiger Inhalte polemisieren möchte. Wir bedürfen, um die Schwere des Daseins zu tragen, durchaus des belustigenden Zeitvertreibs. Aber das Wesen des Geistes ist eine zu ernsthafte Angelegenheit, um es nur der Zerstreuung zu überlassen. Die Struktur des

---

201 G. Patzig: *Die Göttinger Akademie. Gegenwärtige Lage und Zukunftsaufgaben*. Jahrbuch der Akademie der Wissenschaften zu Göttingen 1987. Göttingen 1988, S. 56–66, Zitat S. 64

202 A. Beckermann: *Analytische Philosophie des Geistes*. Berlin: De Gruyter, 1999

Geistes ist, wenn man sie naturgeschichtlich-kosmologisch betrachtet, mit der Erstaunlichlichkeit verknüpft, dass ein materielles Universum aus „blinder Notwendigkeit" (Newton) nach 14,7 Milliarden Jahren das Denken hervorgebracht hat, und geisteswissenschaftlich gesehen besteht die noch offene Frage darin, warum die abstrakten Denkentwürfe des Verstandes, speziell der Mathematik, so außerordentlich treffend auf die Welt passen. Hier ist Scharfsinn und nicht Erzählkunst gefragt.

XI. Illusionen

Lange Zeit haben sich Philosophen, Kulturtheoretiker und andere selbsternannte Verwalter des menschlichen Geistes gegen die reduktionistischen Tendenzen der Naturwissenschaften gewehrt und vielfältige Versuche entwickelt, den Menschen in seinen höheren mentalen Funktionen des Geistes und der Emotionen aus dem Naturzusammenhang herauszuhalten. Dies geschah, indem sie dualistische oder gar mehrstufige pluralistische Ontologien konstruierten, wodurch Gefühle und geistige Aktivitäten als autonome Schichten der Realität geführt werden konnten, die nicht auf einen physischen Träger angewiesen sind. Descartes Trennung von res cogitans und res extensa gehört hierher genauso wie Kants mundus sensibilis und mundus intelligibilis. In wachsendem Maße etablierten sich jedoch naturwissenschaftliche Disziplinen, die diese scheinbar autonomen Ebenen des Geistes an das natürliche Substrat anbanden und in vielen Fällen sogar darauf zurückführen konnten.

Heute verstärkt sich der Eindruck, dass all diese pluralistischen Ontologien, die die historische Aufgabe hatten, den Menschen mindestens in einigen Teilfunktionen von dem Kontext Natur zu separieren, *metaphysische Illusionen* darstellen, die einem dringenden Sinnverlangen entsprachen, aber unter dem Druck der wissenschaftlichen Faktizität nicht zu halten sind.[203] In den metatheoretischen Deutungen der Naturwissenschaft kommt dieser Pluralismus heute allenfalls noch als systemtheoretische Vielfalt einer strukturalen Schichtverfassung alles Lebendigen vor[204], d. h. man denkt in einer Vielfalt von hierarchischen *Strukturen*, aber nicht in einer Mannigfaltigkeit von *Substanzen*. Die ernsthafte Debatte findet heute zwischen einem eliminativen Materialismus[205], der alles Seelische als Illusion ansieht,

---

203 H. O. Grüsser und F. Hucho: *Streit um die Seele*. Forschung und Medizin 5 (1990) I, S. 75

204 M. Bunge: From Neuron to Behaviour and Mentation: An Exercise in Levelmanship. In: H. M. Pinsker und W. D. Willis: *Information processing in the Nervous System*. New York: Raven Press, 1980, S. 1–16

205 P. und P. Churchland: *Die Seelenmaschine. Eine philosophische Reise ins Gehirn*. Heidelberg 1997

und einem emergentistischen Pluralismus[206] statt, der das Mentale für real hält, aber doch an bestimmte strukturale Komplexitäten der Materie binden möchte. In eindrucksvoller Weise bemächtigen sich heute neue Disziplinen wie die Psychobiologie auch der geheimsten und intimsten Regungen unseres Gefühlslebens[207]. So ist etwa die richtige Serotoninkonzentration (chemisch: 5-Hydroxytryptamin) für das Wohlfühlen, die Ausgeglichenheit und das Selbstbewusstsein verantwortlich[208], genau jene Stimmungslage, die Demokrit mit Athambie bezeichnet und als erstrebenswerten Seelenzustand angesehen hatte. Den Kritikern erscheint dies zumeist als eine Art des Negierens der phänomenologischen Befunde der Erlebnisdimension. Nun bedeuten aber kausale Erklärungen von emotionalen Zuständen keineswegs eine Leugnung oder ein Wegerklären dieser seelischen Befindlichkeiten, sondern vielmehr eine andersartige Entschlüsselung. Eine psychobiologische Erklärung eines Gefühls ist keineswegs identisch mit der Verteidigung des illusionären Charakters dieser Emotion.

Sehen wir uns das Beispiel der Gefühle etwas genauer an: Nach derzeitigen Vorstellungen entstehen die Gefühle im limbischen System[209], und zwar als Reaktionen auf verschiedene Nervenreize. Vom limbischen System führen Nervenbahnen zum Stirnlappen der Großhirnrinde, wo Gefühle wahrgenommen, sprachlich geformt und gedeutet werden. Diese beiden Regionen beeinflussen den Hypothalamus. Dieser sendet dann Signale aus, die die zu den Gefühlen passenden körperlichen Reaktionen auslösen. Identifizierbare Teile des limbischen Systems sind offenbar der Ort bestimmter Gefühle: Das Septum hat mit Freude zu tun, der Mandelkern, Amygdala, mit Wut und Angst, der Thalamus mit Schmerz. Das euphorische Hochgefühl der Verliebtheit zweier Menschen hängt von den natürlichen Opiaten des Gehirns ab, den Endorphinen. Soziohormone wie etwa die Pheromone steuern die Zuneigung der Partner, ohne dass es den Be-

---

206 M. Bunge: *Das Leib-Seele Problem*. Tübingen: Mohr (Siebeck), 1984

207 M. Rauland: *Chemie der Gefühle*. Stuttgart: Hirzel, 2001

208 M. Rauland: a. a. O. S. 88

209 Lateinisch: limbus = Saum, Rand; das limbische System ist ein phylogenetisch alter Bereich der Großhirnrinde.

troffenen im Geringsten bewusst wird.[210] Der Höhepunkt des Liebeserlebens, der Orgasmus, besteht chemisch aus einem Maximum des Hormons Oxytocin, was den Beteiligten natürlich verborgen bleibt und höchstens im Nachhinein Erstaunen erregt.[211] Das Nichtwissen um die im Verborgenen wirkende chemische „unsichtbare Hand" bezeichnet man nach Garry Schwartz als Paradoxon der Selbstregulierung des Gehirns.[212]

Das Gehirn ist zwar für seine eigene Steuerung verantwortlich, erzeugt seine eigenen Gefühle, Gedanken und Handlungen, besitzt aber dennoch keine direkte Erfahrung von dem Vorgang der Steuerung. Der Mensch erfährt sich selbst nicht als jemand, dessen Organ die Erfahrungen seines Bewusstseins erzeugt. Gerade weil der Erzeugungsprozess von mentalen Phänomenen im Verborgenen erfolgt, wird der Mensch so überrascht, aber auch gekränkt und verstört durch eine neurochemische Erklärung seiner Emotionen. Die dualistische Deutung der Gefühlswelt ist Teil des Alltagsverstandes. Sie drängt sich auf, weil wir die Neurochemie unseres Gehirns selber nicht durchschauen.

Die Philosophen haben sich unwissentlich am Alltagsverstand orientiert, wenn sie rationale Begründungen für dualistische Leib-Seele-Modelle vorgeschlagen haben. Das Konzept von Descartes mit der Zirbeldrüse als Relais zwischen der immateriellen res cogitans und der materiellen res extensa ist der Prototyp aller dualistischen Wechselwirkungsmodelle, die bis heute immer wieder entworfen wurden. Descartes hat sich selbst als Neurologe versucht[213] und ein Hirnfunktionsmodell entworfen, das aber bereits von seinem Zeitgenossen Nicolaus Steno als anatomisch falsch kritisiert wurde. Immanuel Kant bemühte sich als Philosoph, die grundsätzliche,

---

210 K. Grammer: *5alpha-androst-16en-3-alpha-on: a male pheromone.* Ethology and Sociobiology 14 (1993)

211 H. Walter: *Liebe und Lust: Ein intimes Verhältnis und seine neurobiologischen Grundlagen.* In: W. Buschlinger und Ch. Lütge (Hrsg.): Kaltblütig. Philosophie von einem rationalen Standpunkt. Stuttgart: Hirzel, 2003, S. 333–390

212 Vgl. J. M. und R. J. Davidson: *The Psychobiology of Consciousness.* New York: Plenum Press, 1980

213 R. Descartes: *Tractatus de homine.* Übers. von K. E. Rothschuh. Heidelberg: Schneider, 1969

begriffliche Unmöglichkeit der Lokalisation seelischer Funktionen nachzuweisen. Nach Kant kann man den Ort der Seele nicht nach Art der räumlichen Wahrnehmung von materiellen Objekten identifizieren. So schreibt er in einem Kommentar zu einer zeitgenössischen Schrift: „Nun kann die Seele ... sich selbst schlechterdings keinen Ort bestimmen, weil sie sich zu diesem Behufe zum Gegenstand ihrer eigenen äußeren Anschauung machen und sich außer sich selbst versetzen müßte; welches sich widerspricht."[214] Kant dachte also an eine direkte innere Beobachtung der Lokalisation des Selbstes, als er deren metaphysische Unmöglichkeit beweisen wollte. Sein Argument, jeden Versuch, dem Selbst einen neurologischen Ort zuzuweisen, als widersprüchlich aufzuzeigen, hängt letzten Endes an seinem erkenntnistheoretischen Ansatz, dass alle Erkenntnis über die Welt Sinnenerkenntnis sein muss. Die späteren Autoren, die nach lokalisatorischen Zuordnungen der höheren Hirnfunktionen zu bestimmten Großhirnarealen fragten, überschritten diese enge empiristische Bedingung und entwarfen theoretische Hirnmodelle, in denen auch das Selbst einen physiologischen Ort hat. Heute hält der Großteil der Neurophilosophen eine naturalistische Theorie des Geistes durchaus für möglich.[215] Die Lokalisierungstechnik hat durch die Computertomographie einen bedeutsamen Aufschwung erfahren.[216]

Es steht also nicht gut um den Versuch, den Menschen dadurch aufzuwerten, dass man ihm idealistische Dimensionen zuweist, die vom Naturzusammenhang abgehoben sind. Ganz im Gegenteil: Die Wissenschaft nimmt sich nach und nach aller Refugien an, in denen sich noch etwas Außernatürliches versteckt halten könnte. Diese Mähdrescheraktivität, bei der das Kornfeld immer kleiner wird, in dem sich noch Reste von spirituellen Agentien aufhalten könnten, hat der Wissenschaft viele Animositäten eingetragen.

---

214 I. Kant: Nachwort zu S.-Th. Soemmerings Schrift „Über das Organ der Seele" (1976). In: Kant's gesammelte Schriften, hrsg. von der Königlich-Preußischen Akademie der Wissenschaft, Bd. XII. Berlin: de Gruyter, 1922, S. 35

215 Für eine umfassende Übersicht der derzeitigen Diskussion zur Situation vgl. Th. Metzinger: *Bewußtsein. Beiträge aus der Gegenwartsphilosophie*. Paderborn: Mentis, 2005

216 H. Flohr: *Die physiologischen Grundlagen des Bewußtseins*. In: Enzyklopädie der Psychologie Bd. 6. Göttingen: Hogrefe, 2002

Dies betrifft auch alle sogenannten unkonventionellen Verfahren in der Medizin, ein Bereich, in dem sich heute ein spiritualistisches Naturverständnis hartnäckig hält, ja trotz aller Aufklärungsarbeit der Wissenschaft stetig im Wachsen begriffen ist. Die moderne Medizin hat alle ihre Erfolge unter naturalistischen Grundannahmen erzielt. Hans Eberhard Bock fasst die Voraussetzungen heutiger Krankheitsforschung kompakt zusammen:

> *„Der Mensch ist ein Stück Natur und ihrer Evolution, die bis in die Gehirnwindungen noch heute im Gang ist. Es ist nicht nur Heuristik und Theorie, Krankheiten als ‚Experimenta naturae' anzusehen, zu hinterfragen und zu beforschen. Wie in der Wissenschaft üblich, bedient man sich zur Analyse komplizierter Zusammenhänge einer reduktionistischen Untersuchungsanordnung, die wohlüberlegt die jeweils störenden Faktoren ausschaltet. Dazu braucht man das Experiment auf allen Stufen der hierarchischen Funktionsordnung. Die so gewonnene Wesenserkenntnis von Krankheits- und Heilungsvorgängen und die darauf aufbauende Korrespondenz von Pathophysiologie und Therapie eröffnen den Königsweg zum Erfolg.“*[217]

Damit ist die Einbettung des Menschen in den Gegenstandsbereich der Naturwissenschaft auch in Bezug auf Aitiologie, Erklärung und Therapie des Phänomens Krankheit ausgesprochen. Selbstredend ist diese Erkenntnis nicht neu, aber angesichts der geradezu unheimlich anwachsenden Akzeptanz und Praxis von spiritualistischen, paramedizinischen Praktiken[218] ist es doch wichtig, sich noch einmal zu vergewissern, dass all diese zumeist nutzlosen bis schädlichen Therapien auf einer magischen Weltanschauung beruhen, die die Existenz übersinnlicher Mächte in Anspruch nimmt. Damit wird wieder einmal deutlich, dass Spiritualismus und Supernaturalismus nicht handlungsneutrale Deutungsschemata der Welt darstellen, sondern eine enorme Valenz für die Gestaltung des Lebens besitzen. Die praktische Relevanz der spiritualistischen Alternativmedizinen wird dann

217 H.-E. Bock: *Geleitwort.* In: I. Oepen (Hrsg.): Unkonventionelle medizinische Verfahren. Stuttgart: G. Fischer, 1993, S. XII

218 Vgl. K. Menzel: *Aberglaube in der Heilkunde.* In: I. Oepen: a. a. O. S. 17

besonders deutlich, wenn wichtige lebensrettende Therapien der wissenschaftlichen Medizin durch das ungerechtfertigte Vertrauen in diese Alternativen versäumt werden. Hier kann die Differenz von naturalistischer und spiritualistischer Weltdeutung zu einer Sache von Leben und Tod werden.

Sinn und Bedeutung des menschlichen Daseins wurden sehr oft nicht nur mit einem ideellen Personkern assoziiert, sondern auch mit dem *Wertaspekt* des menschlichen Daseins. Im Unterschied zu allen anderen Lebewesen wurde der Mensch gedacht als jemand, der Werte schafft, pflegt und erhält, der Normen aufstellt und sie befolgt oder übertritt. Aber auch in dieser Hinsicht, also in Bezug auf seine Wertvorstellungen, bereitet die Wissenschaft den Menschen Sinnverluste und Demütigungen. Hinter den primären hohen ethischen Zielen der Selbstlosigkeit finden die Soziobiologen den langzeitlichen Egoismus der Gene wieder, der eine Optimierung unserer Überlebenschancen darstellt. Der Eigennutz genießt in der offiziellen Werteskala kein hohes Ansehen. Dem Menschen wird nur in Bezug auf sehr elementare lebenserhaltende Funktionen egoistisches Verhalten zugestanden, obwohl die *Selbstsorge*, das Verwalten des eigenen Ich, auch nach Aristoteles die Voraussetzung für die Solidarität mit der Gemeinschaft ist.[219] In der Öffentlichkeit wird diese Einstellung selten zugestanden, und die Biologen können sogar eine strategische Erklärung dafür liefern, dass die Menschen ihre Werteskala so verdeckt halten. Wir sind erfolgreicher, wenn wir niemanden merken lassen, dass wir Egoisten sind, ja, es ist sogar noch besser, wenn wir selber davon gar nichts wissen. „Unser Egoismus ist erfolgreicher, wenn wir der festen Überzeugung sind, selbstlos zu handeln – überzeugt unsere Überzeugung so doch auch andere.“[220] Wenn der Eigennutz des Handelnden ihm selber und der involvierten Umgebung verborgen bleibt, wirkt das moralische Pathos der guten Tat als Verstärker. Die Vorstellung, dass jemand das absolut, also unbedingt Gute gewollt hat, ohne irgend-

---

219 So meint Aristoteles mit entwaffnender Direktheit: „Jeder ist sich selbst der beste Freund und darum soll man sich selbst am meisten lieben.“ (*Nikomachische Ethik* 9, 1168b, 5–10) Der Begriff der Selbstsorge war im Kontext der antiken Glücksethik eine akzeptierte ethische Kategorie. Man war davon überzeugt, dass nur derjenige ein akzeptables Mitglied der Polis sein konnte, der nicht mit sich selbst zerfallen war.

220 V. Sommer: *Lob der Lüge*. a. a. O. S. 169

einen selbstdienlichen Hintergedanken, verschafft dem Handelnden einen überlegenen sozialen Status, und falls ein Zeitgenosse verborgene Intentionen und ein verstecktes Nutzenkalkül aufdeckt, wird er zumeist als störender Spielverderber empfunden. So gilt es als ausgesprochen unschicklich, hinter Mutter Teresas Einsatz für die Armen in Kalkutta verborgene Steuergrößen zu entdecken.[221]

Die Entschlüsselung der moralischen Werte des altruistischen Handelns als verborgenen genetischen Eigennutz liefert eine weitere Eingemeindung eines abstrakten Ideals in einen Naturzusammenhang. Was vordem Ergebnis der Ideation, der Tätigkeit eines reinen Vernunftwesens war, wird zum Naturprozess. Dem Platonismus der Werte geht es nicht gut in dieser Perspektive. Je stärker das Erklärungsangebot von Seiten der Wissenschaft wird, desto unplausibler wird die Existenz eines Wertehimmels. Methodisch gesehen handelt es sich um einen Hypothesenvergleich: Kann eine idealistische Werttheorie noch akzeptierbar sein, wenn auf der anderen Seite ein detaillierter Aufweis überlebensdienlicher Vorteile steht, eine Hypothese, die ontologisch sparsamer und empirisch besser kontrollierbar ist? Jedenfalls muss eine evolutionäre Werttheorie nicht mit dem epistemologischen Einwand kämpfen, dass diese idealen Gegenstände von einem materialen Gehirn gar nicht erfasst werden können. Als neuronale Engramme sind stammesgeschichtliche Prägungen Strukturen im genetischen Substrat und als solche auf derselben Ebene angesiedelt wie das Gehirn selber. Die Kausalstruktur der Werte ist auf dieser Grundlage unproblematisch.

Sogar der Vernunft selbst, traditionell als die fast uneinnehmbare Festung der idealistischen Philosophie angesehen, hat sich die Wissenschaft angenommen. Sie verwendet die Vernunft nun nicht nur, um die Welt und ihre Erscheinungsformen zu verstehen, sie versucht auch zu erklären, wie das Vermögen der Kognition als Produkt der Natur zustande gekommen ist, etwas metaphysischer formuliert, wie aus einer geistlosen, unerkannten Welt ein Universum mit epistemi-

221 „Mutter Teresa ist ein außergewöhnlicher Mensch, aber man sollte nicht vergessen, daß sie aus dem Dienst an Christus und dem Wissen von der Unsterblichkeit ihrer Kirche ihre Zuversicht bezieht." (E. O. Wilson: *Biologie als Schicksal*. Frankfurt/M.: Ullstein, 1980, S. 157)

schen Untersystemen geworden ist. Die theoretische Analyse der Vernunft hat eine horizontale und eine vertikale Dimension. Horizontal rekonstruieren die Informatiker, also die Mathematiker, das Denken im Computermodell des Gehirns. Danach ergibt sich dieses als ein biologisches, neuronales Netz, zwar mit erstaunlichen schöpferischen Fähigkeiten, aber auch mit sichtbaren Begrenzungen in der Theoriebildungsfähigkeit. Die Menschen besitzen phylogenetisch begrenzte Theorieräume; wir können aufgrund des ererbten neuronalen Bauplanes unseres Gehirns nur bestimmte theoretische Abstraktionen vornehmen. Deshalb befürworten Neuroinformatiker die Konstruktion technischer, neuronaler Netze, um z. B. jene globalen ökologischen Probleme in den Griff zu bekommen, die der Mensch zwar noch hervorbringen, aber nicht mehr lösen kann.[222]

Sicherlich gehört die Einsicht, dass die menschliche Vernunft eine kontingente, historisch gewachsene, nicht beliebig in der Leistung zu steigernde, biologische Hardware besitzt, in die Linie der Freud'schen Kränkungen, die nun auch die Zufälligkeit unseres Kognitionsvermögens kennzeichnet und damit zur Sinnreduktion beiträgt. Man kann allerdings darin einen gewissen Trost sehen, dass der Mensch im Prinzip neuronale Netze bauen kann, die ihn in seiner Leistungsfähigkeit übertreffen. Diese Möglichkeit lässt sich optimistisch deuten, im Sinne eines verlängerten Armes der menschlichen Intelligenz, oder aber auch pessimistisch, insofern Gedankentätigkeit ab einem bestimmten Komplexitätsgrade an leistungsfähigere „Denkzeuge" abgetreten werden muss. John D. Barrow und Frank Tipler haben diesen Gedanken spekulativ fortgedacht und das *finale anthropische Prinzip* formuliert, wonach ein Bewusstsein, das einmal in einem Universum entstanden ist, niemals ausstirbt.[223] Dazu müssen die beiden den Geist allerdings von seinem speziellen biologischen Trägersubstrat trennen und annehmen, dass Ideen auch auf völlig anderen Medien florieren und sich entwickeln können. Im Falle des finalen anthropischen Prinzips übernehmen Computer die Funktion des neuen Trägers. Ihnen

---

222 R. Eckmiller: *Interaktion menschlicher und technischer neuronaler Netze zur globalen Zukunftsvorsorge. Eine extraterrestrische Perspektive.* In: O. Molden (Hrsg.): Europäisches Forum Alpbach, 1991

223 J. D. Barrow und F. Tipler: *The Anthropic Cosmological Principle.* a. a. O. Kap. 10

werden nach dieser Spekulation mit der Zeit die menschlichen Ideen übergeben, aber auch das Wissen um den Computerbau, damit sie neue Generationen von leistungsfähigeren Systemen künstlicher Intelligenz entwickeln können. Damit soll nicht nur unser kulturelles Erbe bewahrt bleiben, sondern die kommenden höheren Denkformen erhalten den Auftrag, den Weltraum zu kolonisieren und nach und nach völlig zu erfüllen.[224] So anheimelnd der Gedanke des Schutzes und der Obhut unserer Ideen durch künftige Systeme artifizieller Intelligenz auch sein mag, ist doch Skepsis angebracht.

Angesichts der Fragilität der menschlichen Existenz auf diesem Planeten und in Hinblick auf die ökologischen Probleme, denen unsere Spezies ausgesetzt ist, erscheint das finale anthropische Prinzip überzogen optimistisch zu sein. Es ist schon mehr als fragwürdig, ob die Menschheit den derzeitigen Engpass ihrer Entwicklung überwinden kann und ob das Ernährungsproblem für die Weltbevölkerung lösbar sein wird. Noch mehr muss man zweifeln, ob die Zeit reicht, um die kosmischen Computer wirklich auf den Weg in den Weltraum zu bringen. Abgesehen von der zweifelhaften technischen Durchführbarkeit dieser Utopie steckt hinter diesem finalen anthropischen Prinzip wiederum das alte Denkmuster, wonach man sich mit einer peripheren Rolle, einer Durchgangssituation in der kosmologischen Entwicklung nicht bescheiden will. Die Computer sollen in einer Art von intellektuellem Gewaltakt das Universum füllen und dem menschlichen Geist zur perennierenden Existenz verhelfen. Auch normative Skepsis ist angebracht. Immerhin hat unsere Art nicht nur bewundernswerte Kulturleistungen hervorgebracht, sie hat auch ein nicht unbeträchtliches Aggressionspotential in ihrem Bio-

224 Vor einiger Zeit hat Frank Tipler den Gedanken der eschatologischen Unsterblichkeit weiter ausgebaut in seinem Werk *Die Physik der Unsterblichkeit. Moderne Kosmologie, Gott und die Auferstehung der Toten*. München: Piper, 1994. Jüngst hat Tipler noch einmal nachgelegt und in seinem Buch *The Physics of Christianity* (Doubleday 2007) auf dem Wege von spekulativen Identifikationen den gesamten metaphysischen Überbau der christlichen Religion versucht physikalisch zu rechtfertigen. Es erübrigt sich zu zeigen, dass solche Verknüpfungen, bei denen etwa die kosmische Anfangssingularität mit dem personalen Urheber alles Seienden gleichgesetzt wird, willkürlich sind und semantische Ad-hoc-Äquivalenzen bilden, die man jederzeit durch andere ersetzen könnte. Somit sind Tiplers Analogien auf der intellektuellen Ebene von Bobby Hendersons Fliegendem Spaghettimonster angesiedelt, mit dem der Autor die Intelligent-Design-Idee ad absurdum führte. (B. Henderson: *Das Evangelium des Fliegenden Spaghettimonsters*. Manhattan Verlag 2007)

programm gespeichert, einen Hang zur Indoktrination, heftige Xenophobien, wenig Liberalität und Toleranz in ideologischer Hinsicht, wie die Phänomene der Inquisition, der Rassenverfolgungen und der kolonialen Ausbeutung anderer Völkerschaften überdeutlich belegen. In Hinblick auf diese zerstörerische Tätigkeit des Menschen auf diesem Planeten muss man, wenn man unserem Universum alles Gute wünscht, wohl eher hoffen, dass das Wunschdenken von Barrow und Tipler nicht in Erfüllung geht. Wenn schon das Universum mit intelligentem Leben angefüllt werden soll, dann wäre es besser, wenn diese geistige Kolonisierung von einem anderen Stern ausgeht.[225]

Wir haben eben von einer horizontalen und einer vertikalen Analyserichtung der Vernunft gesprochen. Die vertikale Dimension der wissenschaftlichen Analyse der Vernunft besteht darin, sie *diachron* zu betrachten, d.h. durch die Zeiten; genauer durch die kosmischen Zeiten, die seit der endlichen Vergangenheit des Universums verflossen sind. In dieser Perspektive stehen wir vor einem schwer zu erklärenden kontingenten Element der Natur: Wie kann man verstehen, dass wir zum gegenwärtigen, durch nichts besonders ausgezeichneten Punkt der kosmischen Zeit einen so überraschend hohen Erfolg der Naturbeschreibung zu verzeichnen haben? Die Komplexitäts- und Chaostheoretiker haben die Frage ins Visier genommen, warum dieses spezielle Gehirn gerade heute in der Lage sein soll, die fundamentalen Gesetze der Natur zu erfassen. Man würde meinen, dass irgendeine erkennbare Schwelle beim Wachstum der Intelligenz überschritten werden muss, damit der Verstand zur Erfassung der Grundgesetze ausreicht. Es sieht ja gegenwärtig so aus, als ob eine

---

225 Auch vom Standpunkt der traditionellen christlichen Metaphysik können die Theologen keine besondere Freude mit der Physikalisierung der metaphysischen Grundsätze haben, worauf auch Jesús Mosterín in seiner Analyse nochmals eindringlich hingewiesen hat: „La tradicional imagen teológica de Dios es la de un monarca absoluto y omnipotente, que puede satisfacer de un modo directo e inmediato cualquiera de sus deseos. La visión ‚antropica' degradaría a Dios al papel de mero monarca constitucional, obligado a aceptar los límites de una constitución (las leyes de la física y el modelo cosmológico estándar) que él no puede cambiar, y reducido su poder a la mera especificación de algunos detalles de su aplicación." (J. Mosterín: *Examen del principio antrópico en cosmología*. In: Homenaje a Roberto Torretti. Diálogos XXXVII, 79, 2002, S. 233) Entgegen dem biblischen Bericht müsste man zur Auffassung kommen, dass nun Gott gezwungen war, den langen Umweg der Feinabstimmung der Parameter zu gehen, um zu garantieren, dass irgendwann in einer verlorenen Ecke des Universums sich seine Wünsche der Entstehung des Menschen erfüllen.

einheitliche Theorie aller Kräfte, eine sogenannte „theory of everything“ (TOE) wirklich in Reichweite wäre. Die Diskussion ist sicher nicht abgeschlossen, aber nehmen wir einmal an, wir fänden die TOE tatsächlich – wie ist es nun denkbar, dass ein zwar sehr leistungsfähiger, aber materiell gesehen doch verschwindender Teil des Universums, nämlich unser Gehirn, in der Lage ist, den Grundalgorithmus des Universums zu erfassen? Es sieht fast so aus, als ob hier eine Synchronizität oder ein noch unbekannter Passungscharakter vorliegt, eine Art prästabilierte Harmonie von erkennendem und erkanntem System, die wir momentan noch nicht verstehen.

Doch auch hier gibt es erste Vermutungen. Die Erkennbarkeit der Welt in Gesetzesform – heute von den Komplexitätstheoretikern als *algorithmische Kompressibilität* gefasst – durch ein historisch gewachsenes cerebrales Subsystem wird selber zum Gegenstand von Erklärungsversuchen.[226] Diese Überlegungen führen tief in mathematisch anspruchsvolle Theorien der Quantenkosmologie hinein, die den Rahmen dieser Darstellung überschreiten würden. Für uns besitzt die Tatsache Bedeutung, dass selbst diese erstaunliche Übereinstimmung zwischen einer durch mathematische Algorithmen (Gesetze) fassbaren Welt und einem mit endlicher Denkkapazität ausgestatteten biologischen neuronalen Netz Gegenstand wissenschaftlicher Erklärung werden kann.[227] Solche weitgreifenden Theorieansätze stützen eine Behauptung von David Hilbert, die dieser schon 1930 ausgesprochen hat, wonach es überhaupt keine unlösbaren Probleme gibt.[228]

Dem metamathematisch geschulten Leser fallen an dieser Stelle sicher die beiden Unvollständigkeitstheoreme von Kurt Gödel ein, wonach erstens eine Theorie, die die elementare Arithmetik umfasst, nicht zugleich widerspruchsfrei, vollständig und finit axiomatisierbar sein kann und zweitens, falls sie widerspruchsfrei ist, diese Konsistenz nicht mit den Mitteln des Systems gezeigt werden kann. Man

---

226 P. C. W. Davies: *Why is the physical world so comprehensible?* In: H. Zurek (Hrsg.): Complexity, entropy, and the physics of information. Redwood City: Edison Westly Publishing Comp., 1990, S. 61–70

227 Für eine Vertiefung vgl. B. Kanitscheider: *Von der mechanistischen Welt zum kreativen Universum. Zu einem neuen philosophischen Verständnis der Natur*. Darmstadt: Wissenschaftliche Buchgesellschaft, 1993

228 D. Hilbert: *Naturerkennen und Logik*. Naturwissenschaften 18 (1930), S. 959–963

kann aber – und diesen Weg ist auch Hilbert dann gegangen – ebenso die Unentscheidbarkeit in den Begriff der Lösbarkeit aufnehmen und argumentieren, dass ein Problem dann und nur dann gelöst ist, wenn sich der entsprechende Satz als wahr, falsch oder unentscheidbar erwiesen hat.[229] In gleicher Weise kann man mit den Argumenten der Algorithmischen Informationstheorie umgehen, mittels derer man die Rechen-Irreduzibilität von „eleganten" Programmen beweist, wobei ein Computerprogramm elegant ist, wenn es kein kürzeres Programm in derselben Sprache gibt, das die gleiche Ausgabe liefert.[230] Auch die mathematische Tatsache, dass die Eleganz eines Programms nicht mehr bewiesen werden kann, ist ein Resultat im Sinne des obigen Hilbert'schen Prinzips.

Die Vermutung, dass in diesem Sinne überhaupt kein grundsätzlich analyseresistentes Phänomen in der Natur vorhanden ist, nennt man *Szientismus.* Es ist die bis jetzt hoch bewährte philosophische Hypothese, dass es im ganzen Universum keine Erscheinung gibt, die gegenüber jeglicher Erklärung absolut widerspenstig ist. Man kann es nicht logisch ausschließen, dass einmal eine völlig gesetzlose Tatsache oder ein für endliche Vernunftwesen theoretisch undurchdringliches Phänomen auftauchen wird, aber bis heute spricht nichts dafür. An den Rändern des Universums und im Bereich der Elementarbausteine der Materie wurden immer wieder rätselhafte Objekte entdeckt, aber binnen kurzem hatten sich die Astrophysiker bzw. Elementarteilchentheoretiker ein theoretisches Modell dazu einfallen lassen. Man kann heute sagen, dass es in der Natur kein Phänomen gibt, dem die Wissenschaft völlig hilflos gegenübersteht. Nicht alles oder sogar relativ wenig kann quantitativ exakt durchgerechnet werden, aber eine qualitative Einordnung in einen theoretischen Rahmen ist bisher immer gelungen.

---

229 H. Meschkowski hat diesem Hilbert'schen Axiom die Fassung gegeben: „Jedes mathematische Problem ist einer strengen Erledigung fähig; diese Erledigung kann auch darin bestehen, dass die Unmöglichkeit seiner Lösung und damit die Notwendigkeit des Misslingens aller Versuche dargetan wird." (H. Meschkowski: *Richtigkeit und Wahrheit in der Mathematik*. Zürich: BI, 1978, S. 73)

230 Für ein solches Programm gilt Chaitins Hauptsatz: „You cannot prove that a program is elegant if its size is substantially larger than the size of the algorithm for generating all the theorems in your theory. (G. Chaitin: *Two philosophical applications of algorithmic information theory*. In: C. S. Calude et al. (Hrsg.): Proc. DMTCS 03 Springer Lecture Notes in Computer Science, Vol. 2731)

Die Philosophiegeschichte ist allerdings voll von Vermutungen über bestimmte vom Naturzusammenhang ausgenommene und daher mit den wissenschaftlichen Methoden nicht analysierbare Phänomene. Noch im Jahre 1927 hat Max Scheler den Wesensunterschied von Mensch und Tier und damit die Sonderstellung des Menschen durch das Prinzip des Geistes begründet.[231] In seiner Sicht hat dieses Vermögen nichts mit Intelligenz oder Wahlfähigkeit zu tun, es ist keine Steigerung der vom Tierreich her angelegten Fähigkeiten, sondern steht außerhalb alles dessen, was „Leben" ist.

Das Wesen des Geistes liegt nach Scheler[232] in seiner *existentiellen Entbundenheit* vom Organischen, seiner Freiheit, Ablösbarkeit von dem Bann, von dem Druck, vom „Leben" und allem, was zum Leben gehört – also auch von seiner eigenen triebhaften „Intelligenz".

Wenn Scheler recht hätte, wäre der Geist ein Phänomen, das außerhalb jeder empirischen Wissenschaft stünde, unerforschbar, unerkennbar und in seiner Wirkung auf das menschliche Handeln auch nicht verstehbar, damit eine Widerlegungsinstanz des Szientismus.

Die Befunde aus der Neurologie und die logische Analyse innerhalb der analytischen Philosophie des Geistes jedoch legen nahe, dass Scheler einer Chimäre nachgegangen ist. Die einzige beobachtbare Funktion des Geistes, die er angibt, ist die sogenannte „Weltoffenheit", d.h. die freie, vom Personenzentrum ausgehende Hemmung oder Enthemmung eines Triebimpulses und die Einstellung der Person zu einem Gegenstand.

Derartige mentale Prozesse können heute in ihren physiologischen Korrelationen rekonstruiert werden.[233] Bis jetzt ist keine mentale Funktion gefunden worden, die unbetroffen von physikochemischen Einflüssen wäre. Gerade die medizinischen Befunde bei Gehirn-Läsionen, die geistigen Störungen bei ungleichgewichtigen Verteilungen der Neurotransmittersubstanzen – wir haben eben schon auf die lebenswichtige Rolle des Serotonins hingewiesen – sowie bei seniler Demenz zeigen, „daß der menschliche Geist Stück für

231 Max Scheler: *Die Stellung des Menschen im Kosmos*. Darmstadt 1928

232 M. Scheler: a.a.O. S. 38

233 M. Bunge: *Das Leib-Seele-Problem. Ein psychobiologischer Versuch*. Tübingen: J. C. B. Mohr, 1984

Stück sterben kann", wie sich der Neurologe Kornhuber ausgedrückt hat.[234]

Max Scheler ist zweifellos einer metaphysischen Illusion oder wenn man will einer Suggestion der Alltagspsychologie erlegen. Es gibt keinen positiven Hinweis, weder von der Theorie noch von der Empirie, dass jenes angeblich die Sonderstellung des Menschen definierende platonische Geistsubstrat existiert, das, vom organischen Träger völlig entkoppelt, dennoch im Menschen wirkt. Gerade ein solcher asymmetrischer Wirkzusammenhang, wonach der Geist die Handlungen der Menschen leiten soll, aber selber keine Veränderungen von der Materie erfährt, macht eine solche Entität philosophisch suspekt. Natürlich war der von Scheler intendierte, vom Naturzusammenhang exempte Geist auch als Brennpunkt einer Sinngebung gedacht, als ein Wesen, das vom Fluss der Vergänglichkeit nicht betroffen sein sollte. Wenn der Mensch Teil hat an etwas, das die Zeiten überdauert – so war vermutlich seine Intention –, dann kann er sich auch an dieses Moment halten und sich daran orientieren.[235]

Indem also die Wissenschaft die Zugehörigkeit des Menschen zur Welt immer stärker aufdeckt, mehr und mehr alle seine Spezifika als Facetten der Natur entschlüsselt, destruiert sie nicht nur metaphysische Illusionen, sondern sie kommt auch mit den Sonderstellungsvorstellungen der abendländischen Hochreligionen in Konflikt. Mit dem weichenden Horizont der Astronomie wird es immer unplausibler, dass jene 10^{11} Galaxien mit je 10^{11} Sternen, die allein das beobachtbare Universum ausmachen, ihr Ziel, ihren Sinn und ihre Erfüllung

---

234 H. Kornhuber: *Geist und Freiheit als biologische Probleme*: In: Die Psychologie des 20. Jahrhunderts. Zürich 1978, Bd. 6, S. 1112–1130

235 Die einzige Möglichkeit, beim gegenwärtigen Stand der Wissenschaft ein einschlägiges Element in der Natur zu finden, das nicht vergänglich ist, besteht darin, von der Anwendbarkeit der Mathematik ausgehend zu vermuten, dass die Natur eine intrinsische abstrakte formale Struktur besitzt. Dies lässt sich bewerkstelligen durch das sogenannte Unvermeidlichkeitsargument von Quine und Putnam. Die Unentbehrlichkeit der Mathematik in der Naturbeschreibung liefert uns einen guten Grund, an die Existenz mathematischer Entitäten zu glauben. Da die Quantoren der erfolgreichen Theorien sowohl über konkrete als auch abstrakte Entitäten wie Mengen, Funktionen und Algebren laufen, wäre es eine einseitige Parteinahme für die physikalischen Entitäten wie Elektronen, Wellen und Felder, wenn man nur diese für real hielte, da beide Klassen von Entitäten in gleicher Weise in ihrer Existenz von dem Erfolg der Theorien gestützt werden. Wie Penelope Maddy gezeigt hat, lässt sich jedoch auch diese intrinsische Existenz formaler Strukturen naturalismuskompatibel formulieren. (P. Maddy: *Naturalism in Mathematics*. Oxford: Clarendon, 2000, S. 161)

darin finden, auf dem dritten Planeten eines ihrer Mittelklassehauptreihensterne eine bestimmte Art von Leben hervorzubringen. Diese Vorstellung empfindet man bei dem heutigen astronomischen Wissen höchstens noch als Hybris.

Psychologisch gesehen ist der Anthropozentrismus das Resultat einer übergroßen Nähe des Menschen zu sich selbst. Die Naturwissenschaft betrachtet die Besonderheiten des Menschen schrittweise aus immer weiterer Ferne. Der Primatologe, der Zoologe, der Astrophysiker, der Systemtheoretiker, sie alle betrachten den Menschen wie mit umgedrehten Fernrohren und ordnen ihn als Element der natürlichen Realität ein. Dabei verschwinden die Besonderheiten des Menschen nicht, sondern sie erhalten einen zufälligen, durch die Randbedingungen seiner Entstehung hervorgebrachten Charakter. Die Wissenschaft kehrt dabei eine intellektuelle Entwicklung um, die vermutlich ihren Ausgang nahm, als der Mensch seiner begrenzten Lebenszeit gewahr wurde. Das Faktum des irreversiblen Todes, das Missverhältnis von Lebenszeit zur Zeitskala der natürlichen Umgebung sowie die Tatsache, dass unsere kurze Anwesenheit in der Welt nur minimale Spuren hinterlässt bzw. von den Nachfahren alsbald vergessen wird, hat kompensatorische Ausgleichsentwürfe in Gang gesetzt. Die Menschen wollten sich mit diesem Bedeutungsverlust nicht abfinden, den geringen Wert ihrer Existenz nicht anerkennen. Zu diesem Zweck haben sie religiöse und metaphysische Sinnmodelle entworfen. Um der Herausforderung eines sinnleeren Universums zu begegnen, machten sich Propheten, Philosophen, ja sogar sensible Wissenschaftler auf die Suche nach Fernpunkten der Orientierung. Sie alle bemühten sich bis zum heutigen Tag an der Konstruktion eines objektiven Sinnes als Leitvorstellung, aber, wie man konstatieren muss, immer unter Überschreitung des empirisch kontrollierbaren Wissens. Es waren immer Setzungen ohne Verankerung in Phänomenen oder in Konsequenzen kontrollierbarer Theorien.

In den Gedanken jener Philosophen, die von hoher intellektueller Redlichkeit beseelt waren, hat die Auseinandersetzung zwischen metaphysischem Sinnverlangen und rationalem Wissen dramatische Formen angenommen. Ein spanischer Denker, der sehr darunter gelitten hat, dass die Ergebnisse der Verstandestätigkeit nicht mit den existenziellen Erfordernissen des Gemütes in Einklang zu bringen sind, war Miguel de Unamuno. In seinem Hauptwerk über das tragische Lebensgefühl drückt er den Zwiespalt explizit aus: „El más trágico problema de la filosofía es el de conciliar las necesidades intelectuales con las necesidades afectivos y con las volitivas“[236], d. h. die Spannungen zwischen den Forderungen der Vernunft und den Wünschen des Gemütes bringen die philosophische Tragik mit sich. Für Unamuno war vor allem die Vorstellung der persönlichen Sterblichkeit, wie sie sich schon aus der Wissenschaft seiner Zeit ergab, unerträglich. Das Wissen um den Untergang des personalen Bewusstseins mit dem Zerfall des neurobiologischen Trägersubstrates stand für ihn in unaushaltbarer Spannung mit dem „hambre de inmortalidad“, der Sehnsucht nach persönlicher Unsterblichkeit.

Im Antagonismus von wissenschaftlicher Rationalität und metaphysischer Wunschvorstellung sind viele Menschen dazu geführt worden, den wissenschaftsinhärenten Naturalismus zu überschreiten. Es sieht fast so aus, als ob die Naturanlage des Menschen eine Prädisposition zur Metaphysik besitzt, welche ihn immer wieder veranlasst, in Richtung auf Transzendenz auszugreifen, auch wenn die rationale Reflexion wenig gute Gründe dafür zu Tage fördert. Biologen vermuten sogar eine genetische Disposition für die Bereitschaft, sich indoktrinieren zu lassen, d. h. Sätze für wahr zu halten, die die Realität verzerren und für die kein positives Argument spricht. Sie meinen, dass es sich um eine neurologisch begründete Lernbereitschaft handelt, die sich durch Auslese von miteinander konkurrierenden Stämmen entwickelte.[237]

Sollte das der Fall sein, dann wird auch in Zukunft die Menschheit von Vorstellungen supernaturalistischer Welten und Wanderungen der Seele in ein Jenseits fasziniert bleiben. Die Logotaxis, die natürliche Orientierung des Menschen in Richtung auf kontrolliertes Wissen, wie sie Aristoteles im ersten Satz seiner Metaphysik idealiter beschworen hat, bleibt dann eine Illusion.

---

236 M. de Unamuno: *Del sentimiento trágico de la vida*. Hrsg. von Antonio M. López Molina. Madrid: Editorial Biblioteca Nueva, 1999, Kap. III, S. 103.

237 E. O. Wilson: *Religion – eine List der Gene*. In: E. Dahl (Hrsg.): Brauchen wir Gott? Moderne Texte zur Religionskritik. Stuttgart: Hirzel, 2005, S. 43–61

Die biologische Vermutung erklärt auch, warum eine mehr als 200 Jahre lang agierende intellektuelle Bewegung wie die Aufklärung in ihrer Breitenwirkung nicht so effizient war, wie man es von der Argumentationsstärke her eigentlich erwarten müsste, und warum eine große Zahl von Menschen immer noch irrationalen esoterischen Ideologien anhängt.

Diese Beurteilung mag etwas hart erscheinen angesichts des doch gezähmten Einflusses der Religionen und ihres Konfliktpotentials, zumindest im europäischen Kulturraum. Dennoch entsprechen Säkularisierung und Laisierung zwar weitgehend dem konstitutionellen Rahmen der westlichen Staaten, jedoch keineswegs der Gemütsverfassung der durchschnittlichen Bürger, unter welchen immer wieder der Wunsch nach Bindung und Stützung und einem objektiven Werterahmen laut wird.[238] Man möchte eine offizielle Untermauerung für die eigenen Wertintuitionen, weil man sich der persönlichen normativen Evidenzen zu wenig sicher ist. Deshalb taucht auch im politischen Bereich der Ruf nach Wertevorgaben auf und nach institutionalisierten Rahmenrichtlinien, die eine solche Unsicherheit beseitigen. Die akademische Ethik kann jedoch die gewünschte objektive Verankerung normativer Axiome nicht liefern. Im präskriptiven Bereich gibt es das Analogon zur deskriptiven Objektivität und Bewährung der faktischen Aussagen einfach nicht.

Nur wenige sind so ehrlich wie Unamuno, den Konflikt offenzulegen. Die meisten versuchen, sich über die Logik der Situation hinwegzutäuschen. Niemand hat die methodische Unredlichkeit und das Sicherheitsbedürfnis der Menschen auf dem Weltanschauungssektor treffender kritisiert als Sigmund Freud.[239] Als Wurzeln der religiösen Sinnentwürfe entschlüsselt er die existentielle Not des Menschen. Der Mensch ängstigt sich vor den Gefahren des Lebens, aber das gütige Walten einer *göttlichen Vorsehung* beschwichtigt ihn. Im Lebenslauf

238 Wenn politische Entscheidungen anstehen, mit denen die Trennung von Religion und Staat weiter vorangetrieben werden könnte, hört man immer wieder Forderungen, wonach die Politik stärker wertorientiert agieren sollte. Auf Nachfrage, welche Werte denn realisiert werden sollen, treten immer jene zu Tage, die in bestimmten Weltanschauungsgruppen für evident gehalten werden, wobei die Natur dieser Evidenzen im Dunkeln bleibt.

239 S. Freud: *Die Zukunft einer Illusion*. In: S. Freud: Gesammelte Werke, Bd. 14, Werke aus den Jahren 1925–1931. Frankfurt/M.: Fischer, 1963, S. 325–380

werden Glück und Unglück zufällig auf die Individuen verteilt. Eine *sittliche Weltordnung* versichert, dass die Forderung nach ausgleichender Gerechtigkeit später erfüllt wird. Die irdische Existenz ist kurz und unvollkommen, ihre Verlängerung durch ein *zukünftiges Leben* erfüllt den ersehnten Wunsch. Trotz aller Erleichterung für die Einzelpsyche, die diese Annahmen mit sich bringen können, sind sie vom kognitiven Standpunkt her gesehen aus menschlichen Wünschen gewonnen. Deshalb nennt sie Freud auch *Illusionen*. Bei ihrer Begründung benehmen sich die Menschen so fahrlässig, dass man dies nur durch die Stärke des Wunsches erklären kann. Alternative, schwächere Formen von Prüfbarkeit, Aufweise, Hinweise, Verweise anstelle von Beweisen oder empirischen Stützungen werden toleriert. Prinzipien der kritischen Prüfung, ja selbst der logischen Konsistenz werden unterminiert.

> *„Kein vernünftiger Mensch wird sich in anderen Dingen so leichtsinnig benehmen und sich mit so armseligen Begründungen seiner Urteile, seiner Parteinahme, zufriedengeben, nur in den höchsten und heiligsten Dingen gestattet er sich das … Wenn es sich um Fragen der Religion handelt, machen sich die Menschen aller möglichen Unaufrichtigkeiten und intellektuellen Unarten schuldig.*“[240]

Bedauerlicherweise muss man konstatieren, dass auch die Philosophie nicht unschuldig ist, diese intellektuell unaufrichtige Haltung gegenüber religiösen Aussagen zu stützen und zu legitimieren. Philosophen haben sich immer wieder bemüht, für „religiöse Probleme einen erkenntnistheoretischen Ausnahmefall zu konstruieren“[241] derart, dass Glauben und Wissen auf methodisch gänzlich verschiedenen Voraussetzungen beruhen. Dies bedeutet, dass zwar für Glaubensaussagen auch die technischen hermeneutischen Textauslegungsverfahren angewendet werden, jedoch die an der Wahrheitsidee, am Verfahren der kritischen Prüfung und am generellen Fallibilismus orientierte Methodologie nicht erfüllt wird. „Damit wird die Suche nach Wahrheit

240 S. Freud: *Die Zukunft einer Illusion*. a. a. O. S. 355

241 H. Albert: *Das Gewissheitsbedürfnis und die Suche nach Wahrheit*. In: F. Schneider et al. (Hrsg.): Pragmatismus versus Fundamentalismus. a. a. O.

einem hermeneutischen Pragmatismus geopfert, der den Nutzen des religiösen Glaubens an die erste Stelle setzt."[242]

Vermutlich wird es letzten Endes die Idee des ausnahmslos gültigen Kritizismus sein – demzufolge es keine infallible, kritikimmune Aussage geben kann –, welche eine Versöhnung von wahrheitsorientierter Wissenschaft und heilsorientierter Religion unmöglich macht. Solange die Religionen die Annahme der absoluten Sicherheit ihres Fundamentes nicht zugunsten eines methodologischen Revisionismus preisgeben können, wird der Konflikt bestehen bleiben.[243] Ob sie dies aber dürfen, ist fraglich, denn wie lässt sich eine Heilstechnologie aufbauen, deren metaphysische Fundamente den schwankenden, unsicheren Charakter der wissenschaftlichen Aussagen teilen? Wie kann man Menschen auf der Basis vorläufiger Prinzipien die Erlösung versprechen? Hypothetisches Wissen ist genau das, was Menschen in einer Situation der Unsicherheit und Orientierungslosigkeit nicht brauchen können. Keinem Suchenden wäre gedient, wenn ihm der Vertreter einer Religion versichern würde, dass nach jüngsten Untersuchungen einiges dafür spricht, dass die Seele möglicherweise unsterblich ist. Er möchte eine assertorische Behauptung, die keinen Zweifel offenlässt. Aus diesem Grund spiegeln die religiösen Aussagen die nicht existierende Sicherheit einfach vor.

Die psychologischen Gründe für diese fundamentalistische Haltung liegen dabei auf der Hand: Für den Menschen ist die Befriedigung der emotionalen Wünsche wichtiger als das Erreichen kognitiver Ziele. Die Intelligenz ist ein Instrument, das im Dienste des Trieb- und Gefühlslebens steht, das aber in seiner Reichweite eingeschränkt wird, wenn die Bedürfnisse des Gemütes auf dem Spiel stehen. Wenn

242 H. Albert: a.a.O. S. 27

243 Einer der wenigen Theologen, die bei der Sinnfrage völlige Offenheit in Bezug auf den Erfolg der Suche zugestehen, ist Albert Schweitzer: „Wenn das Denken sich auf den Weg macht, muß es auf alles gefasst sein, auch darauf, daß es beim Nichterkennen anlangt. Aber selbst wenn es unserem Willen zum Wirken beschieden sein sollte, endlos und erfolglos mit der Nichterkenntnis des Sinnes der Welt und des Lebens ringen zu müssen, so ist diese schmerzliche Ernüchterung für ihn doch besser als das Verharren in Gedankenlosigkeit." (A. Schweitzer: *Verfall und Wiederaufbau der Kultur*. München: C. H. Beck, 1941, S. 65) Nur wenige christliche Denker konnten sich zu einer solchen kompromisslosen kritizistischen Haltung durchringen, bei der auch die letzte und ultimative Orientierungsmarke dem Zweifel, der Vorläufigkeit und dem Scheitern ausgesetzt wird.

es um die „sed de eternidad“ geht[244], um das Verlangen des Menschen nach Ewigkeit, ist die Vernunft sicher den Strebungen des Gemütes unterworfen, aber es fragt sich, ob in diesem Fall zum Wohl, Vorteil und Glück des Betroffenen. Zur Stabilisierung der religiösen Illusion hat jene schon früher erwähnte Suggestion beigetragen, die man dem Menschen über Jahrtausende bis heute eingeredet hat, dass nämlich ohne absolute Werteskala, ohne tragenden Grund des Universums, ohne Punkt Omega der Entwicklung, kurzum ohne Transzendenz das Leben unerträglich sein muss. Wir haben schon auf jene asiatischen Religionen verwiesen, die nur ein Weltgesetz zugrunde legen, auf das der Mensch sich einstellen kann und das keine wohlwollende oder strafende Letztinstanz bedingt.[245] Aber es sei zumindest angemerkt, dass auch in unserem Kulturraum, und zwar bereits in der griechischen Antike, lebensphilosophische Entwürfe vorgelegt worden sind, die zeigen, wie man in einer durchgehend naturalistisch verstandenen Welt ohne transzendente Ankerpunkte Haltung bewahren kann. Die Stoiker und Epikureer haben es uns vorgelebt, wie man in einer Welt voller Hindernisse und Gefahren sich erfolgreich orientieren und, nach einem erfüllten Leben, dem Ende mit Gelassenheit entgegensehen kann.

> *„Bedenke, dass den Abgeschiedenen nichts Schlimmes widerfahren kann. Was uns das Totenreich zum Schrecken macht, stammt aus dem Reich der Fabel. Den Toten drohen weder Finsternis noch Ketten. Es gibt dort keine Feuerströme und keine Wasser des Vergessens... Hier herrscht die unbeschränkte Freiheit. Die Dichter trieben nur ein Spiel der Phantasie und schreckten uns mit Scheingebilden.“*[246]

Gelassenheit sollte nicht nur in der evidenten Tatsache gründen, dass das Ende des Lebens so wie die Singularität einer Raumzeit nicht mehr zur Mannigfaltigkeit selbst gehört, nicht mehr Teil unserer Er-

---

244 M. D. Unamuno: *Mi Religión y otro ensayos breves*. Colección Austral, 8. Aufl. Madrid 1986, S. 149

245 B. Kanitscheider: *Naturalismus und wissenschaftliche Weltorientierung*. LOGOS, neue Folge 1 (1993), S. 184–199

246 L. A. Seneca: *Ad Martiam de Consolatione*, 19, 4, übers. von A. Th. Lang. Darmstadt: Wissenschaftliche Buchgesellschaft, 1971

fahrungswelt ist. Wittgenstein hat dies in seiner positivistischen Frühphilosophie betont: „Der Tod ist kein Ereignis des Lebens. Den Tod erlebt man nicht."[247] Auch wenn dies im strengen Sinn der Fall ist, geht es doch dem Menschen um das Bewusstsein des Endes, dieses zu bewältigen, auch im Rahmen einer naturalistischen Weltverfassung. Darin liegt die Leistung einer auf das Diesseits begrenzten Lebensphilosophie. Die Lösung des Problems des Lebens liegt nicht in dessen Verschwinden, wie Wittgenstein meint[248], weil man den Sinn der Welt nicht innerhalb ihrer selbst finden kann[249], sondern in einer Veränderung der Einstellung zur Kontingenz derart, dass man gar nicht mehr nach Objektivierung von Sinnstrukturen strebt. *Im aktiven Verzicht auf das Unerreichbare, darin besteht wahre Gelassenheit.*

---

247 L. Wittgenstein: *Tractatus logico-philosophicus.* 6.4311

248 L. Wittgenstein: *Tractatus logico-philosophicus.* 6.521

249 L. Wittgenstein: *Tractatus logico-philosophicus.* 6.41

XII. Die Feinabstimmung des Universums – ein neues metaphysisches Rätsel?

a) Die Tatsachen

All die erwähnten metaphysischen Intentionen und Strategien zur Sinnfindung entdeckt man wieder in den Deutungen, die jüngsten Befunden der Astronomie, Astrophysik und Kosmologie unterlegt werden. Wie ein roter Faden ziehen sich die traditionellen Ansätze zur Bewältigung der rätselhaften Faktizität durch die jüngsten Versuche, die Feinabstimmung der Welt zu erklären. Um diese zu verstehen, gilt es, sich einige Tatsachen vor Augen zu halten. Deshalb bitte ich den Leser, etwas Geduld für einige jüngere Resultate der Astrophysik aufzubringen.

Eines wurde durch die astrophysikalischen Entdeckungen der letzten Jahrzehnte überdeutlich, seien es die planetarischen Missionen, sei es die Erforschung der galaktischen Kerne, seien es die hochdynamischen Kollapsobjekte an den Rändern des sichtbaren Universums: Unsere Welt ist, großräumig betrachtet, ein äußerst lebensfeindliches Gebilde.

Dies betrifft nicht erst den tiefen Weltraum, sondern diese Feindlichkeit beginnt bereits an den Rändern der Erde. Selbst unsere höchsten Berge auf knapp 9 km Höhe können nur von den am besten trainierten Sportlern ohne künstliche Hilfsmittel für die Atmung bestiegen werden. Der Weltraum ist nach irdischen Maßstäben fast leer, und er kann nur mit hohem technischem Aufwand bereist werden. Die anderen Himmelskörper sind, vom menschlichen Standpunkt aus gesehen, extrem heiß oder extrem kalt, die Atmosphären der Planeten, soweit vorhanden, giftig. Nur an einem Ort in unserem Sonnensystem hat eine große Zahl von ganz besonderen Umständen Bedingungen geschaffen, die heute Leben, Bewusstsein und Intelligenz – und damit auch Erkenntnis des Universums – ermöglichen. Man kann nicht ausschließen, wie wir schon angedeutet haben, dass an einigen Stellen wie etwa dem Saturnmond Titan einfache Lebensformen existieren[250], noch dass der eine oder andere Planet seine organische Entwicklung schon hinter sich hat. Aber weitere hochentwickelte technische Zivilisationen gibt es im Sonnensystem sicherlich nicht.

Man macht sich gewöhnlich gar nicht klar, welche präzisen *lokalen Bedingungen* bereits gegeben sein müssen, damit wir Menschen gedeihlich existieren können: ein mit äußerster Konstanz energieliefernder Zentralkörper, eine auf der Ekliptik schief stehende Erdachse für die Erzeugung von Jahreszeiten, eine Umlaufbahn um den Zentralkörper in der richtigen Entfernung und mit geringer Exzentrizität, um eine starke Variation in der Solarkonstante zu vermeiden, ein Magnetfeld, das die harte kosmische Strahlung abschirmt, eine Ozonschicht, die den UV-Anteil des Sonnenlichtes abwehrt, und vieles andere mehr. Gerade die jüngsten Befürchtungen um den bedrohlichen Abbau der Ozondecke offenbaren die Fragilität unserer planetarischen Existenz und die Abhängigkeit von der richtigen Abstimmung physikalischer Parameter.

Alle lokalen und die gleich zu nennenden globalen Bedingungen für die Existenz hochorganisierten Lebens fasst man mit dem Terminus *Feinabstimmung* zusammen. Die Metapher stammt aus der Musik. In einem Flügel müssen ca. 250 Saiten minutiös aufeinander abgestimmt sein, um z. B. die Waldstein-Sonate perfekt erklingen zu lassen. Bereits kleine Schwebungen machen sich enorm störend bemerkbar. In diesem Fall besorgt die korrekte Tonhöhe der Saiten ein Klavierstimmer, der das Instrument gezielt in den erwünschten Zustand versetzt. Wie liegen die Dinge in der Natur selbst?

Alles Leben auf der Erde ist auf den Grundelementen C, H, O und N aufgebaut. Es ist, wie man im Fachjargon sagt, CHON-Leben. Die Biochemiker versichern uns, dass andere Elemente schwerlich in Frage kommen, um komplexe Systeme wie uns hochorganisierte

---

250 Titan gilt als „frühbiologischer“ Planet, auf dem eine Stickstoffatmosphäre von 1,5 bar bei einer Temperatur von –180 °C vorhanden ist. Im Cassini-Huygens-Raumfahrtprojekt ist es gelungen, im Jahre 2004 auf dem Titan sanft zu landen. Am 25. Oktober näherte sich der Raumflugkörper Cassini dem Saturnmond Titan bis auf 1200 km. Das Tochterschiff von Cassini – die ESA-Landekapsel Huygens – landete am 14. Februar 2005 weich auf dem Saturnmond. Bilder von Flussläufen, Küsten und Hügeln aus Wassereis sowie schwarzen Tiefebenen zeigen, dass die Oberfläche von Titan von einem Methan-Kreislauf erodiert wird. (http://www.astronomie.de/raumfahrt/cassini/index.htm)

Säugetiere aufzubauen. Aber selbst wenn es möglich oder in einem fernen Planetensystem bereits realisiert wäre, Leben auf Silizium-Basis zu errichten, oder wenn wir irgendeine Form von intelligenter Komplexität auf Neutronensternen oder in turbulenten Magnetfeldern vorfinden würden[251], *wir sind* CHON-Lebewesen, und so müssen diese notwendigen Bedingungen der Elementzusammensetzung auf der frühen Erde erfüllt gewesen sein, sonst wären *wir* heute nicht hier. Dieses WIR sollte allerdings nicht zu eng gefasst werden. Es hat sich eingebürgert, vom *anthropischen* Prinzip und der Anthropischen Kosmologie zu sprechen[252], aber der Mensch selbst steht dabei gar nicht zentral im Blickpunkt, sondern *alle* komplexen Systeme, die auf Kohlenstoffbasis aufgebaut sind und eine lange Zeitskala für ihre Evolution benötigen. Es leuchtet unmittelbar ein, dass die lokale planetare sowie die großräumige kosmische Umgebung die notwendigen Bedingungen für die Existenz hoher Kohlenstoffkomplexität erfüllen müssen. Dies ist ein rein logisches Konsistenzpostulat und bedarf keiner tieferen Begründung. Wären die notwendigen Bedingungen eben nicht erfüllt gewesen, hätte es zu späteren Zeiten niemanden gegeben, der solche neugierigen Fragen stellen könnte.

Gegeben aber die Tatsache, dass diese neugierigen Lebewesen existieren, darf man es ihnen nicht verwehren weiterzufragen, *warum* so viele Bedingungen derart minutiös abgestimmt sind, dass sich diese komplexen Wesen tatsächlich gebildet haben. John Leslie hat den entscheidenden Unterschied zwischen dem, was an der anthropischen Argumentation logisch trivial ist, und dem, was weiteres Nachdenken erfordert, an der „Firing Squad Story" erläutert: Ein zur Hinrichtung Verurteilter steht vor einer Staffel von 50 Soldaten, die Salven aus allen 50 Gewehren abschießen, aber keine Kugel trifft. Der Überlebende weiß natürlich um die logische Selbstverständlichkeit: „If they hadn't all missed me, then I shouldn't be considering the affair..."[253]

---

251 Der Hauptgrund für das Vorherrschen von Kohlenstoff-Leben ist wohl, dass die C-C-Bindungen doppelt so stabil sind wie die Si-Si-Bindungen, d.h. Moleküle auf C-Basis sind einfach haltbarer als Moleküle auf Si-Basis (G. B. Field et al.: *Cosmic Evolution*. Boston: Houghton Mifflin, 1978, S. 330)

252 J. Gribbin und M. Rees: *Cosmic Coincidences, Dark Matter, Mankind and Anthropic Cosmology*. New York: Bantam Books, 1989

253 J. Leslie: *Universes*. London: Routledge, 1989, S. 13

Aber gegeben die erstaunliche Tatsache, dass 50 Scharfschützen ihr Ziel verfehlt haben, kann der glückliche Überlebende nun anfangen, darüber nachzudenken, *warum* so etwas Erstaunliches passiert ist.

Eine ähnliche, aber weniger makabre Geschichte ist in der Frage einer Tochter an ihre Eltern enthalten, die wissen will, warum die Eltern sich geheiratet haben. Diese antworten mit der logischen Trivialität: „Wenn wir nicht geheiratet hätten, könntest du jetzt nicht diese Frage stellen." Es leuchtet ein, dass die Tochter sich mit dieser Antwort nicht zufriedengeben wird, da sie damit nicht erfährt, welche Motive die Eltern für ihre Eheschließung hatten, ob es Liebe war oder die Frau eine Apotheke hatte. Der Aufweis der Koinzidenz und deren Erklärung sind also in jedem Fall verschieden.

Beim Universum ist es in der Tat noch beeindruckender und verwunderlicher, welche Zahl von physikalischen Parametern und Konstanten extrem fein abgestimmt sein müssen, damit die Voraussetzungen für unsere Art von Leben gegeben sind – hier nur einige davon:

1. Die glatte Verteilung der ursprünglichen Materie

Es gibt eine Reihe von mathematischen Sätzen der Relativitätstheorie, die die Existenz einer Anfangssingularität (Urknall) für sehr plausible Zustände der Materie, die mit hoher Wahrscheinlichkeit in der Realität erfüllt sind, zwingend fordern. Aber diese mathematischen Sätze machen keine Aussagen über die Form dieser Singularität.[254] So hätte etwa die Materie, die aus dem Ursprung heraustrat, durchaus einen hohen Grad an Turbulenz besitzen können. Dies hätte aber zur Folge gehabt, dass bereits in der extremen Frühzeit des Universums der Hauptanteil der Materie in schwarze Löcher kollabiert wäre. Wenn man nicht gerade quantenmechanische Zeitskalen betrachtet, sind schwarze Löcher völlig inaktive Gebilde, statische

---

254 Der hier verwendete Begriff der Singularität stützt sich auf die Idee der geodätischen Unvollständigkeit und ist nicht notwendig mit der Existenz einer extremen Krümmung verbunden. Darnach ist eine Raumzeitmannigfaltigkeit singularitätenfrei, wenn sie keine unvollständigen zeitartigen Weltlinien und keine unvollständigen Nullgeodäten enthält, also Bahnen, die über einen bestimmten Wert ihres affinen Parameters (z. B. die Eigenzeit) nicht fortgesetzt werden können. Wenn hingegen eine Raumzeit kausale Kurven enthält, die nach endlicher Eigenzeit abrupt enden, nennt man eine solche Mannigfaltigkeit singulär.

Gravitationsfeldern, die die für die Galaxienbildung notwendige Masseenergie gefangen halten. Wenn die Hauptmenge der Materie sich frühzeitig in solchen kollabierten Objekten verfangen hätte, würden sich später niemals feste planetare Basen für die Lebensentstehung gebildet haben. Das Universum wäre dann ein Ensemble von verstreuten schwarzen Löchern im leeren Raum, eine Welt, die sicher keine komplexen oder gar organischen Systeme entwickeln würde. Somit ist bereits die extrem frühe Erscheinungsform der Materie konstitutiv für die spätere Entwicklung möglicher lebendiger Untersysteme des Universums.

2. Die Flachheit des Raumes

Die Galaxienbildung bedarf nicht nur einer ausreichenden Menge freier, also nichtkollabierter Materie, sondern diese muss sich auch von der Expansionsbewegung abkoppeln, d.h. lokale Gravitationsinstabilitäten bilden, die zu Materieagglomerationen führen. Ist etwa die Expansionsbewegung sehr schwach, dann rekollabiert das Universum in kürzester Zeit, und das kosmische Intervall, das für irgendwelchen Strukturaufbau zur Verfügung steht, ist viel zu kurz. Ist die Expansion auf der anderen Seite außerordentlich stark, macht sie alle schüchternen Ansätze der Galaxienbildung sofort zunichte, indem sie die primordialen, durch Schwankung entstandenen Strukturbildungskeime wieder auseinander treibt. Man ist sich heute relativ sicher, dass der Spezialfall des flachen Universums, der gerade einer mittleren Expansionsgeschwindigkeit entspricht, optimal für das Wachsen der anfänglichen Dichteschwankungen der Materie ist. Damit nun *heute* die Geometrie unseres Dreierraumes die besonders günstige Eigenschaft verschwindender räumlicher Krümmung besitzt, musste in der ganz frühen Zeit (d.h. 10^{-43} Sekunden nach dem Ursprung, auch Planck-Zeit genannt) die Expansionsrate weniger als 10^{-57} von derjenigen eines flachen Universums abweichen. Wenn damals auch nur kleine Variationen in der Krümmung oder irgendwelche Anisotropien vorhanden gewesen wären, hätten sich diese später so entwickelt, dass sich eine für das Wachstum von Schwankungen äußerst ungünstige Geometrie des Raumes ergeben hätte.

Nun kann man die beiden Feinabstimmungen der *Glattheit* und *Flachheit* durch den Einbau einer besonderen, hochdynamischen, exponentiellen Expansionsphase – einer sogenannten *Inflation* – erzwingen. Man nimmt dazu zu einem sehr frühen Zeitpunkt, aber etwas nach der erwähnten Planck-Zeit, d.h. bei ca. $t = 10^{-35}$ Sekunden, eine starke beschleunigte Expansion an, die das Universum um einen gewaltigen Faktor aufbläht. Damit stammt das heute sichtbare Universum aus einem viel kleineren Bereich, als es beim Friedmann'schen Standard-Urknall-Modell der Fall wäre; wenn dieses winzige exponentiell expandierende Gebiet zur Frühzeit glatt war, reicht dies zur Erklärung der heutigen Uniformität des sichtbaren Universums aus. Die Inflation ist auch in der Lage, alle Krümmungen und Anisotropien des Raumes so zu strecken, dass davon in der Beobachtung nichts mehr festzustellen wäre. Allerdings bedarf die Inflation selbst wieder der Feinabstimmung. Sie muss gerade so beschaffen sein, dass am Ende genau jenes Maß von Irregularität vorhanden ist, das ausreicht, um später die Galaxienentstehung in Gang zu setzen.[255] Auch jener mikroskopische Bereich, auf den nach dem inflationären Szenarium unser heute beobachtbares Universum zurückgeht, darf nicht irgendwelche hyperfeinen Strukturen besessen haben, sonst müssten sich diese Muster nach deren Vergrößerung noch *heute* in der Beobachtung zeigen. Dies weist darauf hin, dass es sehr schwierig ist, die kontingenten Elemente der Vorbedingung von Leben zu eliminieren.

Der ehrgeizigste Versuch, Kontingenz in der physikalischen Beschreibung zu reduzieren, besteht in der *Unifizierung* der Wechselwirkungen. Gelegentlich wird in einigen populären Darstellungen der Eindruck erweckt, dass die Bemühung um eine einheitliche Physik aller Kräfte ein Sonderweg sei, der nur von einigen ehrgeizigen Theoretikern verfolgt wird. Tatsächlich gehören aber das Auffinden starker dynamischer Grundgesetze und die Ableitung der Stärke der einzelnen Kräfte zum Kerngeschäft der theoretischen Arbeit. So liefert etwa die Größe der dimensionslosen Feinstrukturkonstante $\alpha = e^2/hc$, deren reziproker Wert $\alpha^{-1} = 137$ ist, die Stärke der elektromagnetischen Wechselwirkung, und es bedeutet eine genuine Fra-

255 Fernando Quevedo: *Lectures on String/Brane Cosmology*. arXiv:hep-th/0210292 v1 30 Oct 2002

gestellung, warum gerade dieser Wert in der Natur realisiert ist. Die Vermutung geht heute dahin, dass der spezielle Wert von der Energie der involvierten Teilchen abhängt und dass der besondere Zahlenwert von α die niedrigenergetische Grenze des „laufenden Kopplungsparameters" darstellt. Mit Theorien höherer Ordnung möchte man nun möglichst viele von diesen so „zufällig" aussehenden Größen deduktiv gewinnen. Entsprechend einiger Grand Unified Theories (GUT) treffen sich die Werte der Kopplungskonstanten der starken, schwachen und elektromagnetischen Wechselwirkung fast genau bei einer Temperatur von 10^{28} K, und wenn man bei dieser Rückextrapolation noch die Supersymmetrie berücksichtigt, stimmen die Werte sogar exakt überein.[256]

Aber selbst bei Einsatz einer solchen starken einheitlichen Theorie, welche die Änderungen der Materiezustände als Phasenübergänge beschreibt, bleibt offenbar ein Zufallselement erhalten, das nicht reduziert werden kann. Anders ausgedrückt, selbst wenn wir im Besitz einer Theory of Everything (TOE) wären, würden wir die Natur nicht beobachten, wie sie aus den grundlegenden Differentialgleichungen folgt, sondern was wir sähen, wäre, wie das Universum mit der einen oder anderen Lösung dieser fundamentalen Gleichung übereinstimmt.[257] Nun besitzen diese Lösungen im Allgemeinen aber nicht dieselben Symmetrien wie das Grundgesetz der einheitlichen Theorie. Auf dem Wege vom symmetrischen Basisgesetz zur Anwendung auf die Realität, die immer einer weniger symmetrischen Lösung folgt, wird die Symmetrie gebrochen. Viele Charakteristika unserer Welt, wie z. B. das Verhältnis von Materie zu Antimaterie, verdanken ihre Entstehung rein zufälligen Symmetriebrechungen. Aus diesem Grunde wird sich die Natur niemals vollständig nomologisch verstehen lassen, auch wenn wir ihr dynamisches Grundgesetz entdeckt hätten. Um dieses Zufallselement geht es hier. Warum liegt denn jene Unwahrscheinlichkeit in der Brechung der Grundsymmetrie vor, die zum Leben und zum Menschen geführt hat?

---

256 R. Penrose: *The Road to Reality. A complete Guide to the Laws of the Universe.* New York: Knopf, 2005, S. 876

257 J. D. Barrow: *Patterns of Explanation in Cosmology.* In: F. Bertola und V. Curi (Hrsg.): The Anthropic Principle. Cambridge: UP, 1993, S. 1–16

3. Die Abstimmung der Kräfte

Die gleiche Überlegung kann man nun auch für die vier physikalischen Grundkräfte anstellen: Das Verhältnis der Stärke dieser Kräfte bestimmt, welche Art von komplexen Strukturen in einem Universum möglich sind. Um dies nur für einen Fall einzusehen, können wir uns vorstellen, dass die schwache Wechselwirkung, welche die maßgebende Kraft bei der Energieerzeugung im Inneren der Sonne darstellt, ein klein wenig stärker wäre.

Dies hätte zur Folge gehabt, dass im Feuerballstadium des Universums bereits aller Wasserstoff (H) in Helium (He) umgewandelt worden wäre. Sterne vom Typ unserer Sonne, die von der Verbrennung von Wasserstoff (H-Brennen) „leben", könnten dann gar nicht mehr existieren.

Ein winziges Abschwächen der schwachen Wechselwirkung hätte hingegen verhindert, dass Neutronen, die sich am Anfang gebildet hatten, in Protonen zerfallen. Abermals wäre dann die Wasserstoffbildung verhindert worden (H-Kerne sind Protonen). Das Prinzip ist an diesem Beispiel zu erkennen. Die Existenz komplexer Systeme hat viele Voraussetzungen, notwendige Bedingungen, die erfüllt sein müssen, damit ein Universum im Verlaufe seiner aktiven Phase – also nicht zu ultraspäten eschatologischen Zeiten – bewusste und erkennende Untersysteme entwickelt. Von diesen Feinabstimmungen gibt es insgesamt Hunderte.[258]

Es ist die schiere Fülle dieser effektiv realisierten notwendigen Bedingungen, die immer wieder Erstaunen erzeugt und Assoziationen einer externen Steuerung oder Planung auslöst. Dieser psychologische Effekt ist wohl darin begründet, dass wir bei einer analogen Situation *in* der Welt gewohnt sind, an ein intendiertes Zustandekommen von Koinzidenzen zu denken.

4. Die Massen der Teilchen

Ebenso wie die Kopplungskonstanten der Kräfte müssen auch die Massen der materiebildenden Teilchen wie Elektron, Proton und Neutron exakt ihre tatsächlichen Werte besitzen, wenn sie als atomare

---

258 Für weitere Details vgl. J. Leslie: *Universes*. London 1989. Kap. 2: The evidence of fine tuning, S. 25

Bausteine unserer Moleküle dienen und diese dann die Grundlage für die Organismen liefern sollen. Ein wichtiger Faktor biologisch aktiver Materie ist z. B. die Massendifferenz von Neutron und Proton. Wenn dieser Massenunterschied nicht gerade gleich zweimal der Masse des Elektrons wäre, bekäme man nicht die vielen stabilen Kerne, die die Basis für die chemischen und biologischen Systeme bilden. Diese scharfen Grenzen für die Bausteine der Materie kann man auch die *Teilchenbedingung* nennen.

Die vier notwendigen Bedingungen sind nur ein ganz grober Umriss des Rahmens, durch den ein Universum, das mit intelligentem Leben ausgestattet ist, in seinen Anfangs- und Randbedingungen eingeschränkt ist. Fast alle denkbaren, d. h. physikalisch möglichen Welten sind demnach ohne Leben und Bewusstsein. Die Erkenntnis dieser unwahrscheinlichen Abstimmung unserer Welt hat auch kühle Naturwissenschaftler wie etwa den Physiker Freeman Dyson zum Sinnieren gebracht:

> *„Je länger ich das Universum beobachte und die Einzelheiten seines Aufbaus studiere, desto mehr Anzeichen finde ich, dass das Universum um unser Kommen gewußt haben muss.“*[259]

Dieser Kommentar klingt etwas verwirrend. In welchem Sinne kann ein Universum „gewusst“ haben, dass „wir“ kommen werden? Ist es nicht vielmehr so, dass nur die bewussten Untersysteme des Universums etwas wissen können? Teleologisches Denken scheint sich überdies bei Dyson verführerisch eingeschlichen zu haben. Hier haben wir eine Stelle vor uns, wo philosophiehistorisches Wissen, etwa die früher geschilderte Kritik David Humes am teleologischen Denken, von Nutzen gewesen wäre.

Auch andere physikalische Autoren wie J. Gribbin und M. Rees sprechen in einer recht unbefangenen Weise davon, dass das Universum „uns auf den Leib geschneidert“ erscheint.[260] Wenn die Metapher irgendetwas aussagen soll, dann doch, dass ein kosmischer Schneider oder irgendein unpersönliches, zielstrebig agierendes Wesen hinter

---

259 F. Dyson: *Innenansichten*. Boston: Birkhäuser, 1981, S. 266

260 J. Gribbin und M. Rees: *Cosmic Coincidences, Dark Matter, Mankind and Anthropic Cosmology*. a. a. O. S. 10

der überraschenden Feinabstimmung zu stehen scheint. Gibt es doch so etwas wie eine Ausrichtung des Universums auf höheres Leben? Liegt darin vielleicht der Weltsinn, den die Weisen aller Epochen so emsig gesucht haben?

Um eine unvoreingenommene Antwort auf diese Frage zu erhalten, muss man einen *Hypothesenvergleich* vornehmen. Gemeint ist damit, dass man die Erklärungsleistung der verschiedenen Vermutungen überprüft, ein Verfahren, mit dem man auch sonst im normalen Wissenschaftsbetrieb konkurrierende Theorien evaluiert. Welche Erklärungen kennen wir nach unserem heutigen Wissensstand, um die Feinabstimmung zu verstehen, und wie lassen sich diese Hypothesen bezüglich ihrer Erklärungsleistung gewichten?

b) Die Erklärungen

1. Die Zufallshypothese

Die einfachste, aber auch trivialste Annahme ist, die Feinabstimmung einfach dem *unerklärbaren Zufall* zuzuschreiben. Das Universum ist uns nur einmal gegeben. Wenn es überhaupt existiert, muss es auch eine bestimmte Struktur haben, so argumentiert der Verteidiger der Zufallshypothese. Diese Struktur ist nun gerade so beschaffen, dass sie intelligentes Leben ermöglicht. Darüber können wir uns freuen, aber zu erklären gibt es da weiter nichts.

Wir können das Universum in seinem Sosein beschreiben, aber nicht mehr. Von Einzelobjekten oder Einzelereignissen kann es von dieser Sicht her keine Wissenschaft geben. Gesetze handeln niemals von Unikaten, sondern beschreiben Regularitäten in einer großen Gesamtheit von Systemen.

Darum ist die Frage, warum das Universum so und nicht anders ist, keine beantwortbare Frage. Nach der Zufallshypothese können wir die Feinabstimmungen bis ins kleinste Detail beschreiben, wir können uns darüber wundern, aber wir können sie nicht erklären. Erst recht nicht kann es hinter den Feinabstimmungen irgendeine Art von verborgenem Sinn geben, wenn wir die Zufallshypothese zugrunde legen.

Der Zufall ist ja gerade das, was keiner Regularität folgt – in der Sprache der Algorithmischen Informationstheorie ist der Zufall algorithmisch inkompressibel – und deswegen kann ein absolutes Zufallsereignis auch kein Sinnträger irgendeiner Art sein.[261]

Nun ist die Zufallshypothese angesichts der Kontingenz des Universums leicht kritisierbar. Zunächst einmal konnten die Wissenschaftstheoretiker zeigen, dass es auch eine wissenschaftliche Erkenntnis von einmaligen Ereignissen geben kann.[262] Nur ein Beispiel: Selbst wenn in der Laufdauer des Universums nur ein einziges Supernova-Ereignis vorgekommen wäre, ließe sich der kausale Ablauf dieses einzelnen Prozesses analysieren.

Bisher kennen wir auch nur eine Form des Lebens, und doch sind wir davon überzeugt, dass Darwins Evolutionstheorie eine gute Erklärung der Entwicklung der Arten auf der Erde liefert. In Bezug auf das Universum müssten wir zudem in Rechnung stellen, dass es gar nicht notwendig ist, alle anthropischen, d. h. lebensdienlichen Anfangs- und Randbedingungen auf einen Schlag zu erklären. Wie das Beispiel der Inflation zeigt, können einige Feinabstimmungen durchaus kausal erklärt werden. Ob man nach und nach den Gesetzesrahmen immer enger stecken kann, so dass alle notwendigen Vorbedingungen für Leben ableitbar werden, ist heute umstritten. Dass die Zufallshypothese nicht der gewöhnlichen Methodologie und auch nicht dem Alltagsverstand entspricht, können wir überdies leicht an einem Beispiel demonstrieren. Auch im täglichen Leben begnügen wir uns bei vergleichbaren unwahrscheinlichen Koinzidenzen nicht damit, diese als pure Faktizität hinzunehmen. Bei der Auflösung eines Kriminalfalles geht der Inspektor allen zufällig erscheinenden Indizien so lange nach, bis sie sich wirklich als Zusammentreffen von Ereignissen enthüllen, hinter denen keine verborgene Ursache mehr steckt.

---

261 Der Zufallsbegriff ist nicht eindeutig. Einmal gibt er das überraschende Zusammentreffen von unvermuteten Ereignissen wieder, wenn man etwa einen Freund, den man lange nicht gesehen hat, in der Fremde wiedertrifft, wobei aber dieser Vorgang völlig deterministisch abläuft. Davon zu unterscheiden ist der algorithmisch nicht bestimmte und nicht auf Unkenntnis zurückgehende absolute Zufall, wie er etwa beim radioaktiven Zerfall vorliegt. Von Zufälligkeit spricht man auch, wenn dynamische Systeme eine chaotische Zustandsentwicklung besitzen, die eine Berechenbarkeit in der fernen Zukunft wesentlich beschränkt.

262 G. Vollmer: *Kann es von einmaligen Ereignissen eine Wissenschaft geben?* In: G. Vollmer: Was können wir wissen? Bd. 2. Stuttgart: Hirzel, 1986, S. 53–65

John Leslie bringt das Beispiel einer Koinzidenz im Alltagsleben[263]: Ein Mann durchschreitet einen alten und etwas baufälligen Torbogen. Eine Sekunde danach stürzt dieser mit lautem Getöse zusammen. Nur knapp dem Tod entronnen, wird der Mann zuerst auf einen Zufall tippen und seinem Glück danken, dass er die Koinzidenz einer nahen Katastrophe überlebt hat. Wenig später sieht er aber nun, wie sein schärfster Konkurrent um eine heißbegehrte Frau gerade hinter der nächsten Hausecke verschwindet. Wäre es in dieser Situation nicht angebracht, misstrauisch zu sein, ob da nicht doch jemand versucht hat, sein Glück zu korrigieren? Vermutlich wird der glücklich Gerettete der Sache so lange nachgehen, bis es sich wirklich geklärt hat, ob sein Widersacher die Hand im Spiel hatte. Dies bedeutet, dass er einer kausalen Hypothese so lange folgt, bis es sich herausstellt, dass es sich wirklich um eine zufällige Koinzidenz handelt.

In ähnlicher Lage befinden wir uns in der Kosmologie, und es liegt kein vernünftiger Grund vor, zwischen Alltagsverstand und wissenschaftlicher Methodik einen Unterschied in der rationalen Problemlösungsstrategie zu machen. Damit sind wir zu einer weiteren Möglichkeit der Erklärung der Feinabstimmung geführt worden, nämlich dieselbe durch starke einheitliche Theorien aus ersten Prinzipien abzuleiten.

2. Die Einheitshypothese

Vor allem Steven Weinberg hat sich dafür ausgesprochen, die lebensfreundlichen kosmischen Bedingungen im Verein mit allen anderen Naturkonstanten aus übergeordneten unitären Theorien abzuleiten. In der Physik kennen wir heute vier Grundkräfte. Seit langem fragt man sich, warum alles physikalische Geschehen gerade durch diese vier Kräfte regiert wird: Elektromagnetismus und Gravitation sind von der klassischen Physik her bekannt. Dazugekommen sind nach der Quantenrevolution noch die schwache und die starke Wechselwirkung, wobei die schwache Wechselwirkung für den radioaktiven Beta-Zerfall verantwortlich ist, während die starke Wechselwirkung dafür sorgt, dass die Atomkerne zusammengehalten werden.

---

263 J. Leslie: *Universes*. a. a. O. S. 10

Die Physiker sind neugierig, ob die Vierzahl von Kräften ein unhintergehbares Faktum der Natur darstellt oder ob sich darin vielleicht die akzidentelle kosmologische Situation des jetzigen Augenblickes spiegelt. Die Theoretiker vermuten, dass, wenn wir in Gedanken in die Vergangenheit des Universums zurückgehen, was bedeutet, dass wir immer höhere Energiedichten betrachten, die Kräfte ihren Charakter verändern, dass sie nacheinander miteinander verschmelzen und dass es zur Frühzeit, in der sogenannten Planck-Ära, nur eine einzige Kraft gab, die das Universum regierte. Weinberg ist zuversichtlich, dass sich die für das heutige Leben so wichtige relative Stärke der Kräfte aus ersten Prinzipien gewinnen lässt.[264] Nur in Bezug auf die sogenannte kosmologische Konstante λ zweifelte auch er, dass die heute als beste Kandidaten für eine „theory of everything" (TOE) angesehenen Stringtheorien einen eindeutigen Wert für λ ergeben. Eine anthropische Erklärung dafür, dass λ sehr klein ist, was die Vorbedingung für Leben darstellt, bedeutet bei Weinberg aber keine illegitime Verwendung des Faktums der Existenz des Menschen. Er macht Gebrauch von einer Erklärungsfigur, die uns gleich noch beschäftigen wird. Es ist danach nicht gemeint, dass die heutige Existenz von Leben kausal erklärt, *warum* λ gerade den passenden kleinen Wert besitzt, vielmehr existieren viele Universen mit den unterschiedlichsten positiven und negativen Werten für λ, welche aber alle ungünstige Ausgangsbedingungen für Lebensentstehung darstellen. Ist nämlich λ groß und positiv, so bedeutet dies eine zusätzliche, attraktive Gravitationskraft, wodurch das Universum eine viel zu kurze Laufzeit erhielte. Wenn λ groß und negativ wäre, bedeutete dies eine weitere Repulsionskraft, die die Expansionskraft so verstärkt, dass die Galaxienbildung in der Frühzeit stark behindert wäre. Über den methodologischen Status der Vielweltenhypothese werden wir gleich noch sprechen.

Wie immer man die Dinge dreht, für die meisten Physiker bedeutet die anthropische Erklärung eine vorläufige, unbefriedigende Erklärungssituation, auch wenn sie keine illegitime Umdrehung der Kausalstruktur beinhaltet, sondern wenn sie, mit der Vielweltenhy-

---

264 St. Weinberg: *Der Traum von der Einheit des Universums*. München: Bertelsmann, 1993, S. 230

pothese ergänzt, dazu eingesetzt wird, unser Erstaunen über die Feinabstimmung zu reduzieren. „Als theoretischer Physiker würde ich es lieber sehen, daß wir in der Lage sind, präzise Vorhersagen zu machen und nicht nur verschwommene Aussagen mit dem Inhalt, daß gewisse Konstanten in einem Wertebereich liegen müssen, der für das Leben mehr oder weniger günstig ist. Ich hoffe, daß die Stringtheorie eine echte Grundlage für eine endgültige Theorie darstellt und daß diese Theorie soviel Vorhersagekraft besitzt, daß sie allen Naturkonstanten, einschließlich der kosmologischen Konstante, bestimmte Werte vorschreiben kann."[265] Ein Skeptiker könnte hier einwenden, dass damit eine Hypothek auf die unbestimmte Zukunft genommen wird, von der unklar bleibt, wann und wie sie eingelöst wird. Aber immerhin sind in der Zeit, da diese Zeilen geschrieben wurden, bedeutsame Fortschritte gemacht worden, wie etwa die ADS_5/CFT-Vermutung[266] und die Fuzz-Ball-Beschreibung der Schwarzen Löcher.[267]

In Bezug auf die Sinnfrage liefert ein nomologisch stark strukturiertes Universum keinen grundsätzlichen Unterschied gegenüber der Zufallshypothese. Nehmen wir einmal an, Weinbergs Traum von der Einheit ginge in Erfüllung. Wenn die dann als endgültig akzeptierte Superstringtheorie nur mehr *ein* Universum erlaubt und alle Werte kosmischer Parameter sowie alle Naturkonstanten berechnen lässt, ist zwar ein großer Erkenntnisfortschritt erzielt worden, aber eine objektive Bedeutungshaftigkeit dieser starken Gesetzlichkeit ergibt sich daraus nicht, es sei denn, jemand überschreitet den natura-

265 St. Weinberg: a. a. O. S. 236

266 Diese Hypothese von Juan Maldacena besagt, dass ein holographisches Symmetrieprinzip existiert zwischen einer Stringtheorie auf einer Mannigfaltigkeit, die aus dem Produkt eines 5-dimensionalen Anti-deSitter-Raums und einer 5-dimensionalen Kugel besteht und einer 4-dimensionalen konformen Quantenfeldtheorie, womit ein erster Schritt getan wurde, die hochdimensionale Stringtheorie mit der niedrigdimensionalen Erfahrungswelt zu verknüpfen. (Vgl. dazu Juan M. Maldacena: *Quantum gravity as an ordinary gauge theory*. In: J. D. Barrow et al. (Hrsg.): Science and Ultimate Reality. Cambridge: UP, 2004, S. 153–166)

267 Darin wird die klassische relativistische phänomenologische Beschreibung durch eine mikrotheoretische String-Beschreibung ersetzt, welche eine radikal neue Sicht der Kollapsobjekte erlaubt. In der Mikro-Beschreibung ist das Schwarze Loch nicht einfach ein Stück leerer Raum mit einer zentralen Singularität und einem Horizont wie bei der Makrobeschreibung, sondern ein Bereich ohne spezifische Punktsingularität und mit einem Rand, der nur verschiedene Arten von Zuständen trennt. (Samir D. Mathur: *Where are the states of a black hole?* arXiv:hep – th/0401115v1 16 Jan 2004)

listischen Rahmen und fordert eine supernaturalistische Erklärung gerade *dieser* Naturgesetze.

So etwas wurde im theologischen Rahmen versucht, nämlich einen stützenden Grund für die Geltung der Naturgesetze zu postulieren.[268] Dieser Vorschlag hat jedoch keineswegs die Zustimmung der Wissenschaftstheoretiker gefunden. Die Auffassung, dass die Gesetze der Natur noch einmal einer stützenden Instanz bedürfen, um durch die Zeit ihre Geltung zu bewahren, ist eine in sich inkohärente Idee, denn der Gesetzesbegriff ist gerade so gefasst, dass er die permanenten Muster der Realität ausdrückt. Wie verschieden eine Welt von unserer auch wäre, *irgendeine* Struktur muss sie besitzen. Es ist keine vernünftige Idee, dass bei fehlender Gesetzesstützung die Welt in eine amorphe gesetzlose Masse zusammenstürzen würde, wie dies Theologen vermutet haben.

In jüngster Zeit ist das Vertrauen in den Weg der vereinheitlichten Theorien und die Ableitung aller kontigenten Parameterwerte aus ersten Prinzipien wohl etwas gedämpft worden. Detaillierte Rechnungen ergaben im Rahmen des String-Ansatzes die Existenz einer riesigen Zahl von String-Vakua mit positiven Energiedichten, und zwar in der Größenordnung von 10^{500}. Die Vielfalt dieser „String-Landschaft" bewirkt bei den Theoretikern eine verstärkte Zuflucht zu Argumenten des „Umwelttyps", wie man besser sagt, um den vorschnellen Bezug zum Menschen zu vermeiden. So wie der Abstand der Erde zur Sonne eine Ökosphäre möglich macht, aber nicht aus irgendwelchen Grundgesetzen abgeleitet werden kann, so müssen wir darnach auch die Vielzahl der String-Vakua durch Umweltargumentationen auf einige wenige reduzieren. „The larger the number of possible values of physical parameters provided by the string landscape, the more string theory legitimates anthropic reasoning as a new basis for physical theories: Any scientist who studies nature must live in a part of the landscape where physical parameters take values

268 W. L. Craig: *„What Place then for a Creator?" Hawking on God and Creation.* The British Journal for the Philosophy of Science 41 (1990), S. 473–491

suitable for the appearance of life and its evolution into scientists."[269] Es sei darauf hingewiesen, dass Weinberg keinen explanativen Gebrauch anthropischer Umweltargumente macht, sondern nur den verborgenen Selektionseffekt in Rechnung stellt, den wir überall dort berücksichtigen müssen, wo sich aus unserer Existenz als Menschen oder einem speziellen Blickwinkel eine Verzerrung des objektiven Tatbestandes ergibt.

3. Die teleologische Hypothese

Unter Teleologie wird, wie wir ja schon oben angedeutet haben, Verschiedenes begriffen, das logisch gesehen geringe Beziehung zueinander besitzt. Die erste Assoziation ist dabei, dass die hohe strukturale und funktionale Ordnung der Natur durch ein machtvolles außerweltliches Wesen zielstrebig geplant wurde. Bei dieser Deutung setzt Teleologie eine transzendente Realität voraus und geht damit in die theologische Erklärung der Feinabstimmung über, die wir noch besprechen werden. Davon zu trennen ist aber eine *immanente Teleologie,* bei der sich die Komplexität der Natur unter der Einwirkung einer gestaltbildenden Kraft entfaltet, die jedoch aus dem physikochemischen Kräftearsenal unbekannt ist und dort nicht nachgewiesen werden kann. Damit zeigt Teleologie begriffliche Nähe zum *Vitalismus.* Die lebensfreundlichen Feinabstimmungen entspringen in diesem Fall dieser zielgerichteten Kraft, die die Konstanten und Parameter passend einstellt, *um* die Entstehung höherer Lebensformen zu ermöglichen. Der Sinn des Universums bestünde bei dieser teleologischen Erklärung der Feinabstimmung in seinem Entwicklungsziel. Kritisch lässt sich allerdings gegen alle bislang vorgeschlagenen „teleologischen Kräfte" einwenden, dass deren Wirkungsweise, Gesetzesstruktur, Stärke und damit deren Erklärungsleistung nie bestimmt werden konnte. Außerdem muss mit dem Vorwurf gerechnet werden, dass bei teleologischen Kräften die zeitliche Richtung der Ver-

269 Steven Weinberg: *Living in the Multiverse.* arXiv:hep-th/0511037 v1 3 Nov 2005 (Zur Diskussion über die Erfolge der Stringtheorie vgl. Lee Smolin: *The Trouble with Physics: The Rise of String Theory, the Fall of a Science, and What comes Next.* Houghton Mifflin 2006 – und dazu den Guest Blogger Joe Polchinski zu den String-Debatten in: http://cosmicvariance.com/2006/12/07/guest-blogger-joe-polchinski-on-the-string-debates)

ursachung umgekehrt wird, weil das zukünftige Ziel in das Netz der wirkenden Agentien der Natur eingeschlossen wird. Diesem Einwand kann man vielleicht noch begegnen, denn immerhin wurden schon physikalische Theorien vorgeschlagen, wie etwa die Dirac'sche Nahwirkungselektrodynamik, bei der Vorbeschleunigungen[270] möglich sind und damit Retrokausalität[271] auftritt.[272] Damit ist gezeigt, dass avancierte Wirkungsketten, die von der Zukunft in die Vergangenheit laufen, nicht grundsätzlich unsinnig sind.

Problematisch ist hingegen der ungeklärte formale und materiale Status von teleologischen Faktoren. Worin besteht die Wirkweise zielansteuernder Faktoren, und was ist der Unterschied zu effektivkausalen Agentien, bei denen Energie oder Impuls von der Ursache auf die Wirkung übertragen wird? Es bleibt einfach unklar, wie sich zielgerichtete Kräfte in das übrige kausale Netz der Natur einfügen. Können die gewöhnlichen physikalischen Wechselwirkungen und die zweckgerichteten Vitalfaktoren an einem Objekt zugleich angreifen, stören sie sich in irgendeiner Weise oder können sie kooperieren? Wie diffizil es ist, den ontologischen und epistemologischen Status von teleologischen Faktoren zu klären, sieht man an dem jüngst von dem kanadischen Philosophen John Leslie gemachten Vorschlag einer Erklärung der Feinabstimmung mittels des „extremen Axiarchismus" (ἀξία = Wert). Leslie verteidigt die neuplatonische Idee, dass ein Wert wie „das Gute" ein *reales* Agens ist, das eine innere Tendenz besitzt, sich im Laufe der Entwicklung des Universums zu verwirklichen.[273] Nach diesem realistischen Verständnis von Werten können diese eine kausale Rolle im Netz der Dinge übernehmen. Bewusstsein, Leben und Intelligenz stellen Werte dar, und diese besitzen nach Leslie eine schöpferische Eigendynamik. Deshalb wird das Universum in jene

270 Vorbeschleunigung bedeutet, dass die Beschleunigung eines Teilchens ein winziges Zeitintervall vor der Wirkung der Kraft auf dasselbe einsetzt.

271 Retrokausalität bedeutet, dass eine Wirkungskette von der Zukunft in die Vergangenheit läuft. (Für eine Analyse der Fernwirkungstheorien des Elektromagnetismus, bei denen retrokausale Prozesse auftauchen vgl. B. Kanitscheider: *Philosophie und moderne Physik*. Darmstadt: Wissenschaftliche Buchgesellschaft, 1979, S. 101 ff.)

272 J. Earman: Causality. *A Matter of Life and Death*. Journal of Philosophy 37 (1976), S. 5–25

273 J. Leslie: *Universes*. a. a. O. S. 165

feinabgestimmte Richtung getrieben, die ein geistiges Leben ermöglicht. Leslies Konzeption ist, wie man sieht, teleologisch, aber nicht theistisch. Die Werte besitzen eine unabhängige kausal wirksame Existenz, sind aber keine Personen. Sie werden auch nicht von weiteren transzendenten Faktoren dirigiert. Aufgrund der inneren Entwicklungstendenz dieser platonischen Entitäten steuert das Universum die Realisierung der Werte an.

Ein naturalistisch orientierter Skeptiker wird gegen Leslies extremen Axiarchismus in zwei Richtungen argumentieren: Erstens sind platonische Entitäten all jenen Einwänden ausgesetzt, die W. V. O. Quine schon vor langem gegen reale Universalien vorgebracht hat[274], sie erfüllen nämlich nicht die Minimalforderung an eine philosophisch respektable Entität: das Identitätskriterium.[275] Abstrakta können im Verbund mit Materie als intrinsische Strukturen existieren, aber nicht als ontologisch autonome Wirkfaktoren, die die Materie vor sich her treiben und sie zu bestimmten geordneten Formationen zwingen.[276] Zweitens sprechen alle einzelwissenschaftlichen Resultate wie neurologischen Befunde dagegen, die Wertvorstellungen des Menschen zu hypostasieren, also zu verdinglichen. Die chemische und elektrische Stimulationsfähigkeit des Gehirns zu emotiven Reaktionen, die Ausfallserscheinungen geistiger Leistungen bei cerebralen Läsionen, die Teilung des Selbstbewusstseins bei Durchtrennung des Corpus callosum (Gehirnbalken) – alle diese Tatsachen lassen sich kaum mit einer ontologischen Entkopplung seelischer und geistiger Aktivitäten vom biologischen Träger vereinen. Werte sind danach subjektive Einstellungen des Menschen, die in den emotiven Zen-

---

274 W. V. O. Quine: *Word and Object*. 8. Aufl. Cambridge, Mass.: The M. I. T. Press, 1973, S. 243

275 W. V. O. Quine fordert als unabdingbar von einem Objekt, dass klar ist, wie viele Exemplare davon in einem bestimmten Bereich vorhanden sind. Diese Forderung lässt z. B. keine *möglichen* Gegenstände zu, da niemand entscheiden kann, z. B. wie viele „mögliche dicke Männer" in einer Türfüllung Platz haben. Dies gilt auch für alle abstrakten Entitäten wie Allgemeinbegriffe, Werte, Denkmöglichkeiten, sie alle können keine vernünftige Dingwelt aufbauen.

276 In Einklang mit einer naturalistischen Position kann ein mathematischer Realismus intrinsischer Art verteidigt werden, bei dem formale Strukturen weder raumzeitliche Entitäten bilden, noch kausal wirksam sind, womit das Paradoxon der Erkennbarkeit abstrakter Entitäten umgangen wird. (J. J. C. Smart: *Comments on Mark Colyvan's „Indispensability of Mathematics"*. Talk given at AAHPSSS conference at Santa Sophia College. University of Sydney, Juli 2002)

tren des Gehirns, z. B. dem limbischen System, verankert sind. Die elementaren Wertorientierungen sind als biologische Adaptionen vermutlich phylogenetischen Ursprungs. Da es sich hierbei um relativ gut gesichertes neurobiologisches Wissen handelt, ist es höchst unglaubwürdig, dass Werte im Wirkzusammenhang des Universums eine Rolle übernehmen können, sei es kausal-zukunftsgerichtet oder teleologisch-retroaktiv. Als späte Produkte der Evolution, die ihren natürlichen Ort nur in einer winzigen Klasse von Subsystemen des Universums haben, können sie keine Triebkraft bei der Steuerung der Feinabstimmung entfalten. Es ist eben keine dogmatische Willkür, dass in modernen Naturerklärungen keine teleologischen Modelle mehr akzeptiert werden, sondern diese Denkform hat weder der begrifflichen Analyse noch der faktischen Erkenntnis standgehalten.

4. Die Physik der Bedeutung

Es gibt noch eine weitere, gleichsam teleologische Denkfigur, mit der für eine objektivierte Verwendung von Sinn argumentiert wurde, diesmal aber im sprachlichen Gebrauch von „Bedeutung". Man kann die durchaus berechtigte Frage stellen, wie semantische Bedeutung von Wörtern, Sätzen und Kontexten in einem rein physikalischen Universum zustande kommt. Nach einer Theorie der Bedeutung von D. Føllesdal ist es die gemeinschaftliche Aktion vieler Sprecher, die Kommunikation mittels der Sprechakte einer kulturellen Gemeinschaft, die Sinn und Bedeutung von Sprache konstituiert.[277] Der Physiker John A. Wheeler hat diesen Gebrauch von semantischem Sinn aufgegriffen[278] und in eine kosmologische Hypothese eingebaut, die insofern für unsere Fragestellung von Interesse ist, als hier die Existenz der Kommunikationsgemeinschaft eine physikalische Funktion erhält. Er nennt seinen Ansatz „a closed circuit of meaning", eine geschlossene Bedeutungsschleife.

Das Universum ist danach eine sich selbst erzeugende Kausalschleife, die zwei Äste besitzt. Der eine Ast führt in der bekannten

277 D. Føllesdal: *Meaning and Experience.* In: S. Guttenplan (Hrsg.): Mind and Language. Oxford: Clarendon, 1975, S. 25

278 J. A. Wheeler: *Bits, Quanta, Meaning.* In: A. Giovannini et al. (Hrsg.): Caianello Celebration Volume. Center for theoretical physics, University of Texas 1984, S. 10

Weise von den physikalischen Gegebenheiten über die biologischen und neurologischen Entwicklungsformen zur Existenz einer Population von sprachlich kommunizierenden Menschen, die Bedeutung stiften. Hier gelten die normale Richtung der Zeit und die übliche Kausalität, Signale breiten sich maximal mit Lichtgeschwindigkeit aus. Diese Sprechergemeinde kann nun aber Fragen stellen, z. B. über komplementäre Größen in der Quantenmechanik. Nach dieser Theorie kommen Eigenschaften der Objekte in einer überlagerten virtuellen Existenzweise vor[279]. Indem ein Beobachter ein elementares Quantenphänomen wie die Abstrahlung eines Photons durch ein Atom durch seinen irreversiblen Akt der Messung – etwa über den Photodetektor im Brennpunkt eines großen Teleskops – manifest werden lässt, konstituiert er ein Ereignis, das aber vielleicht Milliarden Jahre in die Vergangenheit zurückreicht.

Bei dieser retroaktiven, also mit zeitlicher Inversion verbundenen Tätigkeit wird erst das eigentliche quantenmechanische Ereignis hervorgerufen, das nicht existiert, ehe es nicht im Messprozess aus seinem virtuellen Vorkommen materialisiert wurde. Erst wenn ein scharfer Eigenzustand eine quasi klassische Existenzform generiert, kann man davon sprechen, dass ein Objekt existiert.

Nach John Wheeler müssen jetzt beide Wirkungsschleifen zusammengedacht werden, die retardierte, auslaufende Wirkungskette vom materiellen Quantenereignis bis zur bedeutungsstiftenden Sprachgemeinschaft einerseits und von diesen Beobachtern die avancierte, einlaufende Wirkungskette bis zur Konstitution der elementaren Bausteine der Materie andererseits.

Erst beide Teile bauen den „Bedeutungskreis" auf. In dieser idealistischen „recognition physics" fungiert der Mensch als Bedeutungsträger und objektkonstituierender Beobachter an zentraler Stelle im Universum. Ohne ihn gäbe es überhaupt keine separierten klassischen Objekte, das gesamte Universum existierte nur in einem virtuellen Überlagerungszustand möglicher Eigenschaften.

Die Crux von Wheelers Ansatz liegt in seiner speziellen Deutung des quantenmechanischen Messprozesses. Was bei einer quanten-

---

279 Die Überlagerung verschiedener klassisch einander ausschließender Möglichkeiten ist eine typische Charakteristik quantenmechanischer Zustände.

mechanischen Messung wirklich passiert, darüber gibt es eine Vielfalt von Meinungen. Nicht alle Interpreten schließen sich Wheelers Auffassung an, dass das elementare Quantenphänomen, weil es keine eindeutige Lokalisierung in Raum und Zeit erlaubt, weil hier Korrelationszustände von Systemen vorhanden sind, die nicht auf kausale Wechselwirkungen zurückgehen, die Aufweichung des Realitätsbegriffs erzwingt derart, dass von einer subjektunabhängigen Welt gar nicht mehr gesprochen werden darf.

Nicht einmal Bohr selbst, auf den sich Wheeler immer beruft, hat eindeutig den epistemologischen Idealismus befürwortet. An dieser ontologisch konstitutiven Funktion des Aktes der Messung hängt aber die rücklaufende Schleife des „Bedeutungskreises", aufgrund derer der Mensch nun den latenten Quanteneigenschaften des Universums objektive Manifestation verleiht. So muss die Aussagekraft von Wheelers „partizipatorischer" Rolle des Menschen im kosmischen Geschehen doch auf seine Option der Deutung des quantenmechanischen Messprozesses hin relativiert werden.

Es gibt weniger phantastische und der traditionellen Realitätsauffassung nähere Interpretationen der Quantenphysik.[280] In jüngerer Zeit hat sich vor allem die *Dekohärenz-Interpretation* durchgesetzt, welche die Zustandsreduktion dadurch beschreibt, dass das Quantensystem unvermeidlich mit einer Umgebung verschränkt ist. Die Umgebung wird dabei als sehr komplex angesehen, so dass es nicht möglich ist, den darin enthaltenen Anteil der quantenmechanischen Information des Gesamtsystems zu statuieren.

Dementsprechend wird durch eine Summation über die unbekannten Freiheitsgrade der Umgebung für die Beschreibung des Quantenobjektes eine Dichtematrix angesetzt, die in sehr kurzer Zeit in die Diagonalform übergeht, wobei die Diagonalterme die Wahrscheinlichkeiten des Gemisches der Zustände nach dem Reduktionsvorgang enthalten. Wenngleich die Dekohärenz-Interpretation noch

280 M. Bunge: *Treatise on Basic Philosophy*. Dordrecht: Reidel, 1974

nicht alle Anforderungen und Wünsche erfüllt[281], so zeigt sie doch, dass der Messprozess grundsätzlich realistisch verstanden werden kann und dass er nicht in jedem Fall zu idealistischen Kapriolen wie der Bewusstseinsphysik J. A. Wheelers führen muss. So muss man auch hier Zweifel anmelden an der sinnkonstituierenden Rolle des Menschen im Universum. Sie scheint auf einer aus heutiger Sicht problematischen idealistischen Deutung der Quantentheorie zu beruhen, für die gegenwärtig kaum mehr etwas spricht.

5. Die theologische Hypothese

Wir haben bereits betont, dass der Analogieschluss von der Ordnung der Natur auf einen Ordner keine tragfähige Denkfigur darstellt. Weil *manche* Ordnung absichtlicher Planung entspricht, muss nicht *jede* Ordnung in der Welt die gleiche Quelle besitzen. Das heißt nicht, dass es rein *logisch* unerlaubt wäre, die Planung einer transzendenten Macht als Erklärung für die lebensfreundlichen Feinabstimmungen einzusetzen.

Es fragt sich nur, ob diese Alternative im epistemologischen Hypothesenvergleich bestehen kann. Sicher ist, dass durch diese Annahme der naturalistische Erklärungsrahmen verlassen wird, denn der ontologische Typus von supernaturalistischen Wesen ist nun einmal toto genere verschieden von materiellen Objekten. Transzendente Entitäten wie Götter, Engel, Teufel, Dämonen oder abgeschiedene Geister gehören, zumindest wenn man diese Terme in ihrer konventionellen Semantik belässt, heute nicht mehr zum erlaubten Deutungsarsenal der Wissenschaft. Ein Wissenschaftler, der einen sichtbaren Effekt in der Welt, ein reproduzierbares Phänomen als Aktion eines Koboldes oder einer Fee interpretiert, macht sich unglaubwürdig.

---

281 R. Penrose: *The Road to Reality*. New York 2005, S. 802. Penrose ist der Meinung, dass die Beschreibung des Quantenzustandes durch eine Dichtematrix in jedem Fall nur eine Näherung an die volle Quantenwahrheit darstellt, die eigentlich durch einen Zustandsvektor repräsentiert ist, es sei denn, dass die Phasenrelationen tatsächlich durch einen exotischen Prozess der Umgebung, wie eine „schaumartige" Struktur des Gravitationsfeldes im Planckbereich, vernichtet werden. Eine andere Möglichkeit besteht darin, dass bei Vorhandensein eines Schwarzen Loches Information über den Quantenzustand im Loch verschwindet und damit unwiederbringlich verloren ist. Dann könnte man sich damit abfinden, dass der Quantenzustand durch eine Dichtematrix und nicht durch einen reinen Zustand wiedergegeben wird.

Diese ontologische Restriktion ist aber nicht einfach das Ergebnis dogmatischer Intoleranz oder ein zufälliges historisches Resultat skeptizistischer Aufklärungstätigkeit, sondern rational verteidigungsfähig. Der zentrale Einwand gegen jeden Eingriff nichtmaterieller, transzendenter Wesen in den Ablauf der physischen Welt liegt darin, dass dadurch alle Erhaltungssätze für die Energie, den Impuls oder Drehimpuls usw. verletzt würden, da diese nichtmateriellen Entitäten zwar etwas am Lauf der Welt verändern, selbst aber in die Bilanz der Erhaltungssätze nicht eingehen. Hochbewährte fundamentale Naturgesetze müssten durchbrochen werden, wenn ein nicht zur materiellen Welt gehöriger Dämon auch nur ein Molekül Wasser um einen Zentimeter verschiebt. Zudem hat noch niemals ein Befürworter einer supernaturalistischen Erklärung erläutern können, wie eine Wechselwirkung zwischen einem konkreten raumzeitlichen Objekt und einer spirituellen Entität wirklich erfolgen soll. In allen innerweltlichen Kontexten bedeutet Kausalität den Austausch einer Größe, für die ein Erhaltungssatz gilt. Selbst wenn zwei Menschen miteinander sprechen, tauschen sie Information über das Medium von Druckwellen in der Luft aus. Immer sind physische Träger beteiligt, wenn Information übertragen wird. Wie eine Instruktion erfolgen soll, ohne dass eine bestimmte Menge Masseenergie involviert ist, dafür hat bis jetzt noch niemand eine brauchbare Idee gehabt. Letzten Endes hängt die Schwierigkeit mit der Wechselwirkung daran, dass die geistigen Wesenheiten gar nicht positiv in ihren Eigenschaften bestimmt sind. Sie werden meist nur durch die Negation bestimmter materieller Qualitäten wie Masse, Ladung, Raumzeitlichkeit umschrieben. Dies reicht aber nicht, um eine Interaktion wirklich zu klären.

Darüber hinaus lässt sich gegen die theistische Erklärung der Feinabstimmung einwenden, dass das Problem damit nur *verschoben* wird. Es muss eine außerweltliche Entität postuliert werden, innerhalb derer so viel innere Struktur angenommen werden muss, dass dieses übernatürliche Wesen die lebensdienlichen kosmischen Anfangsbedingungen setzt. Man kann aber nicht gehindert werden, weiter zu fragen, warum diese transzendente Macht gerade diese Setzung vorgenommen hat. Die Rückführung der Naturordnung auf die willkürliche Entscheidung eines planenden Ordners kann man mit der Benutzung eines Taxis vergleichen: Man bemüht es eine Zeit lang, dann aber an einer bestimmten Stelle, wo es einem gefällt, verlässt man es. Man bricht also die Erklärungskette dort ab, wo man nicht mehr weiterwill oder nicht mehr weiterweiß[282], weil die innere Aktivität des höchsten Wesens letztlich *unerforschlich* ist. So leidet die theistische Erklärung der Feinabstimmung an einem grundsätzlichen erkenntnistheoretischen Defekt, der auch nicht verbesserungsfähig erscheint, weil die kategoriale Verschiedenheit der beiden involvierten Typen von Agentien konstitutiv für diese Deutung ist.

6. Die Vielweltenhypothese

Zuletzt hat die Wissenschaft selbst eine Erklärung angeboten, die Feinabstimmung zu verstehen, nämlich durch die Existenz vieler Welten. Unser Erstaunen über die lebensbegünstigenden Anfangsbedingungen schwindet, wenn wir annehmen, dass es nicht nur eine *einzige Welt* gibt, sondern eine große Zahl mit völlig verschiedenen physikalischen Eigenschaften, wobei die Mehrzahl dieser Welten lebensfeindlich ist.[283] In jenen Welten dieses Ensembles, die für Lebensentstehung ungünstige Werte der Konstanten und Parameterkombinationen besitzen, werden sich keine komplexeren Materieanordnungen bilden, sie werden die rein physikalische Ebene der Entwicklung nie verlassen. Unter dieser Annahme ist es nicht mehr verwunderlich, dass unsere Welt eine solche Anhäufung von seltenen physikalischen Bedingungen besitzt, denn nur in ihr kann ja Leben entstehen.

Die *Vielweltenhypothese* ist im physikalischen Kontext nicht so weit hergeholt, wie man meinen möchte. Auf den ersten Blick scheint es schlechte Methodologie zu sein, zur Erklärung bestimmter Züge unseres *einen* Universums die Existenz *vieler* weiterer Universen zu fordern. Das sieht statt nach ontologischer Sparsamkeit nach ontologischer Verschwendung aus. Es kommt aber darauf an, wie man das Sparsamkeitsprinzip anwendet. Aus der Elementarteilchenphysik ist

---

282 Für eine detaillierte Analyse vgl. A. Flew: *God, a critical enquiry*. LaSalle (III.): Open Court, 1984

283 Der Begriff des Multiversums ist nicht eindeutig und hängt davon ab, welche Konstanten und Parameter einer Variation unterworfen werden. Für einen Vorschlag einer Taxonomie der vielen Welten vgl.: G. F. R. Ellis et al.: *Multiverses and physical cosmology*. Monthly Notices of the Royal Astronomical Society 347 (2004), S. 921–936.

der Grundsatz wohlbekannt, dass alles, was nicht durch Erhaltungssätze verboten ist, tatsächlich vorkommt. Alle Zerfälle von instabilen Teilchen, die gestattet sind, lassen sich auch tatsächlich beobachten. Käme etwas Erlaubtes nicht vor, würde man Zusatzbegründungen verlangen, *warum* bestimmte Reaktionen nicht in den Experimenten auftauchen. Dennis W. Sciama hat diesen Grundsatz auf die Kosmologie übertragen.[284] Nach der kosmologischen Standardauffassung, die nur mit einem einzigen Universum arbeitet, müssen wir annehmen, dass alle anderen möglichen Welten aus unbekannten Gründen nicht existieren. Diese starke Annahme kommt einer *Entscheidung* gleich, die wir nicht verstehen. Wenn wir, und das ist eine andersartige Anwendung von Ockhams Prinzip, statt mit *Entitäten* mit *Restriktionen* sparsam umgehen und als Realität all das auffassen, was kompatibel mit den Beobachtungen ist, gelangen wir zur Hypothese der Existenz vieler Welten, die getrennt von uns existieren und in denen die Gesetze, Naturkonstanten und kosmischen Parameter andersartig sind. Wenn nun alle möglichen Welten existieren, ist es nicht mehr erstaunlich, dass in einer von ihnen die „Feinabstimmung" vorkommt, die unsere Lebensformen hervorgebracht hat. Der Einwand, dass die anderen Universen unbeobachtbar sind, wiegt nicht schwer, solange man zeigen kann, dass durch diese Annahme ein sonst unerklärbares Faktum verständlich wird.

Die Idee einer Pluralität von Welten hat eine lange Geschichte. Außerdem wurde sie auch in der modernen Physik schon wiederholt bei sehr widerspenstigen Erklärungssituationen eingesetzt. Um den rätselhaften Vorgang der Reduktion des Zustandsvektors in der *Quantenmechanik* der Messung zu verstehen, machte Hugh Everett 1957 die Annahme, dass im Augenblick der Messung sich unsere Welt in viele Elemente aufspaltet, in denen alle mit der Ausgangssituation verträglichen Messergebnisse realisiert sind.[285] Der Grund für eine solche bizarre These liegt in der den quantenmechanischen Messprozess vereinfachenden Annahme, dass der Zustandsvektor die

---

284 D. W. Sciama: *The Anthropic Principle and the Non-Uniqueness of the Universe*. In: F. Bertola und V. Curi: The Anthropic Principle. Cambridge: UP, 1993, S. 107

285 H. Everett III: *„Relative state" formulation of quantum theory*. Rev. Mod. Phys. 29 (1957), S. 463–465

gesamte Quantenrealität repräsentiert und dass der unitäre Prozess der deterministischen Entwicklung niemals suspendiert wird, weshalb alle Komponenten der linearen Superposition als wirklich existierend anzusehen sind.

Eine andere Verwendung der Idee eines Multiversums wurde in der Kosmologie eingesetzt. Um das *Singularitätenproblem* in der Kosmologie zu lösen, nahm John Archibald Wheeler an, dass das Universum in der Phase des Rekollaps – er dachte dabei an ein relativ dichtes Universum, das sich nach einer endlichen Laufdauer wieder kontrahiert – einen quantenmechanischen Streuvorgang erfährt, der das Universum in distinkte Welten aufteilt, die dann jede für sich ein definitives Eigenleben führen.[286]

In der Theorie der chaotischen Inflation von Andrei Linde ergeben sich Bereiche mit sehr unterschiedlicher Inflation, die alle Arten von Universen mit den verschiedensten physikalischen Eigenschaften unter sich begreifen.[287] Die meisten Welten sind kosmische Wüsten, nur selten findet sich eine Oase, in der Leben existieren kann. Wir müssen sicher in einer solchen Oase leben, aber wir sollten nicht annehmen, dass die gesamte Realität so beschaffen ist.

Und vergessen wir nicht, dass auch unser *Standard-Urknall-Modell*, zumindest wenn wir die einfachste globale topologische Zusammenhangsform wählen, unendlich viele kausal entkoppelte Bereiche enthält. Unter diesen Teilbezirken des Universums existiert zwar ein raum-zeitlicher Zusammenhang, aber kein kausaler Konnex. Von den Galaxien, die sich jenseits des Hubble-Radius von uns mit Überlichtgeschwindigkeit entfernen, kann keine Information zum lokalen Beobachter gelangen, obwohl am Hubble-Radius die Raumzeit völlig regulär ist.

In jüngster Zeit ist der Begriff des einheitlichen Universums noch in anderer Weise aufgeweicht worden.[288] Wenn man eine vierdimen-

---

286 J. A. Wheeler: *From Relativity to Mutability*. In: J. Mehra (Hrsg.): The Physicist's Conception of Nature. Dordrecht: Reidel, 1973, S. 202–247

287 A. D. Linde: *The universe: inflation out of chaos*. New Scientist 7 (März 1985), S. 14–18

288 J. D. Barrow: *Die Entwicklung des Universums*. In: E. Sens (Hrsg.): Am Fluß des Heraklit. Neue kosmologische Perspektiven. Frankfurt/Leipzig: Insel Verlag, 1993, S. 44–70

sionale Raumzeit betrachtet, hat sie im einfachsten Fall die Zusammenhangsform[289] einer Viererkugel. Die mathematische Disziplin der Topologie lässt es jedoch zu, dass dieser Viererraum mit einem System von „Henkeln“ und „Röhren“ ausgestattet ist, sogenannten *Wurmlöchern,* die das Universum zu einem schwammartigen Gebilde von größeren und kleineren Bereichen („Baby-Universen“) machen. Die Analyse dieser Zusammenhangsformen ermöglicht es, die Werte der Naturkonstanten durch die gemeinschaftliche Wechselwirkung aller Henkel eines Universums bzw. der Wurmlöcher in anderen Welten zu bestimmen. So gesehen sind diese Welten nicht unerkennbar. Sie sind sowohl bezüglich der Mächtigkeit des Ensembles als auch hinsichtlich ihrer Verteilungsfunktion im Ensemble analysierbar.[290]

Viele Welten sind also, das sollten die vorstehenden Beispiele zeigen, schon öfter im Erklärungsschema der Naturwissenschaft aufgetaucht. Es sind alles Welten, in denen zu unseren fundamentalen Naturgesetzen analoge Beziehungen gelten, in denen die Naturkonstanten, Teilchenmassen und Stärken der Kräfte andere Werte besitzen. Es sind alles gesetzesartig strukturierte Welten, die sich im Prinzip mit unseren gedanklichen Mitteln beschreiben lassen.

Wenn man nun die Hypothese ansetzt, die Feinabstimmung unserer Welt für die Lebensentstehung durch ein Ensemble von Universen verständlich zu machen, dann hat man zwar den kausalen Verlauf der Entstehung dieser günstigen Randbedingungen nicht rekonstruiert, wohl aber das *Erstaunen reduziert* über dieses extrem unwahrscheinliche Zusammentreffen.

Für diejenigen, denen die Vielweltenhypothese trotzdem noch verschwenderisch erscheint, sei darauf hingewiesen, dass das Weltensemble keineswegs unendlich groß sein muss, es muss auch nicht alle physikalisch möglichen Universen umfassen. Dazu ein Beispiel: Wenn man eine ausreichend große Gruppe von Schimpansen an einer Schreibmaschine statistisch beliebige Permutationen von Buchstaben

289 Diese qualitative geometrische Eigenschaft drückt aus, wie man die Punkte eines Körpers verbinden kann. So haben Kreis und Rechteck gleichen, aber Kreis und Brezel verschiedenen Zusammenhang.

290 Vgl. dazu die schon erwähnte Arbeit von W. R. Stoeger et al.: *Multiverses and Cosmology: Philosophical Issues.* arXiv:astro-ph/0407329 v1 16 Jul 2004

zusammensetzen lässt, werden sie nach langer Zeit auch einmal auf eine Buchstabenkombination stoßen, die einem sinnvollen Gedicht entspricht. Aber weder bedarf es dazu unendlich vieler Affen noch unendlich langer Zeit, um einzusehen, dass der Zufall erstaunliche Dinge hervorbringen kann.[291]

Was bedeutet nun die Vielweltenhypothese für die Stellung des Menschen?

Für die *Sinnfrage* ist die Vielweltenhypothese zweifellos ebenfalls enttäuschend, denn gerade das Besondere, die Eigenart unseres Universums, die nach traditioneller Selbsteinschätzung uns Menschen als Krone der Evolution hervorgebracht hat, verschwindet bis zur Unkenntlichkeit in der Vielzahl der die gesamte Realität ausmachenden physikalischen Universen.

In Fortsetzung eines Gedankens von Sigmund Freud kann man in der Vielweltenhypothese statt einer *Quelle von Sinn* eher eine weitere *mögliche Kränkung* der Eigenliebe des Menschen sehen, die jene geistesgeschichtliche Entwicklung fortsetzt, die mit Kopernikus begonnen hat. Damals musste der Mensch einsehen, dass sein planetarer Wohnort nicht der Mittelpunkt des Universums ist. Darwin brachte ihm bei, dass er ein Durchgangsstadium in einer langen, sich in die Zukunft fortsetzenden Kette von Evolutionsschritten ist. Freud zeigte ihm mit seiner Psychoanalyse auf, dass der Mensch nicht einmal Herr im Haus seines eigenen Gefühls- und Trieblebens ist, sondern vielmehr von den dunklen Mächten seines Innenlebens in unbeeinflussbarer Weise gesteuert wird.[292]

Die kosmologische Vielweltenhypothese deutet darauf hin, dass auch unser Universum, trotz der Feinabstimmung seiner Konstanten, keine ausgezeichnete Rolle im Gesamtverband der umfassenden Realität spielt, sondern dass wir hier einem *subjektiven Selektionseffekt* ausgesetzt sind, der uns eine besondere Bedeutungshaftigkeit unseres Universums vorspiegelt.

Natürlich dürfen wir uns als Menschen darüber freuen, dass zumindest ein Exemplar aus dem gesamten Ensemble von Welten die

---

291 J. Leslie: *Universes*. a. a. O. S. 14

292 S. Freud: *Vorlesungen zur Einführung in die Psychoanalyse*. In: S. Freud, Studienausgabe Bd. I, hrsg. von A. Mitscherlich et al. Frankfurt: Fischer, 1969, S. 284

lebensfreundlichen Anfangs- und Randbedingungen erfüllt. Aber es lässt sich aus der berechtigten Genugtuung über unsere Existenz keine metaphysische These über den Sinn und die Rolle dieses unseres Universums ableiten. Die Tatsache, dass unsere Welt zur erkennbaren Teilmenge des gesamten Ensembles gehört, ist eine notwendige Bedingung für unsere Existenz, aber eine besondere Bedeutungshaftigkeit besitzt diese intelligible Untermenge aller Welten nicht.

XIII. Leben in einem sinnleeren Universum

So müssen wir denn auch nach dem vorstehenden Hypothesenvergleich der Erklärungen für die Besonderheit unseres Universums konstatieren, dass ein objektivierbarer kosmischer Sinn nicht zu fassen ist. Er entschwindet jedes Mal, wenn man ihm auf der Spur zu sein scheint. Der Wunsch ist heftig, und daraus erklären sich auch die verschlungenen Wege, auf denen nach einer greifbareren faktischen Verankerung für die Lebensorientierung gesucht wird. Aber selbst wenn die Suche nicht erfolgreich war, bleibt natürlich die psychologische Frage bestehen, wie man es dem Menschen beibringen kann, dass es mit dem objektiven Sinn des Universums nichts auf sich hat. Die Akzeptanz dieser Konsequenz rationaler Erforschung des Universums ist gering. Die Strategien zur Umgehung dieser Einsicht sind vielgestaltig. Zu stark ist der existentielle Druck, den Sinn mit intellektuell unredlichen Mitteln zu erzwingen und zuerst sich und dann die Mitmenschen über den Status angeblich eherner Grundsätze zu täuschen. Konfrontiert mit den enttäuschenden Resultaten der Suche nach dem objektiven Sinn, reagieren viele Zeitgenossen mit resignierendem Trotz und behaupten, dass sie in einer solch trüben Welt nicht leben können.

Gerade dieser scheinbaren Konsequenz, dass das Leben sich unter naturalistischer Perspektive nicht lohnt, sei im Folgenden entgegengetreten. Die Einsicht in das Fehlen jeglicher permanenten, die Zeiten überdauernden Sinnhaftigkeit entspringt der *kosmologischen Langzeitperspektive* und dem eschatologischen Wissen um die unüberschreitbare Grenze der eigenen Existenz, der im Großen der thermodynamische Wärmetod des Universums entspricht. Dieser Erkenntnis entnehmen wir, dass die Welt unsere Existenz kaum zur Kenntnis nimmt und sich nach unserem Ausscheiden alsbald so verhält, als ob es uns nie gegeben hätte. Entscheidend ist jedoch das Folgende: Niemand zwingt uns, unser Leben allein vom Blickwinkel des „Endes aller Dinge" zu betrachten.

Diese Sichtweise hat den Charakter der Wahl eines Bezugssystems, aber eines, das keinen ausgezeichneten Status besitzt. Bertrand Russell hat uns schon vor einiger Zeit ermahnt, uns nicht von der

Langzeitperspektive entmutigen zu lassen und stattdessen besser den *Kurzzeitblickwinkel* einzunehmen:

> „*Therefore although it is of course a gloomy view to suppose that life will die out... it is not such as to render life miserable. It merely makes you turn your attention to other things.*"[293]

Das, worauf wir nach Russell unsere Aufmerksamkeit richten sollen, sind das Naheliegende, das Erreichbare, der kommende Tag und dessen Möglichkeiten. Es ist nur ein traditionsbeladenes Vorurteil, dass man sich permanent die Stimmung des Tages und die Freude des Augenblicks durch düstere Antizipationen kosmischer Endzeitlichkeit verderben lassen muss. So hat es schon Epikur gelehrt, und Horaz hat es in die berühmten Worte gefasst „dum loquimur fugerit invida aetas: carpe diem quam minimum credula postero"[294] – da wir noch sprechen, ist schon entflohen die neidische Zeit, greif diesen Tag, nimmer traue dem nächsten. Dieses vielzitierte Wort von Horaz bedarf der Interpretation. Es ist gelegentlich im Sinne einer völligen Vernachlässigung jeglicher langzeitlicher Lebensplanung gedeutet worden; eine Empfehlung, die man niemandem geben mag, da sie jemand als momentanes Verschwenden aller materiellen Rücklagen deuten könnte. Gemeint ist mit dieser Lebensmaxime nur, die Möglichkeiten der Freude, die das Leben gegenwärtig bietet, nicht ungenützt zu lassen, nicht auf die unsichere Zukunft zu vertrauen und die Hoffnung, dass eine solche Gelegenheit noch einmal kommen wird. Das Richten der Aufmerksamkeit auf das Potential der Gegenwart bedeutet die Abkehr von der Perspektive der kosmischen Zeit.

Wittgenstein hat es pointiert ausgedrückt: „Wenn man unter Ewigkeit nicht unendliche Zeitdauer, sondern Unzeitlichkeit versteht, dann lebt der ewig, der in der Gegenwart lebt."[295] „Ist dies aber möglich?", wird der Skeptiker fragen. Kann ich denn wirklich die endzeitliche Sehweise ausblenden, und läuft die epikureische Fokussierung auf den kommenden Tag nicht auf eine Selbsttäuschung hinaus? Ist

---

293 B. Russell: *Why I am not a Christian*. New York: Simon & Schuster, 1957, S. 11

294 Horaz: *Oden* I, 11, 8

295 L. Wittgenstein: *Tractatus logico-philosophicus*. 6.4311

die wahre Sicht der Dinge nicht doch die der realen physikalischen Zeit mit ihrem terroristischen Nimbus, wie Loschmidt dies genannt hat? Wie viel Freiheitsspielraum haben wir denn, sowohl von unserer Anlagenseite wie auch von den sozialen Prägungen her, unsere Verhaltens- und Einstellungsmuster selber zu beeinflussen?

Man darf an dieser Stelle nicht in den Argumentationsfehler des Fatalismus verfallen, wonach aus der Kausalstruktur unseres Bewusstseins eine völlige Lähmung unserer Handlungsmöglichkeiten folgt. Auch ohne in ein illusionäres kontrakausales Freiheitsszenarium abzugleiten, lässt sich, in Einklang mit dem psychologischen Determinismus der Motive, eine *Selbststeuerung* konzipieren, die ein reflexives Umgehen mit den eigenen Lebenszielen ermöglicht.

Wir können in der Tat vom übergeordneten Ziel der Lebensoptimierung her, unter Einsatz der uns von der Natur verliehenen *Autonomie*, über Verhaltensmuster nachdenken und dann dasjenige auswählen, das uns nach dieser Reflexion zum gelungenen Leben führt. Die menschliche Seele erlaubt eine Schichtung der Reflexionsniveaus, und diese Hierarchie der Ebenen des Denkens über sich selbst gestattet dann auch eine Wahl und eine Entscheidung. Unsere Handlungsfreiheit bezieht sich nicht nur auf den Umgang mit der externen Realität, sondern ebenso auch auf unser mentales Innenleben. Wir können mit uns selber sprechen und unter Ausnützung der hierarchischen Ordnungsstruktur der emotiven Beweggründe uns selber in Bezug auf unsere lebensdienlichen Handlungsmuster optimieren. Dazu wird keine akausale, der neurobiologischen Struktur unseres Gehirnes widersprechende Willensfreiheit gebraucht. Die kausal agierende Handlungsfreiheit reicht aus, uns, *wenn* wir es wünschen, in Richtung auf ein freudvolles gelungenes Leben zu programmieren. Ausgangspunkt für eine solche Reflexion kann das Unbehagen sein, das wir im Leben empfinden, wenn wir, wie Tolstoi oder Camus, von der objektiven Endlichkeit gebannt, permanent auf den Endpunkt unseres Daseins starren.

Von daher kann sich unter Einfluss philosophischer Argumentation eine Umkehr der Perspektive entwickeln, die sich einer besseren Bilanz eines freudvollen gelungenen Lebens öffnet. Der Anstoß zu einer solchen Öffnung muss durch den Willen gegeben werden. Er ist der Motor der Veränderung. Die Einsicht kann dann die Veränderung einer Lebenseinstellung leiten.

Die Betonung der Freude an einer erfüllten Gegenwart findet sich in der philosophischen Position des *Hedonismus* wieder, den wir eingangs bei der Durchmusterung der Positionen zum Sinnproblem bereits erwähnten. Die ἡδονή hat ein breites Bedeutungsspektrum, das von Freude, Vergnügen, Genuss bis zur Sinnenlust reicht. Der ethische Hedonismus hat nach der griechischen Antike, in der er entstand, bedeutende Vertreter in der Renaissance und dann unter den englischen Empiristen gefunden.[296] Hobbes und Hume haben ihn verteidigt, und bei Bentham und Mill wird er als Glücksprinzip zu einer Variante des Utilitarismus. Aber bereits in der Antike trennen sich zwei Deutungen von ἡδονή. Aristippos von Kyrene (435–350), den wir weiter oben schon erwähnten, hat sich für das Lebensideal der physischen Freude als reichster Glücksquelle ausgesprochen und dafür plädiert, die Lust der Sinne im Leben zu maximieren.[297] Seine lebenspraktische, grundsätzlichen Konfliktsituationen abgeneigte Lebenseinstellung wird aus jener humorvollen Episode deutlich, die Diogenes Laërtius berichtet: Dionysios ließ Aristipp einmal drei weibliche Schönheiten vorführen mit der Aufforderung, sich eine auszuwählen; dieser nahm aber gleich alle drei zu sich mit den Worten: „Auch dem Paris hat es keinen Segen gebracht, *einer* den Vorzug zu geben."[298]

Aus dieser Anekdote können wir entnehmen, dass Aristipp empfiehlt, zu stark prinzipiengeleitete Entscheidungen zur Vermeidung tragischer Züge des Lebens zu umgehen. Lebenskunst bedeutet, vom Prinzipiellen und damit auch vom Heroischen Abstand zu nehmen. Sinnvoller ist es, mit situationsorientierten Strategien praktikable Wege zu finden, um konfliktträchtige Entscheidungen, speziell in Liebesdingen, zu umschiffen. Lebenstragik gründet eben oftmals im blinden Befolgen von Grundsätzen, die für unmittelbar einsichtig

296 Für eine ausführlichere Darstellung der geschichtlichen Entwicklung vgl. B. Kanitscheider: *Die Materie und ihre Schatten. Naturalistische Wissenschaftsphilosophie*. Aschaffenburg 2007. S. 217 ff.

297 Diogenes Laërtius: *Leben und Meinungen berühmter Philosophen*. a. a. O., II, 66

298 Diogenes Laërtius: *Leben und Meinungen berühmter Philosophen*. a. a. O., II, 66, S. 92

und unüberschreitbar gehalten werden. Reflexion über die eigenen Lebensmaximen kann wundersame Veränderungen auslösen und selbstgemachte Konflikte aus der Welt schaffen.

Aus der gleichen Quelle erfahren wir, dass Aristipp als höchstes Ziel die sanfte, zur intensiven Empfindung sich steigernde Bewegung angesehen hat, welche für ihn *Lust* darstellt, als deren Gegenbegriff er den *Schmerz* als raue oder ungestüme Bewegung betrachtet. Bewegung, zentral für den kyrenaischen Lustbegriff, hat speziell im Kontext von Liebesaktivitäten besonderen Sinn. Alles Angenehme ist nach Aristipp auf einer kontinuierlichen Skala angeordnet und im Prinzip beliebig, nach dem Einfallsreichtum des Einzelnen, steigerungsfähig. Auch macht er keine kategorialen Unterschiede in Bezug auf Typen des Begehrenswerten. Alles, unabhängig davon wie es zustande gekommen ist, stellt einen erstrebenswerten Zustand dar, wenn es den Sinnen wohltut.[299] Der reine Wegfall der Schmerzen, die bewegungslose Ungestörtheit der Sinne, ist, anders als bei Epikur, kein erstrebenswertes Ziel.[300]

Als Begründung für den Primat der körperlichen Lust führen die Kyrenaiker die schwer abweisbare Evidenz an, mit der sich bei allen Menschen seit ihrer Kindheit das Streben zu diesem Zustand aufdrängt. Die erklärungsheischende Frage, *warum* wir diese Empfindungen anstreben, weisen wir, vermutlich mit dem Ausdruck der Verständnislosigkeit, zurück. Die kyrenaische Evidenz kann man sich verdeutlichen, wenn man kausale Fragen nach dem Ziel des Begehrens betrachtet. Einem Verliebten die Frage zu stellen, *warum* er denn unbedingt mit der geliebten Person zusammen sein möchte, wird er als unsinnig abweisen oder die Vermutung äußern, dass der Fragesteller niemals dieses evidente Erlebnis gehabt hat. Aus dieser intuiti-

---

299 Es ist bemerkenswert, dass auch Denker wie Paul Kurtz, die in der schöpferischen Tätigkeit des Berufslebens den obersten Wert sehen, im aktiven Hedonismus der Sexualität gleichsam das emotionale Korrelat finden: „Among the finest pleasures of life are the joys of sexual passion und eroticism. Celibates have commited a sin against themselves, for they have repressed the most exquisite pleasure of all: the full and varied sexual life that is so essential to happiness. We must, therefore, be open to the multiplicities of sexuality. We ought to act out and fulfil our fantasies, as long as they are not self-destructive or destructive of others; and we ought to be free to enjoy the full range of pansexual pleasures." (P. Kurtz: *Where is the Good Life? Making the Humanist Choice.* Free Inquiry 18/3 (Sommer 1998), S. 24)

300 Diogenes Laërtius: *Leben und Meinungen berühmter Philosophen.* a. a. O. II, 85

ven Basis, die für alle Menschen nachvollziehbar erscheint, speist sich die hedonistische Glücksethik.

Wesentlich für den positiv empfundenen Seelenzustand ist nach dieser Philosophenschule die *Aktivität;* weder das Sehen oder das Hören noch das Hoffen oder Erinnern an vergangene Erlebnisse sind der aktualen Lustempfindung gleichwertig. Aristipp und die Kyrenaiker wussten natürlich, dass im Leben dem Erlangen ihres höchsten Gutes sich manche Hindernisse entgegenstellen, dass oftmals Unlust und sogar Schmerz in Kauf genommen werden müssen, aber dies besagt eben nur, dass die Glückseligkeit als Gesamtsumme aller emotional positiv getönten Erlebnisse nie vollständig erreichbar ist. Wohl lassen sich jedoch punktueller Frohsinn und angenehmes Erleben realisieren. Eine rationale Kontrolle des Luststrebens findet insofern statt, als der Weise sich nicht durch seine Gefühle in ausweglose nachteilige Situationen drängen lässt. Ein lebenskluger Mensch zügelt seine Wünsche wie ein Reiter sein Pferd. Er lässt sich an den Ort bringen, den er sich ausgesucht hat, aber er verhindert, dass das Pferd mit ihm durchgeht. Ebenso schlägt die Weisheit des Philosophen aus Kyrene vor, das Ziel seiner Begierden an seine Möglichkeiten anzupassen und sich vor allem nicht in Abhängigkeiten zu begeben, die die eigene Autonomie und weitere Selbstbestimmung des Handelns gefährden könnten. Aber man darf die Lustkontrolle und die Bedenken gegenüber dem Verlust der autonomen Steuerung auch nicht überborden lassen, sonst gefährdet man das Ausschöpfen des Potentials der Ekstase. Das delphische μηδὲν ἄγαν muss auch auf die Restriktionen angewandt werden, damit nicht zu viel Erlebnisqualität im Leben verloren geht. „Nichts ist schwerer“, lässt Annemarie Pieper ihre Romanheldin sagen, „als in jeder Situation das richtige Maß zu finden. Wahrscheinlich besteht darin die ganze Lebenskunst, zwischen einem Zuviel und einem Zuwenig die angemessene Mitte zu erkennen. Daher… ist es notwendig, ab und zu über die Stränge zu schlagen. Wie soll man sonst wissen, wo die Grenzen sind?“[301] So kann der Rat der hedonistischen Tradition nur etwas sibyllinisch lauten, sparsam mit beiden umzugehen, mit der Schrankenlosigkeit und auch den Schranken.

---

301 A. Pieper: *Die Klugscheisser GmbH.* Basel: Schwabe, 2007, S. 249

Nun ist der Lebenslauf der Menschen zumeist nicht allein von freudvoller Ekstase geprägt. Der Weise stellt sich auch auf Schmerz ein und lässt sich nicht von unrealistischen Trugvorstellungen verführen. Gerade in Bezug auf das Bewältigen von kontingenten, widerwärtigen Hindernissen auf dem Weg zu einem zufriedenstellenden lustvollen Dasein können wir heute Lebenden viel von den Kyrenaikern lernen, weil sie in einer Zeit philosophierten, in der das Dogma von der allein selig machenden transzendenten Sinnhaftigkeit keineswegs internalisiertes Allgemeingut war. Der Dualismus von Körper und Seele und die persönliche Unsterblichkeit waren damals nicht selbstverständlich, sondern allenfalls diskutierte Hypothesen unter den Philosophenschulen. Die dem Atomismus verbundenen Denker mussten ihre Lebensregeln ohne Rekursmöglichkeit auf ein Weiterleben nach dem Tod erarbeiten, deshalb sind ihre Ratschläge für uns Heutige so lehrreich. Der eigentliche Ahnherr des gelungenen freudvollen Lebens, Aristippos, ist viel weniger bekannt als Epikur, der Gründer der „Philosophie des Gartens", den man im Allgemeinen mit der Idee des Hedonismus in Zusammenhang bringt.

Epikuros aus Athen (342–271) kam zur Philosophie, da ihm seine Schulmeister keine Auskunft über das Wesen des Chaos bei Hesiod zu geben vermochten.[302] Seine Lebenseinstellung weist eine wesentlich stärkere theoretische Komponente auf als jene des Aristippos, was sich darin ausprägt, dass er neben den bekannten Sinnengenüssen auch von der „beseligenden Stimmung bei der Erforschung der himmlischen Erscheinungen" spricht.[303] Die Kenntnis der Naturzusammenhänge hat bei Epikur auch die Funktion, Angst und Schrecken vor undurchschaubaren Phänomenen zu beseitigen; denn er legt bei aller Betonung der Lustbarkeiten des Lebens auf Gemütsruhe und ausgeglichene Stimmung wert. „Erstens darf man aus der Erkenntnis der Himmelserscheinungen... kein anderes Endergebnis erwarten als ungestörte Seelenruhe und feste innere Zuversicht, worauf ja auch sonst alles hinzielt."[304] Für Epikur ist also ungestörte Seelenruhe das

302 Diogenes Laërtius: *Leben und Meinungen berühmter Philosophen.* a.a.O. Buch X, 2

303 Epikur: *Brief an Herodot.* Diogenes Laërtius X, 78, a.a.O. S. 259

304 Epikur: *Brief an Pythokles.* Diogenes Laërtius X, 86, a.a.O. S. 263

Ziel des glückseligen Lebens, hierin hat die Lust ihre Bedeutung, denn sie wird benötigt, weil wir ihr Fehlen schmerzlich empfinden.[305]

Als Vehikel zur Überwindung der seelischen Spannungen, zur Wiedergewinnung des fehlenden Gleichgewichts, hat die lustvolle Betätigung ihren genuinen Ort. Damit hat sich die Gewichtung, wenngleich nicht die Lebenspraxis gegenüber Aristipp verschoben. Wir müssen in kluger Auswahl den Umgang mit dem lustvollen Leben lernen und mit nüchterner Verständigkeit die Freuden und Genüsse wählen und meiden.[306] Denn anders als die schicksalsgläubigen Stoiker meinten, weiß der naturkundige Epikureer, dass die Welt durch Notwendigkeit und Zufall regiert wird und unser Wille frei vom fremdbestimmenden Verhängnis ist. In dieser Ausnutzung des Vermögens der Selbstbestimmung und Selbstbeschränkung liegt die Weisheit der epikureischen Lehre. Bezüglich des Spielraumes der Aktivitäten, die dem Leben Wert verleihen, denkt Epikur weiter. Er verengt das Lebensziel nicht auf die dynamische Form der körperlichen Freude, sondern schließt beides, die sinnliche Bewegung und den kontemplativen Ruhezustand, in die Zielvorstellung ein. Seine Ethik ist aber keine Tugendlehre. Wie man die Heilkunst auch nur der Gesundheit wegen zu Rate zieht und nicht um ihrer selbst willen, so ist die Tugend auch niemals Selbstzweck, sondern nur Weg, um den lustvollen Lebenszustand auf klugem Wege zu erreichen. Die medizinische Analogie reicht sogar noch weiter. Der Kluge wird seinen Körper gut behandeln, weil dieser nur dann seinen Besitzer das Optimum an Lustempfindungen erleben lässt. Ein besonnener Umgang mit den eigenen Lustzentren ist ein Akt der Lebensklugheit. Wenn man die Ratschläge des Epikur berücksichtigt, sollte man in der Lage sein, nicht nur ein freudvolles, sondern auch ein einsichtsvolles, preiswürdiges und gerechtes Leben zu führen.[307] Man sollte sich auch von der metaphysischen Illusion erlösen lassen, dass der Tod die einzige bedeutungsvolle Sache im Leben sei, wie jene lehren, die allein vom Ende her verängstigt sind.

---

305 Epikur: a. a. O. X, 128

306 Epikur: a. a. O. X, 132

307 Epikur: a. a. O. X, 140

Beiden Formen der Lustethik ist noch eine weitere lebenspraktische Maxime gemeinsam, die hohe Gegenwartsrelevanz besitzt, die *Selbstsorge.*

Ob man nun den reinen Hedonismus des Aristippos sich zum Vorbild nimmt oder den erweiterten, auf Seelenfrieden ausgelegten Hedonismus des Epikur, von beiden griechischen Lebensformen können wir lernen. Man kann daraus entnehmen, wie eine diesseitige, weder von tradierten moralischen Regeln noch von Fixierungen auf transzendente Wesen her blockierte Lebensorientierung aufgebaut werden kann, die, in Einklang mit dem positiven Wissen über die Welt, einen Wegweiser zur Bewältigung von Kontingenz repräsentiert. Aufgrund seiner Unabhängigkeit von externen Sinnbezügen und seiner immanenten Autonomie kann der Hedonismus gerade heute als lebensphilosophische Option einer naturalistischen Weltsicht gelten.

Vielen Kritikern kommt bei der hedonistischen Orientierung die Vernunft zu kurz. Dies ist aber nicht richtig. Ohne vernünftige Steuerung, Lenkung der Triebstruktur ist das hedonistische Ziel nicht zu erreichen. Dies hat David Hume später, ganz in der kyrenaischen und epikureischen Tradition, nochmals betont: „Die Vernunft ist die Sklavin der Leidenschaften; und sie soll es sein und bleiben. Sie kann nie eine andere Rolle beanspruchen, als den Leidenschaften zu dienen und ihnen zu gehorchen."[308]

Viele Philosophen haben sich über diesen Ausspruch des sonst so kühlen, ausgeglichenen Empiristen entsetzt. Von Spinoza[309] bis Karl Popper[310] plädierten die meisten Denker dafür, die Affekte und Leidenschaften zu bändigen und zu unterdrücken, wie eigentlich geschichtlich sich die Ethik, speziell die christliche, zum größten Teil als Anleitung zur Triebsublimierung verstanden hat. Man kann vermuten, dass dies ein spezifischer Philosophendefekt ist, weil diese aufgrund ihrer Reflexionstätigkeit gar nicht mehr in der Lage sind, das

308 David Hume: *A Treatise of Human Nature* (1739–1740). Buch II. Hrsg. von L. A. Selby-Bigge. Oxford: Clarendon, 1988, S. 415

309 B. de Spinoza: *Ethik.* Buch V, Prop. III

310 K. R. Popper: *Wie ich Philosophie sehe.* In: G. Lührs et al.: Theorie und Politik aus kritisch-rationaler Sicht. Berlin: Dietz, 1978, S. 1–16

Lustpotential ihres eigenen Körpers auszunützen. So versteht man, warum die Überzahl der Denker solch ein gebrochenes Verhältnis zur Sinnlichkeit besaß, eine Haltung, die sie dann unbewusst in ihre Ethik haben einfließen lassen. B. Russell war hier eine bemerkenswerte Ausnahme. Er hat uns auch den richtigen Hinweis gegeben, wie wir Humes Grundsatz verstehen sollen.

Die Anwendung der Vernunft beim Glücksstreben des Menschen kann nur bedeuten: „Wahl der richtigen Mittel zu einem erwünschten Zweck. Mit der Wahl der Zwecke hat sie gar nichts zu tun".[311] Die Zwecke und Ziele sind durch die Strebungen und Leidenschaften des Menschen vorgegeben – er selbst muss den Begriff ἡδονή nach seinem Vermögen ausfüllen, die Rationalität vermag es nur, die in sich blinden Neigungen zu leiten und zur Erfüllung zu bringen. Aus hedonistischer Sicht soll die Rationalität also nicht die Leidenschaften dämpfen oder gar eliminieren, sondern die emotionalen Antriebe so lenken, dass ihrem Besitzer und jenen Mitmenschen, auf die sich die Affekte richten, kein Schaden entsteht. Unter der Verwaltung der Vernunft lassen sich auch intensivste Gefühle wirkungsvoller pflegen und steigern, wie man sich am Beispiel der Liebe leicht veranschaulichen kann.

Die Vernunft zerstört nichts von dem, was den Menschen in seinem Innersten bewegt, vielmehr kann sie Führungshilfe leisten, um auch den feinsten Strebungen zu ihrer optimalen Erlebnisstärke zu verhelfen. So lautet die Orientierungsempfehlung für die Freunde der naturalistischen Weltsicht, den Tag mit Klugheit und Umsicht zur Vermehrung von Freude zu nutzen. Dann bedeutet ἡδονή Sinn, zwar nicht den großen kosmischen Sinn der eschatologischen Langzeitperspektive, sondern den kleinen terrestrischen Sinn des nächsten Augenblicks.

Die vorstehenden Bemerkungen zur Optimierung der Lebensfreude haben den Charakter von Rahmenbedingungen und nicht von konkreten Hinweisen. Im Einklang mit Aristippos' Einsicht, dass der Philosoph eigentlich nur Hindernisse auf dem Weg zu einer glücklichen Lebensgestaltung beseitigen kann und nicht konkret die in-

---

311 B. Russell: *Dennoch siegt die Vernunft: Der Mensch im Kampf um sein Glück*. Bonn 1956, S. 8

haltliche Ausfüllung der Lebenszeit vorschlagen sollte, da diese von Temperament, Charakter und Mentalität des Einzelnen abhängt, sind die Hinweise vermutlich manchen Lesern zu unbestimmt. So will ich zuletzt noch einige Andeutungen meiner eigenen Optionen geben, die allerdings keinen argumentativen, sondern nur exemplarischen Charakter haben.

Als eine Sinnquelle bietet sich das Naturerleben im Hochgebirge an. Es ist besonders auf Individualität, Eigenleistung und Risikobereitschaft ausgelegt. Die Erlebnisform ist bestimmt durch das Fehlen der kulturellen Elemente der Landschaft, durch die Abwesenheit anthropogener Veränderungen, damit vermittelt der Erfahrungsraum oberhalb der Waldgrenze den Eindruck der Ursprünglichkeit und Einsamkeit. Wenn man es darauf anlegt, kann man in bestimmten Seitentälern des alpinen Hochgebirges den Tag für sich verbringen, nur in Wechselwirkung mit Fels und Eis, ohne Kontakt mit Elementen der Zivilisation, allerdings auch ohne deren Hilfe und Unterstützung, falls Gefahr droht. Diese Verbindung von Angewiesenheit auf sich selbst, dem Getrenntsein von den sozialen Hilfsinstanzen und den Leistungsanforderungen durch die Schwierigkeiten des Geländes hat seit der Entdeckung des Bergsteigens um die Mitte des 19. Jahrhunderts einer Gruppe von Menschen Sinn vermittelt. Dabei stehen wohl nur für die kleine Riege der Extremen ausschließlich die alpine Tat und das makabre Spiel mit dem Leben als Identifikationszentrum und Sinnkonstitution im Mittelpunkt, wie Ulrich Aufmuth ausführt[312], während für viele Bergwanderer der Hochgebirgsraum doch auch eine Stätte der Kontemplation, der Reflexion, der Besinnlichkeit und ästhetischen Beschaulichkeit bietet. Vor allem für den Einzelgänger liefern der Aufstieg und die unter ihm wachsende Tiefe Gelegenheit und Anstoß, die Gedanken schweifen zu lassen, nicht abgelenkt durch die Trivialitäten des Alltags. Das Risiko an sich, den Gang an der Sturzgrenze, als sinnschaffendes Moment zu sehen, das als Selbstzweck die Überwindung der Gefahr beinhaltet, scheint mir eine existentielle Überzeichnung zu sein. Das Gelingen der Bergfahrt, das Bewusstsein der Leistung und sicher auch das Überstehen von

---

312 U. Aufmuth: *Die Lust am Aufstieg. Was den Bergsteiger in die Höhe treibt.* Weingarten 1984, S. 136

Gefahr erzeugen aus meiner Sicht zusammen den seelischen Zustand eines gelungenen Stück Lebens. Vielleicht ist eine Analogie zur Musik dabei nicht zu gewagt. Die Praxis der Kammermusik bereitet Schwierigkeiten und somit Material der Bewährung, sperrige Notenkonfigurationen können Hindernisse darstellen, so wie beim Klettern glatte Verschneidungen, Risse und Kamine. Zum Absturz beim Klettern gibt es in der Musik keine Analogie, wohl aber ist Scheitern möglich. Selbstgestellte Aufgaben können misslingen, das Vertrauen in das eigene Können kann in Mitleidenschaft gezogen werden, bei schwierigen Partituren ebenso wie bei griffarmen Überhängen. Das Leistungsmoment erscheint somit konstitutiv für die Sinnkategorie in beiden Lebensbereichen zu sein. Hier kann man möglicherweise eine vorsichtige Verallgemeinerung anbringen. Ganz ohne Leistung, Aktivität, Überwindung von Schwierigkeiten scheint sich kaum ein Gefühl der Zufriedenheit einzustellen. Reine kontemplative Passivität, ohne Anspannung des Geistes oder des Körpers, endet zumindest für den westlichen Menschen eher in der unausgefüllten Leere oder stumpfen Langeweile. Gehaltvolle Kontemplation, die nicht nur in einem dösenden Absenken des Bewusstseinsniveaus besteht, formiert sich eher am Gipfel eines erreichten Zieles als im Tal der Untätigkeit. Die Euphorisierung durch einen Erfolg setzt somit auch geistige Potentiale frei, der Gipfel wird dann zum Ort der Betrachtung und zum Blick in die Ferne; dazu gesellt sich der Gedanke in die Weite.

Philosophen sind zumeist ernste Menschen, die mehr an der Tragik des Daseins orientiert sind als an den heiteren Seiten des Lebens. *Humor* trifft man selten in den Schriften der metaphysischen Grübler und noch weniger Verteidigungen der Ironie und der Doppelsinnigkeit. Am ehesten findet man noch grimmigen Sarkasmus, wenn etwa Schopenhauer seine Sentenzen über den Hegel'schen Idealismus loslässt. Damit ist aber nicht die spielerische Freude am Unsinn, an sprachlichen Mehrdeutigkeiten und subversiven Anzüglichkeiten gemeint, die gerade dazu dienen, die tragischen Seiten des Lebens ins Komische zu wenden. Camilo José Cela hat die Verknüpfung von Humor und Sinn, von Heiterkeit und Entlastung vom Tragischen sehr fein formuliert: „En los estantes de libros debe haber siempre un hueco para que el aire del humor oree los corazones y nos dé fuerza para seguir creyendo que la vida, pese a todo, merece ser vivida."[313] Der Humor hat somit die Rolle, uns von den unerfreulichen Seiten des Lebens, wenn er sie schon nicht beseitigen kann, abzulenken und uns die Kraft und den Glauben zu verleihen, dass das Leben sich dennoch lohnt.

Dazu muss man sich, wie bei allen sinnstiftenden Handlungen, darauf einlassen. Man erntet nicht immer freundliche Akzeptanz, wenn man schwierige Situationen ins Absurde zu wenden versucht. Viele Zeitgenossen lassen einen fühlen, dass man ihnen etwas nimmt, wenn man die Schwere einer Lage durch ironisches Relativieren vom Pathos zu befreien sucht. Man hat oft den Eindruck, dass sich Betroffene die Dramatisierung wünschen und die Entlastung des Gemütes durch Verknüpfung mit weniger ernsten Vorgängen gar nicht schätzen. So wird der Humor situations- und mentalitätsabhängig sehr oft ambivalent aufgenommen. Nichtsdestoweniger hat der Humor, auch jenseits seiner Entlastungsfunktion bei schwierigen Lebenslagen, eine sinnstiftende Bedeutung für die Gestaltung des Alltages. Ähnlich wie die Droge verschiebt der Humor Situationen ins Virtuelle, variiert sie dort und löst sie in diesen fiktiven Welten auf. Durch die Transformation einer Lebenslage in die Irrealität der Heiterkeit liefert der Humor eine Strategie zur Bewältigung von Kontingenz und erzeugt eine positive Stimmung gelassener Gemütsruhe.

Was kennzeichnet einen guten Witz? Sigmund Freud erzählte folgende Anekdote: Ein Ehepaar war mit den Jahren, aus einfachen Verhältnissen kommend, erstaunlich schnell wohlhabend geworden. Da meinte ein Nachbar, es könnte ja sein, dass der Ehemann sich etwas zurückgelegt hat. Nein, kommentierte ein anderer, ich glaube eher, dass die Frau sich etwas zurückgelegt hat.[314] Freud nennt diesen Witz diabolisch gut. Die Sinnverschiebung ist auch so überraschend und die sexuelle Anspielung so gelungen, dass wohl jedermann Freud zustimmen wird. Die Tatsache, dass so viele humorige Geschichten einen erotischen Hintergrund haben, kommt ja nicht von ungefähr.

---

313 J. C. Cela, zit. nach Pepe Muleiro: *Chistes de allá sobre los españolitos de acá. Así se ríen de nosotros al otro lado del charco.* Colección EL PAPAGAYO 1993, S. 12

314 S. Freud: *Der Witz und seine Beziehung zum Unbewußten.* Gesammelte Werke Bd. 6. Fischer Verlag, S. 34

Auch eine kurze anzügliche Schnurre mit einem Hauch von Obszönität erzeugt eine temporäre virtuelle Situation, die uns für einen Moment in einen angenehmen Vorstellungsraum projiziert, der uns, wie Cela oben sagte, suggeriert, dass sich trotz allem das Leben lohnt, gelebt zu werden. So hat der Humor zweifelsohne eine sinnstiftende Funktion, die leider aber auch nicht von jedem genutzt werden kann, weil manche Menschen so von sittlichem Ernst durchdrungen sind, dass sie diese virtuelle Entlastung von den Lebensproblemen nicht nachvollziehen können.

Mehr als Angebote kann eine lebensphilosophische Betrachtung freilich nicht liefern, und wer glaubt, von der Grundhaltung seines Wesens her immer ernst, gemessen und tragikumflort durchs Leben gehen zu müssen, dem bleibt die frohsinnige Welt des Humors eben verschlossen. Wem aber die Gabe des Witzes in die Wiege gelegt wurde, der kann sich damit das Leben ein gutes Stück erträglicher machen. Wo aus metaphysischen Zweifeln heraus die Tröstungen der Transzendenz nicht mehr greifen, hilft der Humor, sinnwidrige Lebenslagen zu meistern. Der Humor birgt den säkularen heidnischen Trost des Menschenmöglichen, ein Remedium zur Wiedergewinnung der Athambie, der Wohlgemutheit. Darum sagt Nietzsche: „Ihr sollt vorerst die Kunst des diesseitigen Trostes lernen – ihr solltet lachen lernen, meine jungen Freunde.“[315] Indem wir eine Situation ins Komische ziehen, verschaffen wir uns einen Abstand zu dem, was uns bedrängt, einen Handlungsspielraum in einer Lebenslage, wo uns die Ereignisse in die Enge getrieben haben. Der Humor stiftet virtuelle Bewegungsfreiheit auch in einer Welt, in der es in der Regel wenig zu lachen gibt.

Der deutsche Sprachraum ist nicht gerade reich an Humoristen, aber einer sticht in unverwechselbarer Weise heraus: Karl Valentin. Ausgangspunkt seiner Stücke ist zumeist eine schwierige Situation, eine kaum lösbare Alltagslage, die er dann durch völlig undurchführbare Aktionen dermaßen in die aporetische Irrationalität treibt, dass als Ausgang nur mehr das haltlose Gelächter übrig bleibt. Kurt Tu-

315 F. Nietzsche: KSA Bd. 4, 49

cholsky hat ihn treffend als Linksdenker charakterisiert.[316] In einem Bierkeller erzählte er die Geschichte: „Vorgestern bin ich mit meiner Großmutter in der Oper ‚Lohengrin' gwesen. Gestern nacht hat sie die ganze Oper noch mal geträumt; des wenn i gwußt hätt, hätten wir gar nicht erst hingehen brauchen!" Die Freude an der logischen und zeitlichen Verdrehung der Ereignisse beim Opernbesuch entlastet temporär von der Unerbittlichkeit des kausalen Ablaufes. Allerdings bedarf es wiederum einer gewissen sanguinischen Grundhaltung, sich auf die irreale Komik einzulassen. Wer mit zu viel tragikumflortem sittlichem Ernst ausgestattet ist, blockiert sich selber gegenüber der Entlastung durch Ironie.

Natürlich ersetzt der Heidenspaß am Irrsinn des Augenblicks nicht den großen universalen Sinn des Menschen. Dieses globale Orientierungs-Moment ging unwiederbringlich mit der Einsicht verloren, dass das Haus der Metaphysik auf Sand gebaut ist. Mit der Erkenntnis unserer Lage in einem zentrums- und richtungslosen unendlichen Universum, das in keiner Weise auf uns fokussiert ist, kann ein solcher Sinn nicht mehr verbunden werden. Die Komik gewährt uns jedoch den kleinen Sinn eines Augenblicks, der uns für eine kleine Weile die Kränkungen der Welt vergessen lässt. So ist der Humor einer jener Erfahrungsbereiche, für die es sich zu leben lohnt.

316 K. Tucholsky: *Der Linksdenker*. In: M. Schulte (Hrsg.): Das große Karl Valentin Buch. München: Piper, S. 53

XIV. Zusammenfassung und Ausblick

Wir wissen aus den zahlreichen Reaktionen auf den Verlust von absolutem Sinn und objektiven Werten durch die wissenschaftliche Rationalität, dass der epikureische Weg und der heidnische Hedonismus für die meisten Menschen nach 2000 Jahren christlicher Wertorientierung emotional schwer umzusetzen ist. Zu lange hat man ihnen erzählt, dass die Lebensführung einer außerweltlichen unumstößlichen, richtunggebenden Instanz bedarf. Damit hat man Hoffnungen, Erwartungen und Visionen geprägt, die sich, durch die Wissenschaft enttäuscht, nicht einfach abbauen lassen. Wer lässt sich so einfach Orientierungen ausreden, die Jahrtausende gegolten haben und die zudem auf die privilegierte Rolle des Menschen als des wertvollsten aller geschaffenen Geschöpfe abheben? Dennoch gibt es wohl keinen anderen Weg, als dem heutigen skeptisch verunsicherten Menschen eine Art *Psychotherapie des objektiven Sinnverlustes* nahezulegen, die ihn darauf vorbereitet, mit der Vergänglichkeit seines Daseins und seiner dezentralen Rolle als Durchgangsphänomen der kosmischen Entwicklung zu leben, ohne sich von dieser Situation verstören zu lassen.[317]

Wenn wir die Zentralstellungsillusion und die Euphorie der metaphysischen Sonderrolle unseres Menschseins überwunden haben und uns als ein Stück Natur zu betrachten geneigt sind, das auf sich gestellt ist, um eine kleine Zeitspanne eines Lebensweges gut zu bewältigen, dann verlieren wir auch viel von der Enttäuschung, die wir durch den Kontrast mit der hehren Vergangenheit erlitten haben.[318]

Diese Therapie kann sicher keine herkömmliche Tiefenpsychologie bieten, sondern nur in Reflexionsarbeit vom Einzelnen geleistet werden. So wie wir im persönlichen Leben lernen, Verlust, Er-

---

317 Dies gilt auch für das fortgeschrittene Alter, den Lebensabschnitt der Zukunftsminderung, wie Odo Marquard dies nennt. Wenn man sich von der Endlosigkeitsillusion getrennt hat, wird man auch nicht mehr von der schrumpfenden Zukunft bedrängt. (O. Marquard: *Zum Lebensabschnitt der Zukunftsminderung*. Deutsche Akademie für Sprache und Dichtung, Jahrbuch 2006. Wallstein Verlag, S. 116–119)

318 So sieht es auch F. J. Wetz: „Erst wo wir nicht mehr den Anspruch auf die Krone der Schöpfung erheben, weicht das Gefühl der Kränkung durch Wissenschaft, und es schmerzt nicht mehr, bloß ein vergängliches Stück um sich selbst bekümmernder organischer Materie zu sein." (*Die Gleichgültigkeit der Welt*. Frankfurt 1994, S. 134)

fahrungen der Trennung und des Abschieds von geliebten Menschen zu verarbeiten, so zwingt uns die Wissenschaft dadurch, dass sie alle Spezifika des Menschen in den Naturzusammenhang einordnet, die überdehnten kosmischen Sinnerwartungen abzubauen und auf die uneinlösbaren Wunschvorstellungen der Vergangenheit zu verzichten. Diese grundsätzliche Neuorientierung auf den kleinen irdischen Sinn ist zweifellos der einzige Weg für denjenigen, dem die metaphysischen Versprechungen der Vergangenheit trügerisch erscheinen. Das Angebot aller Kulturen ist auch ohne Außerweltlichkeit überwältigend.[319] Der Zugang zu den sinnstiftenden Kulturgütern wie Literatur, Bildende Kunst, Kammermusik, Theater, Oper steht in den westlichen Ländern allen offen, und es ist Sache des Bildungshorizontes und speziell bei der Musik auch der Ausbildung und des Fleißes, sich so viel Technik anzueignen, dass man die für kleine Ensembles zugänglichen Werke der Klassiker auch reproduzieren kann. Dies bedeutet, dass die Sinnsuche, wie wir weiter oben auch am Beispiel des Bergsportes gezeigt haben, immer mit einer bestimmten Investition von Eigenleistung verbunden ist. Dies gilt in gleicher Weise für den intellektuellen Bereich. Ein Schatz von Geistesgütern aus unserer Tradition, von den schöpferischen Denkern der Vergangenheit hervorgebracht, wartet auf jeden, der die Gestaltung seines Lebenssinnes über die Erweiterung des Wissenshorizontes in die Hand nehmen möchte. Dazu ist keine Hochbegabung erforderlich, sondern nur ein wenig Initiative und Ausdauer, dann wird jeder hoch belohnt. Das Problem der Sinndefizite verschwindet auf einmal, und es wird sogar unverständlich, wie es je eines geben konnte.

Auf der Suche nach dem Sinn wird also dem Menschen zunächst eine Lehre in *Bescheidenheit* erteilt. Er erfährt, wo er in der Ordnung der Dinge steht, und er lernt davon abzusehen, seine anthropomorphen Kategorien auf den Kosmos zu übertragen. Auf der Suche nach dem Sinn wird der Mensch auf sich selbst zurückverwiesen. Er darf nicht auf eine Führung durch die Welt warten, er muss sich selber seine Ziele setzen und durch die Vernunft leiten lassen, die Erfüllung

319 Für ein solches naturalistisches Lebensideal, bei dem nach H. Heine der Himmel den Engeln und Spatzen überlassen bleibt, vgl. B. Dessau und B. Kanitscheider: *Von Lust und Freude*. Frankfurt/M. 2000

seiner Ideale zu erstreben. Auf der Suche nach dem Sinn wird der Mensch reifer, unabhängiger und freier, er lernt mit der Kontingenz des Universums umzugehen, und er versöhnt sich mit der Idee, dass dieses nicht auf ihn ausgerichtet ist. Diese Erfahrung macht ihn zuletzt zum *freien Geist,* der nicht dem Nihilismus und der Verzweiflung verfällt, sondern der zum Glück eines erfüllten Daseins und eines gelungenen Lebens geführt wird.

Niemand hat diese Haltung schöner formuliert als Bertrand Russell:

> „*Ich bin nicht jung, und ich liebe das Leben. Aber ich würde es verachten, bei dem Gedanken an die Vernichtung vor Schrecken zu zittern. Das wahre Glück bleibt es auch dann, wenn es ein Ende finden muss, und auch das Denken und die Liebe verlieren nicht ihren Wert, weil sie nicht ewig währen.*"[320]

Es wird vermutlich noch lange Zeit vergehen müssen, ehe sich Russells säkulare Perspektive der Endlichkeit ausbreitet und stärkere Akzeptanz findet. Inzwischen bleibt sie als Option der Gelassenheit bestehen, für freie Geister und alle jene, die es noch werden wollen.

---

320 B. Russell: *Warum ich kein Christ bin*. Hamburg: Rowohlt, 1968

Personenregister

N

P

Q

R

S

T

U

V

W

Sachregister

Gerhard Vollmer bei HIRZEL

Wieso können wir die Welt erkennen?
Neue Beiträge zur Wissenschaftstheorie
372 Seiten. 12 Abbildungen, 10 Tabellen.
Gebunden mit Schutzumschlag.
ISBN 978-3-7776-1147-1

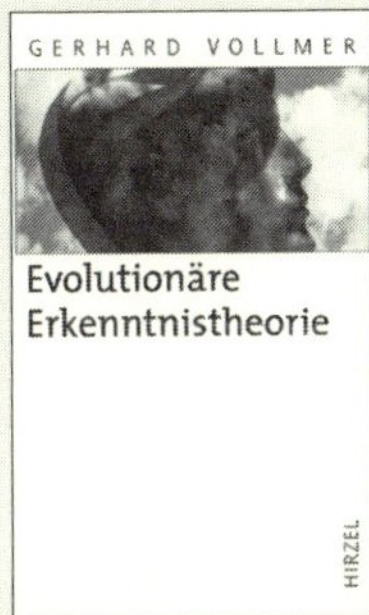

Evolutionäre Erkenntnistheorie
Angeborene Erkenntnisstrukturen im Kontext von Biologie, Psychologie, Linguistik, Philosophie und Wissenschaftstheorie.
XIV, 226 Seiten. 12 Abbildungen, 6 Tabellen.
Gebunden mit Schutzumschlag.
ISBN 978-3-7776-1205-8

Was können wir wissen? *Band 1: Die Natur der Erkenntnis*
Beiträge zur Evolutionären Erkennsnistheorie.
XXV, 337 Seiten.
Gebunden.
ISBN 978-3-7776-1248-5

Was können wir wissen? *Band 2: Die Erkenntnis der Natur*
Beiträge zur modernen Naturphilosophie
XXII, 305 Seiten.
Gebunden.
ISBN 978-3-7776-1249-2

Was können wir wissen?
Band 1 und 2 komplett:
ISBN 978-3-7776-1250-8

Auf der Suche nach der Ordnung
Beiträge zu einem naturalistischen Welt- und Menschenbild
XIV, 196 Seiten.
Kartoniert.
ISBN 978-3-7776-0620-0

Wissenschaftstheorie im Einsatz
Beiträge zu einer selbstkritischen Wissenschaftsphilosophie
XII, 226 Seiten.
Kartoniert.
ISBN 978-3-7776-0449-2

HIRZEL